Auxiliando a humanidade a encontrar a Verdade

Viagem Astral

Ernest Bosc

Viagem Astral

Copyright © 2006
Conhecimento Editorial Ltda

VIAGEM ASTRAL
A pré-história espiritual da humanidade
Mme. Ernest Bosc

Todos os direitos desta edição
reservados à
CONHECIMENTO EDITORIAL LTDA.
Caixa Postal 404
CEP 13480-970 - Limeira - SP
Fone/Fax: 19 3451-0143
www.edconhecimento.com.br
conhecimento@edconhecimento.com.br

Nos termos da lei que resguarda os direitos autorais, é proibida a reprodução total ou parcial, de qualquer forma ou por qualquer meio — eletrônico ou mecânico, inclusive por processos xerográficos, de fotocópia e de gravação — sem permissão, por escrito, do Editor.

Ilustração da Capa: Banco de imagens
Projeto Gráfico: Sérgio Carvalho
Tradução: Mariléa de Castro
Revisão: Milene Cristina da Silva

• Impresso no Brasil • Presita en Brazilo

Produzido no Departamento Gráfico de
CONHECIMENTO EDITORIAL LTDA.
Rua Prof. Paulo Chaves, 276 - Jd. Anavec - CEP 13485-150
Fone/Fax: 19 3451-5440 - Limeira - SP
e-mail: grafica@edconhecimento.com.br

Dados Internacionais de Catalogação na Publicação (CIP)
(Câmara Brasileira do Livro, SP, Brasil)

Bosc, Ernest
Viagem Astral / Ernest Bosc ; [tradução Mariléa de Castro] — 1ª ed. — Limeira, SP : Editora do Conhecimento, 2006.

Título original: Voyage en astral.
ISBN 85-7618-088-X

1. Projeção astral 2. Romances francês 3. Ocultismo I. Título.
06-1482   CDD - 133

Índice para catálogo sistemático:
1. Viagem astral : Romance esotérico : 133

Ernest Bosc

Viagem Astral

1ª Edição — 2006

EDITORA DO
CONHECIMENTO

Ao leitor

Convém ser louco, audacioso, presumido ou pedante para escrever em nossos dias. Depois de tantos mestres de natureza variada, de gênio tão fecundo, o que fica por fazer que já não fora feito? Que resta dizer que não haja sido dito? – Guy de Maupassant

Como exprime muito bem essa epígrafe, é difícil, senão impossível, produzir hoje algo de novo e original em literatura, particularmente em romance.

Todos os gêneros foram tratados com talento e tivemos, alternativamente, o romance histórico e militar, de capa e espada, o romance sentimental, psicológico, aristocrático, democrático, patriótico, o romance filosófico, místico, religioso, profano, o romance clássico, simbolista, realista ou naturalista, o romance decadente etc, etc.

Aí estão vários gêneros, e o escritor que quisesse sair dessas vias antigas, caminho já batido, experimentaria sérias dificuldades.

De todos os gêneros de romance, o que caiu nas graças do público foi o romance naturalista.

A escola realista ou naturalista pretende, como as testemunhas diante do tribunal, dizer a verdade, nada mais que a verdade!

Ora, muitas vezes a vida real não poderia ser inteira desnuda no livro, no romance. A imagem exata da vida é, na maioria das vezes, demasiado feia e algumas vezes falsa, apesar do talento da obra.

Por outro lado, o autor que, sob pretexto de realismo, não se elevasse acima da vida real, não mereceria o nome de artista; segundo a expressão de Bacon: "A arte é o homem so-

mado à natureza. *Homo additus naturae!"*
Ora, a escola naturalista pretende mostrar-nos a fotografia exata da natureza, a vida banal fotografada.

Seria mil vezes preferível dar ao leitor visões semelhantes, empolgantes e completas de uma realidade imaginada e, portanto, mais surpreendente, pois podemos ser verdadeiros, dando a ilusão completa da verdade, por um encadeamento lógico dos fatos referidos.

Os grandes artistas são ilusionistas verdadeiros, quando nos colocam em sua aura, para nos mostrar o que sonhou sua imaginação, esta "louca do lar"[1], em uma palavra, o que vê o gênio do artista.

Os naturalistas estão muito distanciados da arte. Ora, em nossos dias, sob pretexto de naturalismo, um grande número de autores descambou na pornografia; e o gênero que traz muito dinheiro é o naturalismo, de maior furor no momento.

O escritor tem outra missão a cumprir. O que interessa que lhe peçamos é o forçar-nos a refletir, a pensar, a compreender e a explicar o sentido profundo e filosófico que está muitas vezes oculto nos fatos da vida.

O escritor digno deste nome deve conhecer os homens e as coisas, o mundo e o Universo; deve conhecê-los bastante para tirar deles um plano geral de cenários e observações que possa dar a seus leitores, obrigando-os a refletir.

Dentre o grande número de gêneros de romance, existe um, pouco conhecido, que começa a chamar a atenção — é o romance esotérico, entrevisto por Théophile Gautier, com *Espírita*; por Georges Sand, com *Spiridião*; por Bulwer Lytton, com *Os Últimos Dias de Pompéia*,[2] e, principalmente, com *Zanoni*.

Estes últimos romances entram na via esotérica inaugurada por Balzac, com *Louis Lambert, Seraphita*, inteiramente acatada por Sir Peladan, com a sua série de volumes sobre a Decadência Latina.

Faz, igualmente, parte dessa família o romance que ora apresentamos ao público e que pode muito bem dispensar padrinhos, pois se recomenda por si mesmo, por seu valor,

---
[1] Expressão familiar com que os franceses designam a imaginação.
[2] **EDITORA DO CONHECIMENTO**, 2005.

como se poderá convencer o leitor.

A *Viagem Astral*, bem escrita e demoradamente pensada, é um romance esotérico, mas essencialmente clássico por sua forma, por seu estilo, por sua composição e muito mais pela matéria de que trata.

Dir-se-ia que a autora, escrevendo a sua obra, se esforçou por fazer que saísse da banalidade da maior parte dos romances atuais.

Traçou com êxito uma via nova, pouco trilhada, poderíamos mesmo dizer obstruída, porém, que se pretende seja inteiramente aberta.

Apresentamos, portanto, um romance interessantíssimo, sem, com isso, ser de capa e espada; um romance feito de modo a tornar a aventura cada vez mais empolgante, à medida que a ação vai se desenrolando e caminhando para o desfecho.

A habilidade do projeto desta obra consiste no grupamento de fatos numerosos, narrações, histórias cheias de encanto ou carregadas de tristeza, banhadas em alegria ou em lágrimas. O que é interessante, o que ela mostra, em cores vivas, é o avesso e o direito da humanidade; mostra a alma humana pensando diferentemente daquilo que manifesta em palavras.

A *Viagem Astral* estuda a vida humana sob diversos aspectos, sob o dos sentidos físicos e dos sentidos psíquicos. Ela mostra a alma humana despida e como o homem libertino e o homem honesto se descobrem, por si mesmos, sem que o queiram, de modo franco e sem ideias preconcebidas.

Este romance não foi escrito somente para o pensador e o filósofo, pois comporta vários sentidos: um, inteligível, para a massa dos leitores; outro, iniciador, para o estudante de ocultismo; enfim, guarda o sentido esotérico ou escondido para o iniciado, para aquele que conhece os *Arcanos da Arte Sagrada da Doutrina Esotérica*.

Extremamente notável, neste sentido, é a composição da autora, que em lugar de criar sua obra sobre dados mais ou menos vulgares, em vez de a fazer repousar sobre um só meio, ou sobre um fio único — o enredo — compôs sua obra de sutilezas, de observações, de sentidos dúplices, de subentendidos espirituais que passarão, talvez, despercebidos à maioria dos leitores, porém, que compreenderá e apreciará o leitor espiritual e delicado — o artista.

Enfim, como deveriam ser todos os romances, *Viagem Astral* é uma obra eminentemente instrutiva para todos os gêneros de leitores. Nem podia deixar de ser, pois o romance que não é instrutivo deve, forçosamente, corromper o leitor para o interessar.

As paixões, as fraquezas, todos os ridículos da vida estão apresentados aqui com muito vigor, nitidez e franqueza para instruir mesmo as almas fracas, e não para as tentar!

Porém, se este romance mostra os vícios inerentes à natureza humana, principalmente aqueles da sociedade decadente, não os louva, como certos romances naturalistas que objetivam tão forçosamente o vício, que fazem com que seus leitores os amem em vez de os odiarem! Por isso, achamos perigoso para a pureza da alma e do espírito o romance que expõe e analisa todas as brutalidades, todas as asperezas da vida.

A maior parte dos romancistas contemporâneos, embora tenha escrito obras literárias cuidadosamente estudadas, perfeitas mesmo, nos mostra pessoa de má índole com quem não se deseja conviver. Igualmente, podemos dizer que os que lêem tais obras nenhuma vantagem levam aos personagens descritos em tais romances obscuros. Assim é que os autores sádicos transformam em instrumento de desmoralização o romance, isto é, o livro feito para instruir e moralizar as massas; e, na maioria das vezes, o romance é a escola do escândalo em vez de ser exemplo de moralidade.

Viagem Astral é inteiramente diverso; é um livro instrutivo, moral, filosófico e, apesar disso, não se alonga em narrativas que cansam e enjoam o leitor.

Podemos mesmo dizer que a obra dá aos seus leitores tudo o que o espirituoso Guy de Maupassant pretende que reclamem grupos numerosos de leitores que clamam para o escritor:[3]

"Consolai-me.
Recreai-me.

[3] Em *Pierre et Jean* p. VII

Ernest Bosc

Entristecei-me.
Fazei-me sonhar.
Fazei-me rir.
Fazei-me fremir.
Fazei-me chorar.
Fazei-me pensar".
Só alguns espíritos eleitos dizem:
"Apresentai-me alguma coisa de belo na forma que mais vos convier, segundo vosso temperamento".
Não receamos afirmar que Viagem Astral consolará, recriará, contristará, enternecerá; fará sonhar, rir, fremir, chorar, enfim, pensar à generalidade dos leitores; que espíritos delicados o acharão belo, em sua forma original e esotérica. Mais uma observação e acabaremos.
Muitos leitores pouco versados no esoterismo poderão dizer: "Mas, afinal, tudo isto é tão fantástico que não lhe poderemos dar crédito!"
A estes respondemos que tudo o que contém o volume é absolutamente verdadeiro; que todos os fatos nele relatados são absolutamente autênticos, acontecidos, e teremos o cuidado de lhes lembrar que "o verdadeiro pode, algumas vezes, não ser verossímil".

J. Marcus de Vèze
Nice, 15 de março de 1896.

Prólogo

Eu e Henri éramos unidos, desde a infância, por uma afeição fraterna; nascidos de famílias pertencentes à mesma classe social e gozando de uma posição financeira mais ou menos semelhante, nossos pais se viam diariamente em virtude de possuírem as mesmas afinidades e opiniões religiosas e políticas. Nossas famílias formavam um núcleo harmonioso, onde nossas almas desabrochavam em uma atmosfera de paz e de amor. Henri era dois anos mais moço do que eu; ele tinha duas irmãs e um irmãozinho, o caçula da família. Este menino era franzino, mas de uma inteligência precoce: destes meninos que admiramos pelo teor de suas reflexões e de suas respostas e, sobretudo, pelo rápido amadurecimento de sua razão.

Em minha família, eu era o mais velho e o único filho, de muitos irmãos e irmãs que tinham morrido em tenra idade. Uma irmãzinha, vinda tardiamente, era a adoração de todos e Henri já a chamava de sua mulherzinha, embora ele tivesse, na época de seu nascimento, 14 anos.

A casa em que Henri morava era muito próxima da nossa; seus pais a tinham herdado de uma velha parenta afastada. Um grande jardim antecedia a casa, encostada ao Norte a uma velha igreja desativada no tempo da Revolução e que, desde então, servia para depósito de tonéis vazios.

Como não tínhamos jardim junto à nossa casa, o de Henri tornara-se o ponto favorito de nossos brinquedos; por isso, posso dizer que passei perto dele uma grande parte de minha infância; juntos aprendemos as nossas primeiras lições.

Quando nossos pais se reuniam para passar longos períodos de inverno, acontecia de dormirmos à mesma hora; deitavam-nos no mesmo leito e ficávamos muito felizes, ao despertar, de nos acharmos um ao lado do outro. Éramos irmãos pelo coração. Uma tão perfeita união que constituía uma rara felicidade sobre a Terra; também não podia ela prolongar-se!...

A doença bateu à nossa porta e a morte à de meu amigo; seu pai morreu quase subitamente; estávamos, nessa época, no colégio, onde terminávamos agradabilíssimos estudos.

Tendo recebido, desde muito cedo, excelentes exemplos em nossa família, assim como uma sábia orientação em nosso desenvolvimento intelectual, instruir-nos, alargar as nossas percepções, não foi nunca para nós uma ocupação desagradável ou penosa. Eu e Henri andávamos sempre juntos, nossos gostos e aptidões eram semelhantes; mas eu tinha menos atividade intelectual do que ele.

Quando meu amigo perdeu o pai, completava quinze anos. Nesta idade, crítica para o adolescente, ele não resistiu ao abatimento e caiu perigosamente doente; longos meses se passaram antes que os médicos pudessem dar, à pobre mãe, a esperança de conservar seu querido filho.

Henri recuperou a saúde, ao menos em aparência, mas sua mãe não achou prudente levar adiante seus estudos, primeiro para poupar suas forças físicas, depois para a auxiliar na educação da família, cuidando de suas numerosas propriedades territoriais.

Dali em diante, Henri devia desempenhar a função de "pai-de-família", e ele fez o seu papel com todo o devotamento e toda a responsabilidade de um homem maduro. Não pertenceu mais a si, pois se deu inteiramente aos seus. Nossa correspondência atesta isso: eu tive que deixar minha cidade natal para seguir a carreira de engenheiro, para a qual meu pai me havia estimulado. Parti, então, para Paris, a fim de entrar na Escola Politécnica, onde segui os cursos durante dois anos, no fim dos quais saí com o conceito que me permitiu entrar na Escola de Minas e obter meu diploma de engenheiro.

Mantive, com meu amigo Henri, uma numerosa e longa correspondência durante minha permanência em Paris. Esta correspondência, que eu conservei e que releio muitas vezes, mostra o que era o coração de Henri, que considerava a abnegação e o devotamento completo como uma coisa natural, sem restrições. Em todos os meus retornos à família, por ocasião das férias anuais, achava Henri sempre terno e afetuoso para comigo. Também uma grande parte das minhas férias eu a passava ao lado do meu amigo, acompanhando-o nas suas propriedades rurais, onde ele cuidava, como verdadeiro pai-de-família, da fortuna dos seus. Fazíamos juntos longos passeios a cavalo, durante os quais eu lhe fazia minhas confidências de moço; ele se divertia docemente com as minhas pretensiosas conquistas e acabava sempre por me dizer:

— Tu te divertes por nós dois.

Um dia, disse-lhe eu:

— Admira-me que não tenhas, em tua idade, iguais confidências a me fazer!

— Ah, meu caro Robert! — respondeu-me. — Eu sou casto por força, talvez por temperamento. Depois, os amores fáceis não condizem com a minha natureza e com o meu amor próprio. O primeiro homem rústico que chegar com as mãos cheias de ouro, mesmo que sujas, será sempre preferido ao homem que se recusa a falar ou a agir maliciosamente como os traficantes do prazer; além do que, não penso que eu tenha conservado minha inocência batismal; eu provei o suficiente do amor físico para conhecer um pouco de sua intimidade. Se eu fosse o mais novo da família, teria voluntariamente abandonado a minha parte de herança a meus irmãos para entrar num convento, mas a Providência julgou de outro modo.

— Espero, meu caro Henri — disse-lhe eu — que tu ao menos te cases para perpetuar o belo e nobre nome que tens; tua mãe deseja ardentemente que faças logo a escolha de uma esposa!

Henri sorriu tristemente e respondeu:

— Eu não me casarei jamais senão com uma só pessoa: tua irmã. Ela é ainda muito nova, mas eu espero os seus dezoito anos. Então, se os meus trinta e dois não lhe fizerem medo, ela se tornará condessa de Montzag; se não, eu dedicarei o resto de minha vida às minhas sobrinhas e meus futuros sobrinhos, os quais me esforçarei para que sejam amigos dos teus filhos... futuros... Casa-te logo, meu caro Robert. A vida de rapaz solteiro, sobretudo nas grandes cidades, é cheia de perigos de toda espécie e a alma se macula ao contato das mulheres galantes que matam os bons sentimentos e afastam, sistematicamente, o jovem das puras e verdadeiras afeições da família.

Isto, caros leitores, vos dá uma prova da precoce sabedoria de meu amigo: embora fosse mais moço do que eu, tornara-se meu mentor e tão doces eram os seus conselhos, que eu cortei, em tempo, todos os laços levianos que impediam o adiantamento de meus estudos.

Passaram-se alguns anos. Saí da Escola das Minas com o meu diploma de engenheiro e arrumei trabalho numa sociedade mineira de cobre do Chile.

O engenheiro-chefe, impedido, pela convalescença de uma grave moléstia, de ir reconhecer o estado da escavação de uma nova mina recentemente adquirida, encarregou-me de o substituir nesta inspeção.

Depois de uma breve estadia em T., minha cidade natal, despedi-me dos meus e da família de Henri, para me dirigir a Santiago. O meu amigo disse-me adeus carinhosamente e fez-me as melhores recomendações, felicitando-me calorosamente pela feliz estreia de minha carreira.

Eu devia ficar ausente cinco a seis meses pelo menos. Prometi a Henri cuidar do matrimônio quando voltasse, a menos que, disse sorrindo, os belos olhos de uma senhorita americana me convençam a ficar na América.

— Ah, isso não! — protestou Henri. — Uma francesa tem mais valor, é a mulher que reúne as qualidades das outras filhas de Eva e não tem defeitos, além dos seus próprios, e se estes são, algumas vezes, numerosos, ela os atenua por seu encanto natural. Além do mais, a francesa bem educada leva vantagens a todas as mulheres; é este, ao menos, o meu modo de ver...

Abracei-o tristemente, prometendo-lhe escrever muitas vezes; porém, no momento em que o trem se pôs em movimento, e em que eu fazia os últimos sinais de despedida àquele a quem eu amava como a um irmão, senti um forte aperto no coração e não sabia explicar o porquê. Não compreendi senão alguns meses mais tarde; era um pressentimento de nossa separação na Terra.

Desde minha chegada à América, dei sempre notícias à

minha família e ao meu amigo. Endereçei-lhe uma carta com narrações minuciosas, na qual lhe pintava, com o entusiasmo de rapaz, as peripécias de minha jornada, sobretudo as da viagem, bem como o novo meio em que eu habitava. Dizia que estava bem e gozava de plena liberdade.

Dirigira-me ao posto todo orgulhoso de estar de posse de um mandato de alta confiança, o qual me dedicava seriamente a cumprir com inteligência, atividade e exatidão.

Distração e trabalho tiraram logo de minha memória o pressentimento penoso da partida. Além do mais, Henri, pela alegria e brincadeiras de suas cartas, me fez esquecer isso rapidamente.

Ao término de minha estada na América, duas de minhas cartas ficaram sem resposta; eu pensava que uma delas havia se extraviado ou que meu amigo Henri, preocupado com seus inúmeros afazeres, não as respondia. Notei, além disso, que meu pai, que via diariamente meu amigo, sendo o tutor da família, não me fazia, como de costume, em suas cartas, alusão a alguns incidentes sobrevindos a eles, como sempre acontecera, mesmo sabendo o quanto me interessava tudo que dizia respeito ao meu amigo. Reparei nisso. Foi minha mãe quem respondeu à minha interrogação, disfarçando por uma explicação duvidosa.

Entretanto, eu tivera um sonho terrível; era uma noite de sábado, 18 de março: deitara-me cedo, cansado e oprimido; atribui isso a um trabalhoso dia passado na mina e suas vizinhanças, mas, de fato, carregava uma angústia de causa ignorada. Dormi logo e vi, em sonho, o meu caro Henri, pálido, desfeito, deitado de costas sobre as águas de uma enxurrada impetuosa e a fazer com a mão o mesmo sinal de "adeus" que fez por ocasião da minha partida de T.. Só os olhos me pareciam vivos; ele os firmava, em uma serenidade angelical, no escuro céu estrelado. Quis socorrê-lo, acreditando que ia se afogar, porém, este esforço mental despertou-me.

Eu estava com uma tristeza infinita... e esta persistiu muitos dias.

Enfim, o meu trabalho terminou. Eu apressava minha volta à Europa, verdadeiramente inquieto sobre o estado de saúde de meu amigo. Em uma carta enviada às pressas, me haviam respondido: *gravemente enfermo.*

Na estação de trem de T., meu pai me esperava só. Eu o abracei chorando, pois lera nos olhos deste excelente pai que meu amigo, meu irmão, nos havia deixado. Perguntei qual o dia.

— 18 de março, às 9 horas da noite... Falou de ti até os seus últimos instantes; partiu como um sábio ou um santo, dizendo "adeus" aos que lhe eram caros.

Estas últimas palavras de meu pai me lembraram subitamente que, em algumas conversas em que se discutia o problema da vida futura, Henri me assegurava que sua convicção sobre este assunto era firme; que a morte não era senão outra face da vida, persistindo a parte imortal mais viva ainda que em sua união com a parte material, de que a morte a desembaraça, e que, certamente, os sentimentos sinceros não só permanecem, mas ainda revestem uma forma invisível; enfim, que os corações que se amam se tornam ainda mais ternos. Conhecendo menos que ele o espiritualismo, eu não podia participar completamente da sua fé no invisível.

Entretanto, tínhamos reciprocamente jurado de nos dar uma prova desta existência depois da morte.

Henri tinha acrescentado. "Acredito que não direi *adeus* a meus caros, porém, *até logo*; tenho disso a certeza..."

Emocionado com estas últimas palavras de Henri, conservei a lembrança delas e fiquei convencido de que meu amigo não tardaria a cumprir sua promessa. Esta esperança me abrandou a tristeza; eu encontrava, para consolar sua mãe e sua família, expressões de fé ardente, de religiosas resignações que causaram admiração a todos; minha mãe, que era muito piedosa, pensou que a alma de Henri influenciava a minha e que eu seguiria os seus passos, dali em diante.

Alguns dias felizes de me achar com a família, após uma longa ausência, passaram depressa.

Voltei a Paris, onde reencontrei, com alegria, os mesmos conhecidos e o meio que não se vê em outra parte mais animado do que ali.

Não obstante o trabalho e as distrações, a imagem do amigo desaparecido ficou sempre viva em meu coração; eu esperava, com um pouco de impaciência, a sua prometida visita...

Viagem Astral   17

Mas o querido fantasma não vinha... Eu me impacientava; ia até tachá-lo de esquecido, porque sua querida imagem não se mostrava mais em meu sonho para me consolar da sua ausência. Eu estava profundamente desesperançado.

Uma senhora, amiga de minha família, em cuja casa eu ia passar, muitas vezes, o meu serão e a quem eu falava de Henri, prestava-me sempre afetuosa atenção, principalmente, quando eu lhe falava de nossa rara amizade.

Ela me disse, um dia:

— Meu caro Robert, por que não tratas de evocar a sombra de teu amigo, por intermédio de médiuns? Asseguram que a coisa é possível; e eu penso que sim. Tenho por vizinha uma senhora de certa idade, a qual se ocupa, há um bom tempo, deste gênero de estudos; certo dia, ela reuniu em sua casa várias pessoas de seu conhecimento; fez vir uma excelente médium tiptóloga, a sra. Royer, com quem obteve maravilhas; pelo menos foi o que ela disse, convidando-me muito gentilmente para assistir a suas sessões de espiritismo. Desculpei-me de não haver comparecido, por não me sentir inclinada a conversar com defuntos, sem dúvida porque a Providência, havendo-me conservado, até aqui, os que amo, não me fez provar, como a ti, a necessidade de sondar os mistérios do outro mundo. Mas para ti, meu caro Robert, eu solicitei da senhora Delandre sua admissão em seu Círculo de Experiências, como ela chama.

Fiz à minha encantadora anfitriã os meus agradecimentos, porém, fazendo a observação de que eu tinha receios a respeito de médiuns pagos.

— Oh! — retrucou ela — Eu participo de sua opinião a esse respeito, porém, há entre as pessoas que fazem parte do círculo, duas senhoras, excelentes videntes, que te podem ser úteis.

Concordei com isso reconhecidamente.

Alguns dias depois desta conversa, recebi dessa senhora um pequeno recado de que, para seu grande pesar, a senhora Delandre, sua vizinha, tinha partido para Dieppe, onde deveria passar todo verão; porém, indicava-me o endereço de uma atriz, outrora célebre, que tinha reuniões muito frequentadas por espíritas.

"Não duvido — acrescentava — que acharás neste meio

o que procuras, pelo menos o convívio muito agradável de muitos homens cultos que fazem parte do grupo".

Fui muito bem recebido em casa desta atriz, sra. Ugde, que fez todo o empenho em chamar a atenção dos médiuns para mim. Não obtive absolutamente nada. Outros assistentes, ao contrário, pareceram muito favorecidos dos espíritos e muito convictos da presença de suas pessoas queridas desaparecidas. Eu não acreditava — diziam em torno de mim — eis porque não obtinha nada, ou melhor, era uma prova e, certamente, se eu persistisse ou fosse assiduamente às sessões, receberia o prêmio de minha perseverança.

Mas voltei inutilmente; encaminhei-me à sede da Sociedade Espírita, à rua de Lille, para obter algumas informações que me introduzissem em outros grupos de diferentes classes da mesma Sociedade; porém não fui feliz.

Um dia, ao entrar em um salão, encontrei uma senhora que falava, aos que a rodeavam, deste gênero de fenômenos; disseram-me que era uma excelente vidente astral.

Narrei-lhe as minhas estéreis experiências feitas com perseverança, a fim de saber notícias de meu amigo, e solicitei sua boa vontade em uma tentativa desta ordem. A senhora concentrou-se um instante e, depois, disse-me:

— Vejo um senhor de cerca de 40 anos (deu características exatas, a inicial de seu nome de M., bem como a época de sua morte).

— Ah! — exclamei. — Não é o meu amigo; é seu pai, com o qual ele muito se parece. Mas, por que Henri não o acompanhou?

A senhora escutou com atenção.

— Teu amigo — disse — não pode ainda manifestar-se, mas sabe de teus esforços para o atrair. Ele te ama como sempre. Deixa de evocá-lo, pois ele virá quando a hora chegar.

Em seguida, por sua livre vontade, deu-me o espírito do sr. de M., pai do meu amigo, minuciosas referências, que estabeleceram uma certa firmeza em minhas convicções.

Parei com as investigações e esperei, meio convencido, para rever o meu amigo de infância.

Passaram-se os meses. Conheci um jovem amável e alegre que me revelou fazer parte de uma sociedade de rapazes contemporâneos, muito instruídos e versados nos mistérios da Cabala. Tinham reuniões muito reservadas em que obtinham maravilhosas revelações do mundo *post-mortem*: algumas vezes, mesmo os habitantes do mundo astral ou, melhor, os desencarnados, respondiam às suas intimações irresistíveis e os espíritos elementares apareciam para eles, muitas vezes, sob formas horríveis para lhes meter medo; mas alguns destes *messieurs* feitos magos, não sei por qual poder oculto, forçavam depressa esses maus espíritos a retomarem sua forma original e obedecerem às suas ordens.

— Ficaria muito feliz se fosse apresentado aos seus amigos — disse-lhe eu.

— Isto depende somente de ti. Vem ver-me amanhã mesmo, se quiseres, às 9 horas; moro perto da rua Lafayete, onde se fazem as reuniões.

Fui ao lugar indicado. Embora eu demonstrasse muito interesse, a sessão não teve sucesso, e os fantasmas ficaram invisíveis. Adquiri, mesmo assim, conhecimentos que abriram um novo horizonte ao meu espírito; comprei muitos livros e adquiri um famoso talismã que não adiantou nada, porque parece que eu não estava suficientemente instruído para possuir a fé robusta, principal elemento do êxito destes de objetos. Solicitaram-me que entrasse na Sociedade, pois somente seus membros podiam fazer parte do grupo oculto, mas eu temia o meio ou adiava este benefício, querendo, primeiro, ser esclarecido por minhas leituras.

Pus-me, então, a estudar muitas obras volumosas que estavam ao meu alcance; queria aprender tudo ao mesmo tempo, supondo fazer penetrar, pelo meu cérebro, uma avalanche de ideias desordenadas que pareciam contraditórias e não deixavam senão uma fadiga enorme, sem outro resultado que o de me aborrecer com este gênero de estudos. E não se podia esperar outra coisa. A muitos homens inteligentes e letrados, que não se treinaram ainda por falta de método e de uma progressão acertada, deve ter acontecido o mesmo, neste vasto e maravilhoso domínio do misticismo.

Além disso, os cérebros europeus, cheios de falsa ciência — hoje, ao escrever estas linhas, verifico isto — e de preconceitos estreitos, quase infantis, não são apropriados para armazenar conceitos de ordem mais elevada.

Esta dificuldade de compreender noções mais justas de nossa natureza, assim como do meio em que vivemos, é certamente maior para os materialistas do que para os adeptos de uma religião qualquer do globo. Porém, mitos cheios de verdades vivas são considerados e aceitos por estes, embora certos padres não julguem prudente divulgar ao homem a correspondência do símbolo com a realidade.

Porém, fecho aqui o parêntese. Em outra época, eu pensava e julgava como a maior parte das pessoas, por ignorar as ciências ocultas, as únicas que merecem este nome.

Pus de lado meus livros, que tachava de absurdos, por não poder compreendê-los, e de mau humor contra os autores, me afastava de sua doutrina.

Voltei a T., onde minha mãe necessitava de minha presença para, comigo e meu pai, decidir o casamento de minha querida irmã Mina, que desde a morte de Henri, tinha se recusado a fazer uma escolha entre os numerosos pretendentes que lhe haviam apresentado.

Ainda desta vez, Mina não pôde decidir-se, mas aliou-se com meus pais para, juntos, me persuadirem a desposar uma de suas amigas mais recentes, Thérèse Fontaine, que acabava de perder a mãe, havia apenas um ano; era filha única, rica, cheia de graça e beleza, boa saúde e instrução esmerada, sem, todavia, trazer consigo os diplomas com os quais os maridos, muitas vezes, têm que lutar. O que me teria feito pedir sua mão, se no momento me decidisse, era a pureza angelical desta encantadora moça, joia magnífica que um homem se alegra de ver na alma de sua esposa e que a diferencia do vulgar. Disse a Mina:

— Dá-me um bom exemplo, talvez então brote em meu coração a vocação conjugal.

Eu brincava, mas intimamente sentia profunda tristeza e a vida parecia-me sem brilho; minhas ideias perturbadas por minhas leituras apressadas, abriram uma brecha em minhas convicções católicas até então bem firmes e certas — ainda que relegadas ao terceiro plano de minha consciência[1] — e que teriam reaparecido vivas e intactas nos anos da velhice ou ao golpe de uma catástrofe...

[1] O subconsciente.

Revelei para minha mãe o estado de minha alma e a causa que o havia provocado; contei-lhe minuciosamente todos os meus esforços tentados, até então, para obter a realização do juramento de Henri. Minhas confidências tocaram o coração de minha boa e indulgente mãe; ela desculpou-me com a sua inesgotável bondade e, em vez de me censurar, disse-me que exemplos de tais aparições, embora raros, tinham sido confirmados muitas vezes, porém, que não era prudente provocá-los; que a Igreja, proibindo a evocação dos mortos, agia sabiamente; que ela só via um meio que pudesse serenar a minha alma: mandar dizer missas para o repouso da alma de meu amigo que, sem dúvida, estava afligida e atormentada pelo juramento imprudente que me fizera e de que eu o devia desculpar.

Alguns dias depois, eu assistia, com minha mãe, à missa que mandei celebrar em intenção de Henri. Havia muito tempo que eu não orava com tal fervor. Estava em erro — dizia a mim mesmo — por ter tomado ao pé da letra a promessa do nosso aparecimento depois da morte, estando ambos em plena ignorância das leis *post-mortem*. Este breve instante de fervor deixou pouco sinal em mim, mas tendo perdido a esperança de rever Henri neste mundo, deixei de lado ou releguei ao esquecimento todas as minhas experiências de emancipação intelectual. Voltei, então, a pensar como a maioria, que a religião, impedindo tais investigações fora dos nossos sentidos físicos, levantava uma grande barreira útil à razão humana.

Eu beirava os meus 28 anos e amava a vida. Tendo prósperos os meus negócios e sãos o corpo e o espírito, sentia-me feliz. Embarquei para Citera, aonde me chamavam alguns amigos, contentes — diziam — de me ver despojado dos meus pensamentos loucos e posicionado já em uma direção razoável para um rapaz saudável: esta direção velha e sempre nova era o prazer.

Levado, totalmente, pelos conselhos dos meus amigos, lancei-me por aquele declive natural e tornei-me pior que os meus companheiros; descambei no pessimismo tão desastroso para a alma como para o corpo. O meu autor predileto foi Schopenhauer, suas obras foram meus livros de cabeceira.

Embebi o cérebro e o coração em suas falsas máximas e pus-me a rir, zombando de meus sentimentos cristãos e, sobretudo, de minhas tentações espiritualistas. Descuidei até mesmo da família — era fatal! Enfim, fui atraído para o jogo... Foi uma queda completa!

Ainda que meus rendimentos de engenheiro fossem gordos e a pensão que me dava a família mais que suficiente para eu viver honradamente na boa sociedade parisiense, não demorei em lançar mão de agiotas, temendo pedir ajuda a meu pai, cuja severidade era extrema, uma vez que ele já me havia provido de tudo quanto me seria necessário em minha situação.

E, para mais me enlouquecer, pratiquei asneiras e tolices, aguardando por um milagre que viessem mudar a face de minhas finanças.

Foi a doença que veio; era certa, embora não esperada, pois não tinha tido nenhuma indisposição. Meus antepassados transmitiram-me um sangue puro, bem como um corpo saudável.

Se eu apanhara uma doença, era por minha falta certamente e o reconheço, agradecendo a minha mãe querida os constantes cuidados que ela me dispensou. Por outro lado, o perigo real foi prontamente afastado, porém, em troca, a convalescença foi longa e dolorosa. Foi no fim desta convalescença que se produziu um grave acontecimento que mudou totalmente a direção de minha vida, matando em mim o velho homem e tem origem neste acontecimento, amáveis leitores, a narração que prometi fazer por ordem ou, antes, conselho de meu irmão Henri que, afinal, cumpriu a sua promessa!

Viagem Astral

Um

A convalescença de uma grave enfermidade que quase levou o doente às portas do túmulo é um estado transitório cheio de encanto, principalmente às pessoas jovens, para quem a vida promete ainda belos dias; é uma primavera que dá realce e gosto às coisas mais simples, às mais infantis; sente-se as mesmas sensações que tem um homem feliz ao entrar em casa depois de uma longa ausência, retomar seus menores hábitos, reencontrar no lugar as mil ninharias que lhe prendem o coração e nas quais acha um valor que nunca descobriu como agora.

O céu lhe parece mais azul e intenso, a brisa cheia de mais doçuras e o mais insignificante incidente da vida quotidiana é um acontecimento agradável e interessante.

Eu me achava neste estado de preguiçosa e serena felicidade, em que o sonho disputa à realidade a alma. O meu pensamento não se fixava por muito tempo em nada; já me sentia cansado. Parecia-me bem longe o passado, sepultado para sempre em um montão de nuvens cinzentas; com o futuro não me preocupava, vendo tudo róseo depois que senti minhas forças voltarem. Devo confessar? A recordação de meu amigo, até ali tão viva, ia se tornando, pouco a pouco, apagada de minha memória.

O doente habituado aos cuidados constantes que sua cura exige e vendo-se objeto das preocupações de toda a família, torna-se facilmente exigente e um tanto egoísta, mesmo quando não apresenta alteração em seu estado de saúde.

Às onze horas da noite, despertei subitamente. Ouvira um leve ruído em meu quarto, no qual, muitas noites, haviam deixado de velar sobre mim. Tendo-se apagada a minha lamparina antes da hora, eu supus que minha mãe vinha acendê--la. O rumor que eu percebia pareceu vir do roçar da seda que minha mãe não deixava jamais de vestir.

— És tu, por acaso, minha querida mãe? — perguntei.

— Que boa és por te incomodares por tão pouca coisa; eu mesmo poderia, sem nenhum problema, acender minha lamparina...

Não recebi resposta! Eu não conseguia ainda pensar com firmeza e, no escuro procurei, apalpando, minha caixa de fósforos; acendi a lamparina, abaixei as cortinas de meu leito e fechei os olhos, sem, contudo, poder dormir.

De repente, o mesmo ruído feriu-me os ouvidos e fez-se ouvir de novo, porém mais distinto do que a primeira vez; o *fru-fru* de um tecido bem engomado pareceu tocar a minha cama. Reabri os olhos para me verificar deste ruído anormal, porém, achei-me mergulhado na escuridão: a lamparina tornou, outra vez, a apagar-se. Fiquei perplexo; mas, sendo todo esforço de imaginação um trabalho para meu cérebro, esperei, com os olhos abertos, se o *fru-fru* ia recomeçar. Não houve nada. Veio-me então à mente o fato de que a gata predileta de Mina entrara em um armário e, com a aproximação do parto, improvisara sobre a minha roupa um leito confortável para seus gatinhos. Dividia com minha irmã o amor que ela tinha para com a sua gata Riri e me comprometi a não expulsá-la do lugar que tinha escolhido, pedindo à minha irmã que retirasse os objetos que poderiam ficar estragados.

Estava assim pensando, quando um sopro ligeiro roçou a minha fronte; depois ouvi um fraco suspiro perto de mim.

Ansioso, olhei na escuridão profunda do quarto e vi uma brancura láctea, de forma irregular, flutuando a um metro acima do assoalho. Depois, esta nuvem vaporosa foi tomando, pouco a pouco, a forma humana, até que, numa luz mais viva, Henri me apareceu tal qual era no dia de nossas últimas despedidas...

Porém, ainda que fosse perfeitamente manifesto, sua fisionomia estava diferente.

Não sei se a luz interior lhe transfigurava o rosto e lhe dava uma beleza angelical; se ele conservava a forma humana, ela não era mais feita da mesma substância de outrora.

Só o busto surgiu desta brancura láctea.

— Henri!... — exclamei, transbordando de alegria. — Até que enfim!...

E estendi as mãos para o tocar, mas a forma desviava-se.

— Sim, sou eu — respondeu o meu amigo com voz débil, tão fraca que fiquei maravilhado de a ouvir. — Sou eu que não pude mostrar-me a teus olhos antes desta noite, embora tenha visitado tua casa e contribuído, com meus cuidados, para o teu restabelecimento...

— Que?!... Interpelei. — Tu me seguiste na vida? Tu sabes de tudo?

— Sim, eu sei tudo, falou Henri, acenando com a mão para que me calasse. — Eu conheci teus esforços, tuas dúvidas, deplorei tuas faltas, o mau uso que fazes de tua liberdade, deixando-te levar pelas opiniões materialistas, que fariam recuar a humanidade até a barbárie, se almas corajosas e devotas não viessem, com muitos esforços, anular o mal que Satã sopra na humanidade hoje em dia, mais do que antes, pois é chegado o fim de uma época, aquela em que a raça humana deve lançar-se em uma nova corrente. O momento é crítico, decisivo; o inimigo do gênero humano redobra a sua astúcia e intensifica as amarras que estende aos homens.

Não te esquivaste à epidemia moral, que ameaça cobrir de trevas todo o globo. Feliz a crise que te forçou a deixar o meio nocivo no qual deliciavas tua bestialidade, esquecido da família, e eu — acrescentou ele sorrindo tristemente — não podendo cumprir minha promessa por causas que te contarei mais tarde, enviei um irmão espiritual que fez o possível para desviar o teu espírito dos prazeres corruptos da juventude atual; prazeres todos de superfície, onde a vaidade tem a maior parte. Em vão este protetor invisível te estimulou para o estudo dos místicos de todas as escolas, a fim de te levar a fazer uma escolha entre eles. Tu julgavas o esforço muito penoso e, com um exame mais que superficial, marcaste de absurdos os dados filosóficos que possuem, em seu sentido oculto (esotérico), a soma de verdade, de ciência acessível ao homem e que ele pode elevar-se à liberdade real, até seu Criador.

Caíste num erro muito comum. Viste de perto os homens

que, neste fim de século, têm despertado a atenção do público sobre estas velhas doutrinas, publicando — muitas vezes em condições custosas para eles — obras destinadas a tornar compreensíveis aos intelectuais indiferentes as grandes verdades, até aqui só do domínio dos *Grandes Iniciados*. Disseste que seres que partilham contigo as mesmas fraquezas, em desacordo com os altos ensinos que professam, eram, sem dúvida, mistificadores ou charlatões!... Pobre Robert, não sabes que no homem as ideias se parecem com o anjo e os atos com a besta! Além de que, somos quase sempre instrumentos mais ou menos dóceis a serviço de vontades diretoras, invisíveis aos teus olhos e atuantes em um meio mais etéreo. Julga a obra, meu irmão, porém abstêm-te de lançar juízos sobre o autor...

O meu amigo não demorou mais que alguns instantes para me dizer isto. Compreendi que ele não falava, porém, que eu percebia seu pensamento. É o que explica a rapidez com que me inteirava de seu discurso.

— Oh, meu caro Henri, eu seguirei teus conselhos, mas, por favor, não me abandones. Vem, vem, eu te suplico; eu sinto minha fraqueza e me arrependo de haver desperdiçado o tempo que eu podia destinar à elevação de minha alma e de minhas ideias! Henri, eu me tornarei um apóstolo destas verdades desconhecidas, o auxiliar devotado e impessoal destes seres superiores de que falas...

E, exaltando-me, falei:

— Sim, eu rompo com esta sociedade enganadora, com seus costumes e suas máximas, que o inferno sugeriu aos homens para lhes fazer perder de vista o fim único da vida: o de sua salvação. Eu vou deixar Paris, instalo-me aqui, caso-me com Thérèse Fontaine.

— Está bem — disse Henri — acalma-te. Espera que eu te esclareça mais, explicando-te a significação dos principais símbolos; virá o tempo de tomares uma resolução, aquela em que melhor conheceres o caminho a seguir, para que eficazmente sirvas à verdade.

E prosseguiu:

— Em primeiro lugar, não desposes Thérèse; o tempo em que este casamento podia realizar-se já passou. Vou dar à

Viagem Astral 27

tua vida uma outra direção, além de que, a vida da senhorita Fontaine recebeu do destino um desvio do traçado inicial. A morte de sua mãe deixou-a sem defesa contra a investida dos satânicos que têm por auxiliares os infernais. Eu te explicarei isto em outra hora. A camareira da pobre Thérèse é uma infernal. Tu a julgarás, em uma de tuas saídas astrais...

— Minhas saídas astrais? — interrompi, com surpresa. — Que queres dizer, meu irmão?

— Espera, não posso explicar-te tudo ao mesmo tempo. Sabe somente que eu voltarei para conversar contigo e que, juntos, faremos um grande número de excursões curiosas e instrutivas, para te iniciar prontamente na grande vida misteriosa, da qual a existência terrestre é apenas uma particular manifestação a gerar coisas que devem modificar, bem ou mal, a vida da humanidade futura. Quando tua vista estiver bastante desenvolvida para olhar, sem sofrimento nem receio, um raio da verdade total, só então poderás decidir-te com certeza a tomar sem pressa o caminho do devotamento, que tuas faculdades e tua força d'alma te permitam seguir...

A figura de Henri pareceu aumentar; seus olhos de azul acinzentado tinham um brilho que eu não podia sustentar. Era, porventura, o meu amigo um semideus que me falava?

Calou-se um instante.

— Robert, — prosseguiu ele, — guarda silêncio sobre nossa conversa, mas reflete a respeito dela. Terminada tua convalescença, eu voltarei para te dar instruções sobre a nossa grande viagem; neste ínterim, retoma as obras abandonadas e, sem te cansares, faz todos os dias uma leitura substancial para a tua alma. Lê os Evangelhos, sobretudo, medita o de São João, o apóstolo muito amado que repousando sobre o coração de Jesus, compreendeu o seu inesgotável amor pela humanidade.

Atualmente, a literatura conta com numerosas publicações; são poderosos veículos de iniciação nas ciências ocultas, tais como: *Os Grandes Iniciados*, de Eduardo Schuré; *A Vida Perfeita*, de Maitland e de Ana Kingsford; *O Mundo Oculto* e *O Budismo Esotérico*, de Sinett; as obras de Alber Jhouney e de Papus; *Como se tornar Fada ou como se fazer Mago*, de Sir Peladan; as obras de J. K. Huymans e de

Jules Bois; *O Segredo do Absoluto*, de Amaravella; as obras de Annie Besant e de sua mestra Blavatsky; sem esquecer os precursores desta nova literatura, as obras de Fauvety, de Eugênio Nus, do doutor Gibier; *Louis Lambert* e *Seraphita*, de Balzac; *Zanoni*, de Bulwer Lytton; *A Alma e suas Manifestações através da História*, de Bonnemère; *A Psicologia ante a Ciência e os Sábios*, de Ernesto Rose; *O Poema da Alma*, de Bené Caillé; *As Crenças Fundamentais do Budismo*, de Artur Arnould; enfim, as obras de Cláudio de Saint-Martin, de Michel, de Figanières, de Lady Caithness, de Elifas Levi, do Abade Rocca, e nos folhetos de somenos importância: *Páginas para Queimar*, de Lermina; *A Reencarnação*, do Dr. Pascal; *A Voz do Silêncio* e *A Luz no Caminho*, duas joias teosóficas etc. Após essas, tu poderás achar outras.

Penso que começar teus estudos pelos livros recentemente escritos sobre o misticismo, o ocultismo e a teosofia, será mais facilmente acessível ao teu cérebro, na falta ainda da tua saúde normal. Chegarás, mais tarde, aos livros técnicos sobre a matéria.

Faço-te uma recomendação: o excelente doutor Marmon vai aconselhar-te, sob pretexto de te dar forças, a comer a maior quantidade possível de carne assada, de suculentos talhos de carneiros etc. Pois bem, rejeita completamente este regime; alega a razão que julgares melhor, porém, nada de carnes, nem de vinho, por melhor que te pareça. Isto vai espantar o bom doutor e contrariar os teus; não importa, faz tuas primeiras conquistas resistindo sabiamente às observações que não faltarão para te convencer. Compreenderás mais tarde a obrigação que te imponho de uma alimentação vegetariana.

Eis, concluiu ele, fazendo-me aspirar por não sei que processo, o conteúdo de um frasquinho — o que vai reparar as tuas forças.

Eu senti, então, um doce calor penetrar subitamente em meu peito; sobre a língua eu provava um sabor doce e frio. Henri beijou-me a fronte e desapareceu, deixando atrás de si algumas luzes fosforescentes. Uma calma de uma doçura deliciosa espalhou-se por todo o meu ser e dormi um profundo sono.

Ao romper do dia, Gilbert, o velho criado de quarto de

meu pai, entreabriu discretamente a porta de meu quarto para saber se eu tinha necessidade de seus serviços; embora desperto, fiquei imóvel e nada lhe disse. Relembrei tudo o que me havia dito Henri, primeiro, para não me esquecer de nada; segundo, para conservar, tão intacta quanto possível, a sensação até ali desconhecida, que a presença de meu amigo me fizera provar. Fixei em minha recordação o menor gesto, a mínima expressão desta querida aparição. Sentia-me, de algum modo, um homem diferente do que era. Além do mais, o contato deste ser querido me eletrizou e minhas forças físicas tinham certamente sido aumentadas. Eu não me movia; Gilbert retirou-se nas pontas dos pés e eu o ouvia dizer à minha mãe querida, que entreabrira a porta de seu quarto para saber como eu tinha passado a noite:

— Ah, senhora! O senhor Robert ainda dorme, um sono tão calmo como o de uma criança; isto não aconteceu, desde que caiu doente.

— Louvado seja Deus! — exclamou minha mãe — Gilbert, diga à cozinheira que não faça o menor ruído.

Às nove horas, acompanhado do nosso excelente doutor Marmon, meu pai entrou em meu quarto.

— Bem, meu filho, não te pergunto se passaste uma boa noite; Gilbert nos assegurou que tu dormias ainda há uma hora. Aqui está o doutor muito contente com a notícia!

— Sim, meu jovem amigo — acudiu o doutor. — Esta repetição de sono normal é um excelente sinal. Vejamos se resta alguma coisa da febre; é a hora do dia em que esta desagradável perturbação tomou o hábito de te visitar.

O doutor tomou-me o pulso e continuou:

— Nada de febre. Abram as cortinas para que lhe veja a língua e os olhos. Ah, os olhos! É por eles que reconheço o melhor estado de meus doentes. Oh, aqui estão uns olhos que brilham, não de febre, mas de saúde e mocidade. A língua está limpa. Tua convalescença caminha a passos de gigante, parece pular as etapas ordinárias. Diria que, durante teu sono, um milagre se operou...

— Ah, doutor, que felicidade! — exclamaram ao mesmo tempo minha mãe e minha irmã. — Rogamos tanto a Deus por ele; fomos atendidas...

— Sim, efetivamente — confirmou o doutor Marmon — a prece valeu-lhe a saúde. Parece um milagre. Podem começar a dar-lhe vinho velho, no princípio misturado com um pouco d'água, depois puro e em pequenos copos; carne assada e muito caldo. Deixem as sopas, o apetite lhe virá mais depressa.

— Doutor — perguntou Mina — pode permitir-lhe que se sente no terraço sob o abrigo?

— Sim — consentiu o doutor — ele está são, restabelecido; é maravilhoso. Que recursos possui a mocidade!

E apertando-me afetuosamente a mão:

— Robert, não voltarei aqui como médico, mas como teu amigo. Poupa tuas forças que se renovam, segue o regime que te ordeno e, dentro dos próximos quinze dias, anda a pé; em um mês poderás retomar teus trabalhos de engenheiro.

E o doutor despediu-se de mim.

No corredor da escada, eu o ouvi confirmar a sua admiração pelo rápido caminhar da minha convalescença.

Levantei-me à hora do almoço para acompanhar a refeição de família; todos estavam contentes; Mina, com a doçura do timbre da sua voz, não cessava de cantarolar as melodias que, muitas vezes, havíamos cantado juntos. A nossa linda gata, embaraçada com sua barriga e a ponto de parir, saltou sobre meus joelhos, procurando, por todos os modos, com carícias e roncos continuados, manifestar sua alegria de me ver reocupar o meu lugar à mesa de família. Sorrira-lhe o pensamento de que ela e seus pequenos gatos, prestes a irromperem em nossa casa, teriam em mim mais um protetor! Ora, neste gênero de cálculos egoístas, os animais, muitas vezes, levam vantagem aos homens.

Ao entrar na sala de refeições, senti o perfume de um assado; não nego que achei o cheiro agradável, que me incitava fortemente o estômago e que, sem a promessa feita a Henri de seguir o seu conselho, teria caído em tentação; porém, o que me contrariava mais, não era a privação de um alimento até então muito apreciado, e sim o pensamento de que eu ia inquietar toda a casa; que iam se unir para vencer a minha resolução de não tocar a carne; que, enfim, eu ia tornar triste esta pequena festa familiar...

Porém, é preciso — disse comigo mesmo — tenhamos

coragem... Eu ouvi esta manhã o doutor dizer a minha mãe: "Ele pode comer um pouco de tudo; deixem-no, não o contrariem..."

Fortalecido com esta permissão, me animei; e quando meu pai quis escolher o melhor talho de carneiro para me dar, agradeci-lhe, objetando que não tinha apetite para o provar; que preferia comer legumes e me contentaria com alguns outros pratos. O que eu previra, aconteceu, e até os velhos criados que eram tidos por pessoas da família, protestaram contra a minha recusa.

Perseverei, baixando os olhos para não ser tentado a ceder, vendo os olhares entristecidos por causa da minha determinação.

Porém, minha mãe interveio a meu favor:

— É um capricho de doente. Se não lhe apetece o assado, não o contrariemos; o doutor recomendou-me.

Recuperei o ânimo. Somente a gata ficou a protestar com seus miados. Atirei-lhe um pedaço de pernil de carneiro e o incidente ficou terminado. O resto da refeição foi alegre.

Puseram-me sobre uma poltrona, no terraço, a escutar a conversação dos meus.

Eu pensava em Henri e tinha pressa em acabar de me restabelecer para receber meu amigo e começar, em sua companhia, a estranha viagem de que me falara.

Segundo as previsões do doutor Marmon, quinze dias depois, eu me senti bastante forte para fazer, todas as manhãs, entre nove e dez horas, um passeio de carruagem, acompanhado de minha mãe e de Mina; a mudança de ar me fez um bem considerável. Retomei as ocupações da vida cotidiana do homem são. Tive que lutar para conservar o regime puramente vegetariano, porém, como ele me era muito aproveitável, o bom doutor, embora surpreendido pelos resultados, não fazia nenhuma objeção a este respeito, o que me alegrava, pois eu fazia intimamente grandes esforços para perseverar na louvável resolução e, para dizer a verdade, se a ordem me houvesse sido dada por outra pessoa que não o meu amigo "transfigurado", eu não teria me conformado com ela, tendo sido a minha natureza física, até ali, grandemente alimentada pela carne.

Hoje, que meus estudos esclareceram meu entendimento sobre as consequências absolutamente desastrosas deste gênero de alimentação para o homem e, sobretudo, para o intelectual, tomei um tal horror a esta nutrição cadavérica, que toda a luta entre meu estômago e minha vontade cessou.

Dois

Podendo, dali por diante, ler sem cansaço as obras de ciência oculta, de um modo metódico, assim como havia me aconselhado meu amigo, fiz rápidos progressos na compreensão de seus arcanos. Fiquei admirado da facilidade que eu tinha de ordenar em minha memória as séries numerosas desses problemas árduos e quase não tive pena de cortar antigos preconceitos, tanto religiosos como científicos. No que diz respeito especialmente à religião católica, da qual eu fazia parte, dei-me com certo prazer à leitura assídua e meditada dos Evangelhos, e pude compreender as belezas ocultas sob dogmas estreitos e símbolos inapreciáveis.

O meu espírito fez um recuo de 18 séculos; revi o divino Nazareno a pregar sobre a montanha sua doutrina de paz e de amor, e me senti, como nunca, seu discípulo devoto, pois a verdade que ele ensinava aos ignorantes que o cercavam, que não viam nele senão um futuro restaurador da autonomia israelita, não a compreenderam jamais.

Nada do que ensinou este divino mestre está em desacordo com os outros ensinos, legados pelos diversos iniciadores das raças humanas; satisfeita minha razão e com o coração repleto de imensa ternura pelo doce mártir do Gólgota, preparei-me, imediatamente, à escolha da via indicada por ele a seus apóstolos, estrada tão pouco seguida por seus sucessores.

Revi Henri muitas vezes desde sua primeira aparição; não me lembrava de tudo o que ele dizia, mas atribuo aos esclarecimentos que me dava em sonhos, a minha lucidez para analisar e meditar leituras tão complexas.

A minha família via com reservas o ardor com que me

dava a essas leituras; a Bíblia, que eu muitas vezes examinava, já não agrava aos meus olhos. Eu me cansava inutilmente, diziam, e juntos deploravam a publicação destas obras que atacavam a fé indiscutível da Igreja apostólica e romana, na qual era tão doce deixar-nos levar ao céu.

Com as leituras e o regime magro, meu caráter abrandou, minha razão firmou-se mais, minha conversação tornou-se mais amena e parei de me contrariar.

Não disse o Cristo: "A árvore se conhece por seus frutos?"

Uma coisa, especialmente, acabou de conciliar minha família com o meu novo modo de agir. Como minha mãe, feliz de me ver ao seu lado continuamente, dissesse uma tarde:

— Ah! Eu quisera que tua convalescença durasse ainda alguns meses, para te conservar mais tempo junto a mim! Eis que te vejo são e quase a caminho de Paris! De teu Paris! Este pensamento me aflige.

— Renuncio a Paris completamente, caros pais — respondi. — Minha resolução está tomada. Ficarei convosco daqui por diante.

Meu pai e minha mãe julgavam ter compreendido mal as minhas palavras.

— Quê! — exclamou Mina, que foi a primeira a romper o silêncio. — Meu querido irmão, é verdade o que acabas de dizer? Tu não nos deixarás mais? Ah, em verdade, o bom Deus te provou rudemente pelo sofrimento, porém tu saíste ainda melhor da crise.

Minha mãe apertou-me contra o coração; meu pai, com os olhos úmidos de lágrimas, pegando-me as mãos, com voz profundamente comovida, disse:

— Robert, tu atendes os nossos desejos; nós nunca teríamos coragem de solicitar-te esse sacrifício, pois, sabemos que a nossa casa parecia te aborrecer e contrariava os prazeres a que estavas acostumado.

Minha mãe disse, muito contente:

— Tu me farás avó, meu Robert; Therèse ainda é encantadora...

Abracei minha mãe para evitar responder-lhe. Não convinha estragar tão belo momento com semelhante recusa.

Viagem Astral

Eu esperava a volta de Henri, sentindo-me quase restabelecido. Conversávamos muito a respeito dele em nossas reuniões com os seus; seu irmão Ludwig completava vinte anos. Era um belo rapaz moreno escuro, de olhos negros e doces, profundos e melancólicos, como os dos orientais. Tinha o tipo de sua raça. Era o retrato vivo de seu pai, com mais distinção, e era completamente diferente de Henri, pois este se parecia somente com sua mãe; era louro como ela.

Toda a família, inclusive os antepassados, cujos retratos decoravam todas as salas da casa, tinha os cabelos escuros.

Na família de Henri, e particularmente Ludwig, todos estavam certos de que o filho mais velho morto continuava a cuidar deles.

Ludwig assegurava ter visto seu irmão, várias vezes, aos pés do seu leito, principalmente quando estivera doente, e a velha porteira, a senhora Blaizois, sonâmbula, afirmava tê-lo visto perfeitamente, por duas vezes, atravessar a grande alameda do jardim e entrar na casa; que outra vez o tinha visto aproximar-se de Folette, a pequena cadela, para lhe fazer carícias. E notou, a boa Blaizois, que o animalzinho, que costumava latir para todos, ficara calmo para receber, sem o mínimo rosnar, os afagos do sr. Henri.

Eu não disse a Ludwig que havia visto seu irmão, pois este me havia proibido; porém, confirmei sua crença nas aparições de Henri, conversando com ele a respeito do que eu tinha aprendido nas minhas recentes leituras.

Fiz isto com muita prudência, a fim de não perturbar esse querido jovem, certo de que Henri — invisível ao meu lado em minhas visitas à sua família — se achava feliz com a minha discreta iniciativa junto de Ludwig.

Uma tarde, depois do jantar, atravessei o gabinete de minha mãe para ir ao terraço, onde tínhamos por hábito passar uma meia hora antes de começar o serão na grande sala, em volta da mesa decorada de mármores coloridos. Esta obra de marchetaria florentina era uma lembrança viva da cidade dos Médicis, trazida por nosso pai por ocasião de sua viagem de núpcias. Tal mesa tinha para nós um atrativo especial, pois todos gostávamos de admirar os seus mosaicos figurando belos frutos que nos despertavam o apetite e pássaros de belas plumagens que teríamos tirado dos seus lugares para nos divertir com eles.

Sobre a lareira do gabinete se achava um espelho sem aço, por meio do qual se via o salão que, neste momento, estava sombrio; as persianas estavam fechadas não sei por quê! Ao passar, olhei para o espelho e, surpresa! Vi Henri que, do outro lado do vidro, me disse estas palavras:

— Esta noite.

Corri ao salão, na suposição de que Henri me esperava; mas não, não havia ninguém ali. A sombra se evaporara... Meu coração pulsava fortemente quando cheguei ao terraço. Meu pai fumava em outro canto; minha mãe e minha irmã preparavam uma delicada comida para um jantar que devíamos oferecer, em alguns dias, à família de Montzag, para receber o capelo de Sua Eminência o cardeal de Montzag, tio de Ludwig, que chegara na véspera à casa de sua irmã, acompanhado de seu vigário-geral. Alguns amigos deviam juntar-se à família de Montzag. Dentre eles, estavam o doutor Marmon e o nosso bom pároco, M. Moutonnet, que amava e estimava ao doutor Marmon, mas não deixava passar nenhuma ocasião de discutir com ele as máximas deístas a que o doutor se opunha, obstinada e corajosamente, como homem verdadeiramente convicto das superstições errôneas da igreja romana.

Sentei-me em uma cadeira, aturdido, antecipadamente alegre pelo prazer de rever o meu amigo. Estava muito distraído, quando meu pai me chamou e disse:

— Vejo-te muito pensativo, meu filho. Tens algum problema? Fez-se mal a tua digestão?

— De nenhum modo, querido pai. Sinto-me até muito bem; eu acho que não tinha sentido, até aqui, uma felicidade tão completa.

— Tanto melhor — respondeu meu pai, afastando-se. — Agora estou aliviado; enchia-me de receios pela tua saúde, desde que te vimos tão doente!

Acabada a tarefa culinária, minha mãe tinha sobre os joelhos nossa gata, a bela Riri que, sentindo aproximar-se o momento de dar à luz, se tornava cada vez mais carinhosa, especialmente para minha mãe que se dera ao hábito de a vigiar nestes momentos difíceis.

Apoiada sobre o parapeito do terraço, Mina olhava para o lado do jardim da senhora Montzag. Tomado de uma exaltação de alegria, erguia-a subitamente pela cintura e obriguei-a, depois, a dar alguns passos de valsa.

— Estás alegre, meu irmão! Como me sinto contente de te ver assim. É verdade que tuas leituras te fazem mal e que alteram teu coração? Tu nos fazes tão felizes por teu bom humor sempre igual, bem mais que antes.

— Quem lançou semelhante opinião sobre as minhas leituras, Mina?

— Bom... — respondeu Mina, um pouco embaraçada por ter deixado escapar esta reflexão — foi o padre Dulac, meu confessor.

— Oh, minha querida irmã — disse-lhe sorrindo — é assim que confessas os meus pretensos pecados em lugar dos teus?

— Robert, não fui eu quem falou de tuas leituras, foi o padre Dulac que primeiro me falou delas. Ele me disse: "Eu sei que teu irmão possui maus livros que podem levar perturbação às consciências; não toques neles e, como moça cristã, quando tiveres ocasião, na ausência de teu irmão e de acordo com tua piedosa mãe, dá fim neles. Teu irmão, não os tendo mais entre as mãos, se esquecerá deles. Dize à senhora tua mãe que ela pode mandá-los a mim; eu os livrarei desta causa de perdição". Então perguntei: "Mas o senhor os lerá, padre?". "Sim, minha filha, nosso ministério obriga-nos a conhecer todas as espécies de livros, a fim de podermos, com conhecimento de causa, proibir a nossos penitentes as suas leituras...". Perturbado, sem dúvida, pela minha reflexão, o padre esqueceu-se de dar-me uma penitência e, dando-me a absolvição, fechou bruscamente a porta do confessionário.

— Ah, o padre quer despojar-me de meus bens para se apropriar deles! Teu confessor está decididamente bem desejoso disto, porém, quem diabo pôde informá-lo tão bem e dar-lhe o título dos livros em questão?

— Eu penso — tornou Mina — que foi a cozinheira, pois a tagarela se confessa justamente ao padre Dulac.

Meu pai estava presente. Tinha se aproximado de nós,

sem que o pressentíssemos.

— Mina — observou ele — me agradaria muito que tivesses um outro confessor; eu não gosto que se ocupem do que se passa em minha casa. O padre deve limitar-se ao seu ministério. Não quero mais receber eclesiásticos em nossa intimidade; estes reverendos só devem vir quando chamados à cabeceira dos doentes.

Escutamos, admirados, a furiosa repreensão de meu pai, justificada somente pela narração de Mina.

— Assim penso — disse meu pai e dirigindo-se a minha mãe, acrescentou:

— Aminthe, se tinhas a intenção de escrever ao cura Moutonnet, convidando-o a vir juntar-se a nós, quinta-feira, para festejar o cardeal, não lhe mandes convite.

— Meu amigo já partiu com o convite!...

— Neste caso, será o último, e quanto à cozinheira...

Esta, justamente, atravessava o terraço. Era uma jovem alta e magra, trigueira, mediocremente feia que, antes de entrar para o nosso serviço, tentara duas vezes fazer-se religiosa. O tom sério das conversas a tinha desgostado. Ficara fiel às práticas minuciosas da religião no que esta possui de mais estreito; tinha conservado, do claustro, um hábito herdado de sacristia que consistia em se preocupar, sempre, com a salvação dos outros para alcançar a sua.

A pobre rapariga atravessava o terraço em ocasião desfavorável; meu pai, furioso, adiantando-se, parou diante dela e disse-lhe:

— Clorinda, tua caldeirada de enguias é detestável e, de agora em diante, peço-te que deixes de levar ao padre Dulac o que se passa em casa de teus patrões!

Perturbada, Clorinda nada respondeu. Baixou a cabeça, curvou a espinha fazendo-se menor e desapareceu rapidamente.

Eu e minha irmã a custo pudemos conter a vontade de rir, tão estranha era a admoestação de nosso pai. Nossa mãe, que olhávamos de soslaio, mordia os lábios para não estourar de riso. Meu pai continuava agitado.

— Sim — continuou ele como se concluísse uma conversação anterior — nós, talvez, tenhamos razão de censurar o clero... Há muita coisa a consertar nestas instituições. Vejamos: há em nossa paróquia um outro clérigo que Mina possa tomar por confessor, sem temer cair, outra vez, na mesma inconveniência?

— Há — respondeu minha mãe — um velho padre, antigo missionário que está fora do clero regular; diz sempre a primeira missa e seu confessionário é pouco frequentado; despacha logo seus penitentes, em virtude do que se queixam e o têm quase deixado em abandono.

— É isto! — disse meu pai. — Ele é sério, não escuta as tagarelices dos devotos e não os excita à piedosa espionagem!...

Depois desta última observação, meu pai pediu a Gilbert o seu chapéu e sua bengala, dizendo-nos que ia saber notícia do tio Hilaire, que um acesso de gota deixara acamado.

— Não me esperem para o chá, meus filhos; eu voltarei tarde!

E, dizendo-nos boa noite, saiu.

A vontade de rir passou. Estávamos, todos, em torno da mesa de mármore, refletindo, cada um ao seu modo de ver, na repreensão veemente de nosso pai aos padres, o que nunca havia acontecido.

Ele era bom católico, embora não práticante, mas via com satisfação minha mãe e Mina seguirem exatamente os ritos da Igreja; acompanhava-as voluntariamente, nos dias de grandes festas, às missas solenes e ia escutar com prazer os bons oradores. Nós recebíamos como visita, bem como em nossa mesa, o cura Moutonnet e o superior do Seminário Maior, antigo colega de meu pai no colégio dos jesuítas de T..

Meu pai acabava de declarar que não queria ver mais eclesiásticos em sua casa! Que se passava? A indiscrição de Mina fora somente um sopro ao fogo ardente, até ali encoberto. Minha mãe deu-me a chave de suas reflexões, dizendo-me:

— Teu pai é muito bom para meu tio, mas eu temo que este voltairiano[1] endurecido influencie a teu pai.

— O tio Hilaire — disse eu — é um filósofo que prova, por

---

[1] Pertencente ou relativo a Voltaire, pseudônimo do escritor francês François-Marie Arouet (1694-1778).

sua resignação nos acontecimentos da vida, que sabe harmonizar os seus atos com os seus princípios.
— E, depois, ele é instruído — disse Mina.
— Viajou tanto que sua conversação se fez interessante e variada — disse eu — fechando o livro de Jacolliot que tinha entre as mãos.
— O que conta de sua viagem às Índias — completou minha irmã — é maravilhoso. Diz que os faquires fazem milagres à vontade, absolutamente iguais aos santos católicos. Meu tio contou-nos, um dia, sua conversação com um brâmane muito distinto, de quem se tornara amigo. Este brâmane deu-lhe curiosas informações sobre o culto que se oferece ao Buda e...
— Estás bem informada, minha filha — interrompeu nossa mãe. — Eu preferia que fosses menos nestas matérias. Pedirei ao teu tio que seja prudente nestas narrativas de viagens, quando estiveres presente.
Mina, tristemente, abaixou a cabeça sobre sua tapeçaria.
Prossegui minha leitura, dissimulando o título da obra, que tratava justamente das matérias que minha mãe acabava de proibir, como atentatórias à fé católica.
Suzette, a criada de quarto, trouxe o chá; senti alívio de ver terminado o serão, de entrar em meu quarto, aonde Henri vivia para começar minha iniciação. Se minha mãe pudesse saber da jornada que eu ia empreender, da ciência cujos arcanos eu ia tentar saber, outras teriam sido suas apreensões que não as preocupações a respeito do tio Hilaire!
Nossa mãe abraçou-nos. Mina foi a primeira que se retirou; minha mãe, já se fora do salão em que eu reunia alguns volumes para os levar para o meu quarto, voltou e disse-me:
— Robert, peço-te que não deixes que andem daqui para ali, sobre os móveis, os teus livros de ciência maldita. Temo que eles alterem as consciências em torno de ti. Magoa-me saber que lês tais livros... Vês o que já sucedeu esta noite... Não reconheci mais teu pai, habitualmente tão benevolente...
— Tranquiliza-te, minha querida mãe, vou levar meus livros para o meu quarto.
— Sim, meu filho — acrescentou ela — abraçando-me outra vez. — Fecha-os a sete chaves, assim estarão mais se-

guros. Gilbert e Mina, para não ficarem perturbados, não os deverão abrir!

Minha mãe saiu. Ordenando meus livros para não esquecer nenhum dos que se achavam no salão, uma ideia atravessou-me o cérebro: minha mãe havia dito que se Gilbert ou Mina entrevissem meus livros, ficariam perturbados.

— É por meu pai, principalmente, que ela teme estas leituras — pensei. — Mina é por demais discreta para dar-se a uma leitura sem uma prévia autorização de seus pais; quanto a Gilbert, este é um excelente criado, muito devotado, cuja inteligência obtusa, não se arrisca fora dos lugares comuns da existência e da tagarelice incoerente das conversações do ofício... Não, não! O que minha mãe acaba de dizer, é tudo referente a meu pai!

E, fazendo revista dos livros, verifiquei que faltava um.

— Ah, ah! — exclamei, esfregando as mãos. — Meu pai se interessa pelas ciências ocultas. Vejamos se o volume que me falta está com ele.

E como meu pai ainda estava ausente, fui ao seu quarto.

O primeiro volume de *Dogma e Ritual da Alta Magia*, por Elifas Levi, estava sobre a mesa de cabeceira; uma fita indicava o lugar onde ele tinha parado a leitura...

Retirei-me satisfeito; meu pai, que eu adorava, podia, sem dúvida, tornar-se mais tarde o confidente de minhas investigações no domínio do oculto, que eu ia tentar com o auxílio de Henri. Também firmei o propósito de ser menos obediente aos desejos de minha mãe e de deixar discretamente (ao menos no meu quarto) os meus livros à disposição de meu pai, compreendendo muito bem que, por muito tempo ainda, lhe seriam úteis.

Três

Uma vez deitado, depois de ter apagado a vela, esperei com inquietação a vinda de meu amigo. Eram quase dez horas; ouvi os passos de meu pai que entrava em seu aposento e o boa noite de Gilbert que acabava de ajudá-lo a pôr-se no leito; pouco a pouco, os ruídos da casa cessaram e o silêncio era completo. Onze horas. Eu estava inquieto... Henri não vinha!
Teria eu compreendido suas palavras: "Esta noite"? É claro. Todavia... Enfim, enquanto não tenha passado a meia noite, quero esperar e, para me distrair, para acalmar meus nervos, pus-me a recitar a meia-voz os sublimes *Versos Áureos*, de Pitágoras, que eu tinha aprendido de cor. E estava recitando estes versos: "Tu saberás se o céu o quer, que a natureza" — quando uma voz concluiu: "semelhante em todas as coisas é a mesma em todos os lugares".
— Henri! — exclamei, contente, reconhecendo a voz de meu amigo. — Ouço-te, mas não te vejo. Por quê?
— Tu me verás logo, Robert, calma. O excesso de desejo é, muitas vezes, um obstáculo às manifestações astrais — respondeu Henri. — Eu estava ali, perto de ti, há uma hora, mas teus fluidos se achavam em um tal estado de vibração que eu não podia manipular-lhes a substância. Porém, graças à calma produzida por tua recitação dos *Versos Áureos*[1], agrupando teus espíritos animais em um harmonioso todo, pude, enfim, aproximar-me de ti.
— Eis-me, aqui, dócil. Faz de mim o que quiseres. Estou pronto para seguir-te ao fim do mundo e aos confins do mundo astral...

[1] Ver anexo.

— Eu vou — disse Henri — ajudar e ensinar-te a extrair conscientemente teu espírito de seu envoltório corporal material, pois mesmo no estado fluídico, possuímos ainda uma bainha material sujeita à atração planetária e às condições terrestre, mas a matéria de que é constituído o espírito é de substância menos densa do que o corpo físico; eis toda a diferença.

— Sim! — confirmei. — Aprendi isto durante minhas leituras, nas quais reconheço ter sido auxiliado e guiado por ti.

— Meu caro Robert, quero que experimentes tuas forças com prudência nesta noite, a primeira das vinte dedicadas à tua instrução. Não sairemos de teu quarto. Tenho muitas coisas a ensinar-te, as quais te serão úteis durante a nossa viagem, que começaremos depois de amanhã, sexta-feira, e não pretendo distrair-te das atenções que darás ao cardeal, meu tio, assim como aos outros convidados.

No mesmo instante, lembrei-me da decisão de meu pai e de tudo o que se passara depois do jantar. Perguntava a mim mesmo qual seria o pensamento de Henri, quando lhe revelasse o que havia acontecido.

Porém Henri, pegando meu braço, embora invisível, disse logo em seguida:

— Leio em teu pensamento, Robert, tão facilmente como teu pai no livro de Elifas Levi, que no momento lê, esquecido da hora adiantada, tanto está ele embebido na leitura!

Ao escutar Henri, admirando-me da sua lucidez, senti um formigamento geral no corpo e uma opressão no estômago; depois, numa sensação semelhante à vertigem, porém, agradável, fechei os olhos. O tempo foi breve; abri-os de novo, respirando deliciosamente, peito dilatado, sentindo-me leve e mais disposto como nunca.

Eu estava em pé, junto da lareira. Uma luz estava acesa e Henri, sentado em uma cadeira, em minha frente, sorria-me.

Fiquei maravilhado, sentindo-me mais vivo do que nunca, vendo meu corpo, o que até ali eu tinha considerado como o meu *verdadeiro eu*, profundamente adormecido.

Fui tirado do meu espanto por um pensamento repentino que me aterrorizou.

— Deixei de viver... — pensei. — Henri, vens ajudar-me...

Estou morto... Ah! Devias prevenir-me... Eu poderia despedir-me de meus pais, de Mina, minha querida irmã...

Eu desfalecia; um movimento convulsivo agitou meu corpo; senti um impulso muito forte atrair-me para o leito; reabri os olhos, sufocado; meu coração pulsava desordenadamente; estava inundado de suor.

— Ah! Meu Deus, que sonho acabo de ter! Eu acreditava ter morrido... Mas lembro-me de ter visto Henri. Ele estava ali há pouco!... Meu Deus! Meu Deus!

Tive novamente a febre e fiquei desanimado!

A noite era profunda... A voz doce, mas triste, de Henri interrompeu-me, dizendo:

— Robert, tu não estás doente, não sonhas, mas acabas de receber a primeira lição do desprendimento astral. Felizmente, não te afastaste do teu envoltório material... O abalo físico foi benigno... Eu tinha previsto este acidente que é comum nas primeiras tentativas de desdobramento; e é por isso que não permiti que fizesses a tua excursão nesta noite.

Depois desta explicação, tranquilizei-me; o coração voltou a pulsar normalmente; no íntimo, eu quisera não ter mostrado um tal terror.

Henri pegou-me pela mão e disse:

— Amigo, o instinto de conservação é natural a tudo o que tem vida temporária; ele não é tão poderoso, mas é a barreira indispensável, tanto aos desesperados de todas as classes, como aos intelectuais clarividentes que, percebendo um modo de existência melhor e menos material, se apressariam em trocar a sua prisão de carne por um ingresso no país das fadas.

— Existem as fadas? — perguntei, impulsivamente, curioso por saber.

— Sim — confirmou Henri — e espero levar-te até elas, porém, não hoje. Esta noite convém treinar tua saída do corpo: vou ajudar-te! Desta vez, penso que poderemos conversar tranquilamente. Deita-te de costas, alonga teus membros, respira profundamente, fechando os olhos e retendo a aspiração, deseja vir até mim. Vais sentir o formigamento já provado, depois, a sensação de alguma coisa, que é o teu duplo astral, se duplicar suavemente das extremidades até a parte

Viagem Astral

superior do abdome, sentirás calor e a respiração alterada, depois um leve atordoamento por tua vontade fortemente dirigida para mim...

Caí nos braços de Henri... menos admirado do que na primeira vez; eu estava completamente calmo.

Contudo, eu dirigia meus olhares para o leito, temendo ser ainda atraído pelo corpo, ao qual, já não olhava como no instante passado, considerando-o somente como uma coisa inferior, sobre a qual se tem domínio se ela dá sinais de resistência.

Henri seguia com os olhos a nova expressão de minha fisionomia: o sentimento de me haver deixado dominar um instante por esta corporeidade que eu desprezava!

— Nada de exageros! — disse meu amigo. — Aprecia o teu corpo de carne, como quiseres; poupa-o, sobretudo, pois serão chamados ambos (corpo físico e corpo espiritual) a prestar-te mútuos serviços durante longos anos. És o senhor do teu corpo, mas fica sendo também seu amigo; só neste mundo ele pode servir-te de instrumento e de morada ao teu espírito, teu verdadeiro "eu", que se acha feliz por se guardar de seus inimigos e trabalhar com menos perigo para o seu avanço espiritual...

Depois de uma breve pausa, continuou Henri.

— Aproxima-te sem temor de teu leito, toca teu corpo; tu és o senhor, ele é o animal que te deve obedecer cegamente.

Com temor, pus a minha mão fluídica que eu sentia viva e consistente, sobre meu braço físico: ele estava rígido, quase gelado.

Henri seguia todos os meus movimentos. Recuei um passo; provei um certo desgosto. Ah! se não fosse a afeição que tenho à família, com que satisfação teria abandonado este corpo inerte.

— Estás com outra dificuldade — disse Henri. — Calma, pois isto é prejudicial à alma e tornam perigosas, para o ser encarnado, as saídas astrais conscientes, sem contar os numerosos perigos que corre o espírito nos desdobramentos; sem a intervenção dos protetores espirituais, os males causados por estes desprendimentos dos corpos físicos, seriam mais comuns ainda. Há, finalmente, as doenças contraídas nestas saídas, cuja prova te darei; pois tu o sabes, os homens e os animais, durante o sono, vivem alguns instantes ou algumas horas no plano espiritual; é uma necessidade para o bom funcionamento de sua dupla natureza. Apenas o mundo astral, como a Terra, tem condições diversas.

— Assim, exclamei, todos nós viajamos durante o sono; é horrível a recordação que nos fica desses percursos alegres; seria curioso se por este canal nos lembrássemos de algumas de nossas encarnações anteriores!

— Tua ideia de percursos alegres cabe mal na explicação que te dou. Quando a personalidade fluídica escapa momentaneamente do corpo, entra num modo de existência mais sério, mais real que o plano terrestre, embora não seja, como este último, senão um meio temporário, uma criação de *Maya*[2], mas de uma diversidade, de uma magnificência infinitamente mais grandiosa e de uma poderosa vida, que os planos materiais não podem realizar. O homem, em desprendimento espiritual, atinge, na maioria das vezes, somente a esfera que cerca imediatamente o globo onde está encarnado, ou aquelas que estão mais próximas do seu raio de atração; ali vão ter com as almas, cujos corpos dormem, as formas fluídicas dos animais e outras que vivem em torno dele sobre a Terra.

Depois, vem a multidão inumerável de almas, de todas as proveniências, que sofreram a primeira morte, a qual rompe o laço fluídico que as prende aos corpos puramente físicos.

Aí vão estar, juntas, entidades astrais de espécies e raças desconhecidas aos homens que, percebidas pelos extáticos ou cantadas pelos poetas — estes verdadeiros videntes — são tidas por quimeras e fábulas pelos sabichões de academias ou, simplesmente, classificadas entre os demônios pelos teólogos.

Estas populações misturadas, heterogêneas (ao menos em aparência), agem em idas e vindas com uma rapidez que embaraçam e confundem as ideias do homem sobre as noções de distância e de tempo; estes dois fatores de toda con-

---

[2] Maya, segundo os Vedas, é a aparência que tomam as coisas; é ilusão. É a força primordial antes de toda criação. Maya é a fonte dos fenômenos e a causa da manifestação das existências individuais. — Cf. E. Bosse, *Dicionnaire de la Science Occulte*, 2 volumes in 18, ilustrados, Paris, 1896.

cepção humana existem e impressionam os sentidos astrais, tão bem como os nossos, porém, com uma notável diferença, com toda vantagem que o mundo astral nos oferece.

O homem, nas suas saídas astrais, leva consigo, e mesmo contra a sua vontade, todas as suas preocupações terrestres e as mistura com as suas percepções astrais; as primeiras atraem-lhe pensamentos afins e assim se realizam encontros agradáveis ou penosos; há lembrança que se apaga para a maior parte dos homens, mas resta de suas visões apagadas ou mal interpretadas, uma intuição às vezes muito forte que é, de algum modo, a síntese das sensações passadas tão rapidamente no plano fluídico, que seria preciso resumir alguns anos de vida terrestre para formar um círculo de sensações tão numerosas. De resto, a recordação exata de muitas destas viagens seria muito prejudicial ao adiantamento do homem; ela traria a solução de muitos enigmas, que ele deve trabalhar, mesmo sem compreender.

O conhecimento, mesmo que parcial, de suas existências passadas, eternizaria os ódios e impediria todo convívio possível entre os homens; eis porque eles são, muitas vezes, reunidos a fim de melhor dissolver neles o veneno da discórdia que encontros sucessivos sobre os planos objetivos fizeram aparecer. Sou um exemplo disso, meu caro Robert.

— Tu, que és tão bom, meu caro Henri! Não posso crer! Tua doçura, tua bondade...

— Se as reconheces em mim, Robert, elas são o resultado obtido de muitas lutas, de muitos sofrimentos! Vou dar-te um exemplo, sem remontar muito ao passado.

— Escuto — disse eu, aproximando-me dele.

No movimento que fiz, rocei ligeiramente em sua perna e, sem pensar no seu estado fluídico, observei:

— Mas, Henri, estás completamente materializado esta noite, absolutamente semelhante ao que eras na Terra... Reconheço as mesmas vestes que usavas alguns anos antes de morrer...

Henri respondeu-me a sorrir:

— Estamos neste momento sobre o mesmo plano; as substâncias que revestem as nossas entidades são idênticas. Quanto aos nossos trajes, nós os obtemos no desdobramento por um dispêndio de forças fluídicas semelhantes ao trabalho material ou ao que o representa, eventualmente, pelo agente. Aqui, a ciência e o poder da vontade guiam e asseguram a realização do desejo.

Ademais, o que possuímos no passado, é justo que o tragamos de novo à existência, quero dizer, no ponto da virtualidade que nos agrada; isto se torna uma fonte de satisfações, e algumas vezes também de tentações que devemos repelir.

Admiras-te, Robert, de que eu, neste momento, use um traje que, se fosse terreno, não usaria por estar já fora da moda? Vês — disse levantando um pouco a roupa — ela se fez nova; não a vesti com premeditação, porém, por si mesma se pôs sobre mim no momento em que, pensando justamente na época em que usava aquele traje, me dirigia à tua casa. É isto um fenômeno que observarás muitas vezes. Mas... tu mesmo, Robert, não estás com o colete que, há pouco, deixaste ao despir-te?

De fato, verifiquei, com surpresa, que eu trazia um colete de casimira branco, ao passo que, perto de meu leito, sobre uma cadeira, se achava um colete cinza bastante usado, que vestia dentro de casa.

— É verdadeiramente extraordinário! — Exclamei. — Mas se eu me imaginasse vestido em traje de noite, estaria assim vestido como europeu?

— Certamente, meu caro Robert. E não sonhaste, alguma vez, que te achavas entrando imprudentemente em um salão ou saindo de tua casa, com os pés descalços, com a cabeça descoberta, por ocasião de um frio muito intenso?

— É verdade...

E rindo francamente, contei a Henri que tinha sonhado com a minha prima Clairville, passeando solenemente em trajes noturnos, com um livro na mão, e que eu tinha evitado encontrá-la para não ferir seu pudor habitual.

— Sim, é assim — confirmou Henri — que os mais cômicos acontecimentos se realizam na astralidade, o plano mais próximo da superfície da Terra...

— Meu amigo, sou todo ouvidos. Começa tua narração, eu te escuto; mas penso ter muita dificuldade em compreender que jamais tenhas sido um ser de natureza obscura e perversa...

— Parece-nos difícil, com efeito, quando lemos a história dos tempos bárbaros, que tenhamos vivido de um modo tão selvagem; que fomos atores nas cenas sanguinolentas e anti-humanas referidas pelas velhas histórias. Mas é, infelizmente, certo que participamos dos costumes cruéis das sociedades que provocam hoje a nossa indignação.

Os habitantes da Terra, para falar somente do nosso pequeno planeta, pertencem, todos o sabem, a muitas raças diferentes; mas cada uma delas subdivide-se em uma multidão de raças diferenciadas entre si por um leve sinal que escapa à perspicácia de nossos sábios. Enfim, no seio destas numerosas divisões, existem ainda variados fragmentos ou famílias espirituais. Muitas, dentre elas, têm uma originalidade primitiva que cultivam com todo amor, toda a força de seus poderes psíquicos; sem dúvida, estas famílias tiveram como origem uma entidade muito carregada de sentimentos homogêneos, de união familiar; sendo a força central empregada pelo primeiro pai-mãe; depois, seguiu a mesma forma de desenvolvimento e de conservação. Dar-te uma explicação mais extensa não me é possível, no momento.

Prossigo: a Terra é uma escola, o campo de ação onde todas estas entidades devem encarnar muitas vezes pela involução e evolução, formando e desenvolvendo em cada encarnação uma personalidade, aquisição preciosa para o espírito que se encarna; aquisição que se torna também a riqueza da família inteira; o campo de ação, os socorros e cuidados que se dispensam aos encarnados são frutos de ações de toda a família, bem como a diligência de não deixar que se diferenciem por atos fluídicos ou materiais durante a sua ausência temporária do centro original. Com razão, os antepassados temeram pela passagem na vida terrestre, onde as atrações do amor, o exercício de doutrinas religiosas diferentes, podem diminuir a ação central sobre os filhos saídos do seu círculo.

Isto te dá a chave da severidade com que certas famílias terrenas (sobretudo no passado) evitaram unir-se a outras em posições de fortuna idênticas. O casamento em família era a grande preocupação, com nenhuma mistura estrangeira no sangue... Preocupados de conservar intacto o caráter familiar, este rigor levou muitos homens até à ferocidade. Estes pais de família, tão convencidos de sua superioridade e tão tenazes em isolar-se em sua aliança, em suas feições, assim como no interesse único, egoístas dos seus, eram e são ainda estimulados pelos seus antepassados, mesmo contra a sua vontade...

Fiz um sinal de surpresa.

— Não aprovo isso, Robert, apenas verifico. A Providência, que reina e vigia sobre todas as suas criações, ditou leis que forçam todas as suas criaturas de origens diversas a se mesclarem na encarnação e em favor deste "jogo de cabra cega", a tomar conhecimento uns dos outros, pelo contato, atenuando, por relações forçadas, o egoísmo, sempre útil no princípio de organização, porém, absolutamente desfavorável no desenvolvimento espiritual.

Eu e meu pai somos representantes de famílias diretamente opostas em seus princípios, assim como chegados a um estado diferente de evolução no grande ciclo presente. Uma guerra enorme perpetuou-se de longos séculos até agora. Conheceste muito bem meu pai. Mais adiantado do que ele na espiritualidade, fiz grandes esforços para me conciliar com ele; em cada uma das nossas voltas ao mundo astral, eu verificava que tinha falhado.

Por isso, segundo os conselhos de nossos guias espirituais, decidi-me por uma grande prova: a de vencer a torturante mistura de nossos fluidos incompatíveis.

Meu pai acabava de unir-se a uma parenta muito afastada, cuja personalidade, de sangue e raça mesclada, me dava mais facilidade para fazer a minha penosa união. O que dominava no caráter de minha futura mãe era o devotamento e o amor ao sacrifício para com os seus, que ela tirou do cruzamento com os Montzag. Tinham por afinidade somente uma grande doçura e um sentimento inato de justiça.

Não entrarei nos pormenores dos sofrimentos provados em minha gestação; eles foram inacreditáveis. Eu desejava, às vezes, um acidente físico que fizesse abortar o meu sacrifício. Penso que o espírito que não tem, algumas vezes, coragem e resignação, ao abandonar no meio do caminho seu trabalho de incorporação, com grande prejuízo para a mulher que lhe deu amparo, pratica uma grande falta, da qual virá a se arrepender mais tarde".

Com grande alegria, meu pai viu nascer o seu primeiro filho. Foi um acontecimento digno de festa para toda a família. Até os parentes mais afastados, todos se regozijaram com minha entrada no mundo. Renderam-se ações de graças ao Céu, as quais foram seguidas de abundantes esmolas aos infelizes de nossa cidade.

Inclinado sobre meu berço, meu pai examinou-me atenciosamente muitas vezes e verificou, com pesar, que eu tinha um pequeno nariz, demasiado curto para um Montzag; que meus raros cabelos eram louros como os de minha mãe. De fato, eu me agarrei a ela com tanta força e consciência, e me afastei tanto da presença de meu pai, enquanto durou a gravidez, que não é de admirar que se imprimissem em mim, exclusivamente, aqueles sinais maternos. Não tomei o seu sexo, mas adotei todos os seus gostos, todas as suas tendências. Minha excelente mãe, maravilhada de ver em mim a sua imagem, pouco se incomodava de não ver sobre meu rosto o grande nariz aquilino, sinal característico dos Montzag.

Cresci, desenvolvendo simultaneamente os traços físicos de minha mãe e os de seu caráter.

Meu pai estava bem contrariado, mas amava-me ternamente; eu era seu filho, sua criação, sua raça, enfim! Graças a meu caráter conciliador, ainda que firme, ganhei a afeição de todos os membros de nossa numerosa família; tinha, como podes imaginar, completamente perdido de vista a causa que me levara aos Montzag; adorava, sobretudo, minha mãe. Ela me deu muitas irmãs das quais só duas viveram: Irene e Pauline. Meu pobre pai se entristecia por não terem sido rapazes. "Que pena!" dizia ele. "Elas reproduzem com tão grande exatidão os traços de nossa raça".

Minhas irmãs são formosíssimas, tu o sabes; sua vasta cabeleira negra ligeiramente ondeada, o oval puro de seu semblante e o famoso nariz dos Montzag, inserido justamente para dar um acento de firmeza e de força ao conjunto, não lhes falta como a mim...

Muitas ações de graça foram dirigidas ao Céu nos santuários, segundo o costume, para a obtenção de um exemplar desta raça perseverante em seu tipo".

Creio que se a Providência não tivesse enviado Ludwig, verdadeiro Montzag, meu pobre pai teria voltado muito antes aos antepassados. Meu irmão nasceu com sete meses. Um susto que teve minha mãe por causa de um leve acidente de carro lhe fez dar à luz prematuramente; também Ludwig teve uma infância enfermiça que nos fez temer, muitas vezes, perdê-lo. Meu pai, sobretudo, afligia-se de o ver tão definhado e cuidava sempre dele. Apesar desta vigilância, acontecia a meu irmão toda a sorte de acidentes: caia ou feria-se frequentes vezes, dir-se-ia que um gênio malfazejo o espreitava. Depois de minha morte adquiri a certeza e o porquê desta ação destruidora, sempre disposta a servir-se de uma ocasião favorável para o prejudicar e molestar, também, a meu pai. Vou te dar a explicação real do acidente acontecido com Ludwig e que causou a morte de meu pobre pai. Ele tinha o hábito de levar meu pobre irmão, quando tinha 4 anos, aos passeios matinais que fazia nos arredores do nosso campo; caminhava vagarosamente, levando meu irmão pela mão até depois do parque, à beira do lago. Ali sentou-se para ler, deixando Ludwig brincar sobre a grama, ao pé dele, tendo grande cuidado de lhe recomendar que não se aproximasse muito do lago. Uma cabra presa a um arbusto pastava a erva e, muitas vezes, Ludwig lhe dava pedaços de bolos; outras vezes, ela vinha tomá-los de suas mãos. Um dia, um golpe de vento tirou o chapéu da cabeça de meu pai. Ele correu para o apanhar, mas o vento o fazia rolar, com rapidez, do lado do lago. Meu pai esqueceu-se um instante do filho; este, achando-se livre, correu para a cabra com precipitação. Esta ficou com medo ou quis (quem sabe?) tirar-lhe o pão inteiro. Ludwig recuou amedrontado e, escorregando na beira do lago, caiu na água, geladíssima nessa época do ano. Meu pai, que acabava de apanhar o seu chapéu a duzentos metros dali, não ouviu nem mesmo o barulho da queda. Mas, não vendo Ludwig e sendo o terreno descoberto neste lugar, a uma considerável distância, dirigiu o olhar para o lago, perto da cabra. A superfície da água indicava, por círculos, que a queda se dera nesse ponto. Meu pai mergulhou logo e teve a felicidade de retirar dali meu irmão, quase asfixiado.

Levou-o correndo para casa, onde ele foi rapidamente reanimado. Unicamente ocupado com Ludwig, meu pai descuidou de sua própria saúde; e uma pneumonia o levou, dias depois.

Estive, por minha vez, tu sabes, gravemente doente. No meio de meus grandes sofrimentos, não pensava senão em Ludwig. Eu despertava, muitas vezes, à noite, preso de um grande desespero que aterrorizava minha mãe. Torcia convulsivamente os braços, perguntando onde estava meu irmão. Julgava-o ainda no fundo do lago. Queria levantar-me para ir retirá-lo dali e era necessário, nestas crises, que eu visse o menino adormecido. Cobria de beijos as suas mãozinhas e ficava calmo.

Um dia, em estado de sonolência, vi o espírito de meu pai; ele estava aterrorizante, tinha os olhos fechados e estava tal qual o vi no dia do seu enterro.

"Henri", ordenou-me ele, com voz grave, "jura que vai cuidar de meu filho... Não posso, sem essa promessa, afastar-me de meu despojo mortal."

"Juro!", respondi. "A minha vida será consagrada inteiramente à felicidade de meu irmão."

Havia apenas pronunciado essas palavras, quando a aparição se evaporou.

Tu sabes, tenho sustentado minha palavra. Até a minha última hora, cuidei de meu irmão, e eis porque morri...

Calou-se Henri, um instante, como acabrunhado pelas recordações que acabava de evocar.

— Ah, meu caro amigo! — disse-lhe eu. — Prossegue a tua história; explica-me o trabalho dos maus espíritos e porque morreste por teu irmão?

— No tempo em que eu e meu pai éramos inimigos, eu tinha muitas razões de lhe querer mal. Pensava e desejava constantemente prejudicá-lo. Este pensamento, criando, sem que eu o soubesse, como entidades malévolas fortemente emanadas de minha vontade, que se uniam a forças da natureza semi-inteligentes, se enraizou na região astral mais baixa, tendo por alimento o ódio que o gerara, ódio que buscava prejudicar, sobretudo, a todos os representantes da raça de meu pai e a ele principalmente.

Quando me tornei seu filho, eu ignorava a existência destas criações de minha malícia; porém, elas agiam cegamente, com uma fatalidade implacável, sendo sua única ocupação destruir o ser ou o obstáculo designado pela sua origem; trabalhavam sem tréguas para saciar seu desejo, princípio que as havia produzido. Assim foi que provocaram o nascimento prematuro de Ludwig, causando receios à minha mãe que esperava a morte da criança, enfim, todas as vicissitudes de sua infância doentia, certamente teriam desfecho fatal, sem o amor extremo e os cuidados de que o rodeávamos. Todavia, levaram a termo o seu intento, com o golpe de vento que arrebatou o chapéu de meu pai e com sua ação sobre a cabra, a fim de afogarem meu irmão e matarem meu pai.

Os verdadeiros Montzag teriam desaparecido da Terra, pois meu tio, o cardeal, há muito tempo se alistara nas Ordens.

Pessoalmente, sofri os ataques de meus pensamentos de outrora; estes se voltaram cruelmente sobre o seu senhor que não reconheciam por um Montzag.

Contudo, minha missão de conciliador me havia dado uma força fluídica que me resguardou um pouco do golpe. Eu tinha cada vez mais o pressentimento de minha morte próxima; muitas vezes despertei de um sono profundo com ideias estranhas, cuja origem não podia explicar. Às vezes gritava alto:

"Sim, reconheço, devo a Terra para proteger Ludwig; devo sacrificar-lhe minha vida, ceder-lhe o meu direito de filho mais velho e minha parte da herança; ele deve constituir família, não eu."

Não revelava a ninguém os meus sentimentos, mas iniciava meu jovem irmão nos misteres da família; e o fiz sabiamente, porque os deixei logo. Ao entrar no mundo astral, tornei-me consciente do passado; vi meu pai que me abriu os braços, dizendo:

"Henri, meu filho, estou vencido e te admiro; teu último sacrifício é a prova que reconcilia para sempre nossas raças inimigas."

Logo, avistei uma multidão imensa de seres fluídicos, admiravelmente semelhantes entre si, os quais me festejavam, glorificando o princípio do amor criador. Meu pai, depois das primeiras efusões, levou-me à sala mortuário; preparavam-

-se para celebrar minhas cerimônias fúnebres. Eu não tinha nenhum arrependimento de minha determinação voluntária, que me fizera deixar a vida antes da hora fixada pelo destino, para salvaguardar a de Ludwig; mas fiquei muito chocado com a tristeza da minha família, e o irmão que eu amava tanto estava em grande desespero por minha morte...

Lembrei-me, então, dos pressentimentos estranhos que tinham antecedido minha doença mortal e das razões supra--humanas que os haviam motivado.

Em minhas saídas astrais, quando dormia um sono profundo, revi meu pai; ele me mostrou e reprovou a ação maléfica que punha em perigo o filho muito amado e que lhe causou a morte antes do tempo necessário, para acompanhar este filho na vida, até a idade adulta que, com certeza, iria atingir, graças aos meus cuidados fraternos. Satisfazia-se em reconhecer, mas acrescentava:

"As causas de destruição estão longe de se esgotarem e eu não poderia provar o repouso que gozam os homens depois da morte, se continuasse a me encher de temores pela vida física de Ludwig; depois, devo confessar que esta vida tão querida é o único canal por onde retomarei a existência — a reencarnação. Nossos antepassados aconselharam-me esta rápida reencarnação e me instruíram; sem ódio no coração, ficou imediatamente cheio de amor. Hoje, se amo com preferência a minha raça, não me isolo do resto das criaturas. Quero trabalhar para a evolução da humanidade, escrava do espírito das trevas que provoca a discórdia em seu meio, com a finalidade de afligir cada uma das raças que a compõem. Devo voltar como um Montzag sobre a Terra, nascer filho de Ludwig. Porém, como atingir este alvo, sem passar por um certo período de calma, para preparar a minha mente, para adquirir sobre a Terra um poder secreto, de que meus pais me acham digno?

"Meu pai", respondi-lhe. "Ofereço-me para te substituir junto de Ludwig, para guerrear sem tréguas a multidão de inimigos que provoquei outrora contra os Montzag."

As resoluções são rapidamente realizadas no mundo astral. Meu pai deixou-me logo, para começar seu repouso e eu me dirigi, com a rapidez do raio, aonde estava meu irmão, que passei a seguir como a sombra ao corpo. Combati valentemente para abrigá-lo contra os golpes do destino, emitindo voluntariamente pensamentos defensivos para lutar contra as minhas criações anteriores. As últimas criadas em um mundo mais ativo e dirigidas conscientemente acabaram por triunfar; elas não atingiam o inimigo; procuravam e provocavam-no. Esgotei, em dois anos terrestres de constantes batalhas, as forças vitais restantes, trazidas de minha corporeidade terrestre, consciente e voluntariamente transformadas em meu corpo fluídico para este uso. Sem este gasto intenso, eu teria podido viver sobre o plano astral dez a doze anos, termo fixo em minha vida terrestre.

Com minha morte, pensei em ti, meu caro Robert. Segundo a promessa que te havia feito, apareci-te prematuramente em um sonho, ainda tocado pelo acidente de Ludwig, refletindo no espírito perturbado a imagem que o havia afetado mais na vida. Mostrei-me a ti deitado de costas, através de um curso d'água.

Depois de minha missão junto de Ludwig, não pude desviar um só instante a minha vontade para vir a ti; meu pai, conhecedor do esgotamento próximo de minha força vital, veio substituir-me junto de seu filho, que ele preparava insensivelmente para lhe fornecer uma nova encarnação. Satisfeitos os meus guias com minha boa vontade para reparar minhas faltas, deram-me a suave missão de te iniciar nos arcanos da verdadeira ciência; conferiram-me poderes necessários para agir em um período de tempo muito curto.

Pertencemos à mesma família espiritual, o que facilitará nossas relações fluídicas. Nossa afeição, que não se desmentiu um só dia, tinha uma data anterior, não só porque saímos da mesma fonte, mas porque, em muitas encarnações sobre diversos globos, nós nos temos amado... Muitas alianças se fizeram entre nossas numerosas personalidades, fato que nos causará de novo e para sempre grande felicidade, quando nos tornarmos *Reis de Luz*[3]; mas deixemos de lado isto que é ainda fechado ao teu poder de compreensão.

Deves, meu caro Robert, instruir-te e fazer-te, por tua vez,

---
[3] Refere-se ao estado dos grandes iniciados, à semelhança dos rishis, reis sábios e iniciados da antiga Índia.

um mestre. A humanidade se inclina a tal ponto aos abismos de Satã, que os antepassados temem uma longa ocultação da ciência divina aos filhos encarnados, e o *Rei de Luz*,[4] dirigente da evolução do globo em sua totalidade, receia que o materialismo dos homens perturbe o desenvolvimento normal dos germes de todas as espécies, que estão em incubação no planeta ou em estado latente, na atmosfera.[5] Os homens possuem um poder maior do que supõem; principalmente sobre o que entra em contato com eles; se cedem às solicitações dos baixos instintos de sua natureza, a única sobre a qual Satã (o espírito perverso) pode agir diretamente, corrompem sua personalidade, perturbam e envenenam a atmosfera astral imediata, que fornece os elementos nutritivos para suas almas, esfera onde vivem durante o sono ou se preparam os espíritos para a reencarnação.

Compreendes, meu caro Robert, a necessidade de tornar-te o auxiliar de nossos antepassados para impedir a ação nefasta do grande maldito sobre nossa Terra?

És chamado a uma tarefa de devotamento. Não falharás, estou certo. Convém que não haja nenhum atraso. Estou limitado no tempo que me resta para viver sobre a Terra. Devo, daqui a dois meses, sofrer a segunda morte; depois desta última desmaterialização, torna-se impossível à personalidade *manásica*[6] entrar em relação com os habitantes dos planetas materiais; precisam influenciar seres muito secundários do astral para que levem suas mensagens, mas isto tem grandes inconvenientes; também nos casos urgentes (raríssimos), a personalidade que existe nessa esferas e cujos fluidos não têm e não podem ter nenhuma relação com os fluidos impuros e densos das superfícies terrestres, atrai a si, no sono ou em estado particular (a síncope, por exemplo), a alma encarna-

---

[4] Refere-se a Samat Kumara, o Rei do Mundo, governante espiritual do planeta.
[5] Mais informações a respeito dos germens latentes de nosso planeta podem ser encontradas nas obras da Ordem do Graal na Terra, em especial o livro *O Nascimento da Terra*, de Rosalis Von Sass. Importantes estudos de uma corrente de cientistas modernos também seguem por esse caminho, a exemplo da interessante teoria do bioquímico australiano Paul Davies, descrita em sua obra *O Quinto Milagre - a procura pela origem da vida*, editado pela Companhia das Letras.
[6] De *manas* - mente: a *criatura* que passa a habitar o plano mental, despojada do corpo astral.

da que, protegida em seu envoltório e atingindo os limites da possibilidade de desprendimento, encontra a que atrai e toma conhecimento de sua vontade.

A alma, no seu mais elevado desprendimento astral, ouve, muitas vezes sem ver, a entidade que lhe comunica *diretamente*, seus pensamentos; o contato deve ser breve para que a recordação se grave no mental superior da alma viajante; pois as trocas de pensamentos neste paraíso não têm sempre o som por veículo, e também se efetuam com a rapidez do raio.

Estar em contato com uma entidade destes seres elevados é saber a totalidade do que pensam sobre a questão.

— Meu irmão, depois do tempo de que me falas, irás viver no Céu?

— Sim, Robert, irei repousar ali, achar seres queridos e esperar-te, se cumprires com abnegação tua dolorosa missão, pois, meu amigo, a luta que vais empreender será menor com os humanos do que com o espírito das trevas, que te trará grandes contrariedades; o desamparo de teus melhores amigos, o de tua família, talvez a perda de uma parte de tua fortuna, enfim, sofrimentos de todos os gêneros, que o missionário não pode evitar neste plano.

Se fores fiel e resignado em teu apostolado, nós ainda nos encontraremos depois de minha segunda morte, e estarás, no caso de vires juntar-te a mim, nos confins da atmosfera terrestre...

Quando meu amigo acabou de falar, senti-me tomado de um arrepio gelado: eu vacilava.

Observou-me Henri:

— Não cobriste suficientemente teu corpo; é ele que tem frio, mas és tu quem prova a sensação do frio; mas é um sinal que não convém desprezar, se queres conservar tua saúde.

— Meu Deus! — exclamei. — Convém, pois, que eu reentre em meu invólucro? Tenho, ainda, duas perguntas a fazer--te...

— Eu te respondo, Robert, que quando te incorporares, não me verás mais, eis tudo; de resto, já é tarde, o dia vai logo aparecer e quero que gozes de um descanso profundo e útil à tua saúde.

Viagem Astral

Um calafrio ainda mais violento fez-me reintegrar em meu envoltório, sem que eu fosse obrigado a exercer o menor ato de vontade.

Tive um curto instante de deslumbramento e despertei absolutamente gelado; recolhi as cobertas que estavam em desordem.

Henri fez alguns passes magnéticos longitudinais e retomei rapidamente minha temperatura normal.

Ordenei minhas recordações do momento anterior:

— Tenho duas perguntas a fazer-te, meu amigo...

— Eu as conheço, e vou brevemente responder-te. Tu desejas saber se não cometi uma falta grave deixando, voluntariamente, a vida terrestre: fazes alusão ao meu suicídio; em seguida, queres saber o que deves fazer em nossa segunda noite de desprendimento. Vou tranquilizar-te primeiro, a respeito de minha culpabilidade de suicida. Havendo-me encarnado com o fim único de cumprir uma missão definida, embora submetido — quanto ao meu corpo físico — às leis terrestres que regem a matéria, eu estava livre de todo compromisso estranho à minha missão; era um alistado voluntário aceitando, temporariamente, a ordem dos exercícios em vigor no meio escolhido. Eu era, então, livre de dirigir minha vontade sobre o plano que julgasse mais favorável para o cumprimento de minha missão, sem que me tornasse culpado de qualquer desvio.

— Mas — objetei — como te mataste?

— Ah, bem simplesmente. — respondeu Henri — Seguindo os conselhos de meus guias, exercia minha vontade de libertar, pouco a pouco, a minha personalidade fluídica de meu corpo carnal. Interceptei, de forma progressiva, a nutrição essencial com que a alma nutre com um pequeno, mas substancial volume, a massa de animais microscópicos que constitui o invólucro físico.[7] Graves desordens se seguiram: as digestões se fizeram mal e, gradativamente, todo o organismo se achou desconcertado. Tive frequentes desmaios que me causaram grandes sofrimentos; o instinto de conservação, cuja natureza provia todos os organismos que se desenvolvem sob o seu poder, era imune à minha ação espiritual. No estado

---

[7] As células.

de vigília ficava ignorante de minha ação sobre minha saúde física. Era ao mesmo tempo o sacrificador e a vítima e lutava, dolorosamente, contra esta fatalidade.

O bom doutor Marmon conferenciou com seus colegas célebres; três médicos juntos não puderam descobrir o remédio para os meus males, nem a causa da enfermidade. Sucederam-se as síncopes cada vez mais demoradas, até que rompi o laço que me mantinha preso, não sem a explosão de agudos sofrimentos.

Atribuíram minha morte a uma embolia... Tu sabes o resto... Pensas que podes atribuir minha *despedida* da vida corporal a um suicídio vulgar, ato de covarde que demonstra quase sempre falta de energia da personalidade humana e, devo acrescentar, a completa ignorância de sua verdadeira natureza. Daí, meu caro Robert, a necessidade de esclarecer a sociedade do perigo que correm aqueles infelizes que vão ao encontro do suicídio por não conseguirem satisfazer suas ambições aqui na Terra e que dele lançam mão.

Antes de te deixar, resta-me fazer algumas recomendações sobre as precauções a tomar a fim de que nossas excursões noturnas não sejam enfadonhas, nem interrompidas. Em nossa próxima saída que eu fixo para depois de amanhã, sexta-feira, deverás transpor o muro de tua casa. Tu podes, se não te achares ainda treinado, temer atravessar uma porta fechada, cedendo nisso ao hábito corporal, que deve ter em conta a densidade da matéria com relação à sua própria. Recomendo-te que deixes aberta a porta, bem como a janela do gabinete de teu quarto. É por esta última que nós sairemos de tua casa; não sendo o andar muito alto, não terás, a primeira vez, receio muito vivo ao te lançar fora.

— Vejo, meu caro Henri, que pensas em tudo. É engenhoso lançar-se pelas janelas e isso me faz crer nas narrações das mulheres ingênuas, que pintam o diabo descendo pelas chaminés!

— Sim, Robert, estes condutos perpendiculares são, muitas vezes, empregados pelos elementais de diferentes proveniências, os quais ainda conservam a ilusão sombria da matéria.

"Cuida — continuou — de tomar pouco alimento; cobre

Viagem Astral 61

cuidadosamente teu corpo e não temas agasalhá-lo bastante. Em tua ausência, pode haver quedas de temperatura, como acabas de prová-lo, fato que te poderia perturbar de maneira imprópria. Deves deitar de costas, alongar teus membros, elevar tua alma a Deus em uma breve oração; fazer um exame sumário de consciência dos atos e, sobretudo, de teus pensamentos durante o dia que acaba de passar; julgar-te imparcialmente e sem fraqueza e tomar uma resolução firme e sincera de te emendar. Em seguida, age por tua vontade, servindo-te da fórmula de transporte que te confio.

Dito isto, mostrou-me Henri, rapidamente, uma dezena de quadros representativos, com os respectivos dizeres explicativos, que me davam a chave e a repetição dos estados sucessivos que eu ia percorrer em meu desprendimento consciente e sem ajuda, na próxima sexta-feira.

— Às dez horas — acrescentou Henri — vou esperar-te na rua, em frente a tua casa, perto do jardim da minha mãe. Coragem firme e até à vista — concluiu, e, tocando-me levemente a fronte, desapareceu.

Quatro

Meu sono foi profundo e reparador. Despertei alegre. Dirigi-me a sala de refeições, onde minha família acabava de tomar café; abracei meus pais e Mina.

— Temíamos que estivesses doente, meu querido — disse minha mãe — vendo-te atrasar para a primeira refeição, a qual tens por hábito fazer à mesma hora.

— Sim, Robert é como eu — interveio Mina. — Logo que acordamos, sentimos a necessidade de nos alimentar.

— Estou muito bem, caros pais. Dormi uma noite excelente e tive belíssimos sonhos que eu queria prolongar, é só.

Meu pai levantou-se e disse-me:

— Robert, eu vou passear a cavalo até Grisfeuille (era o nome de uma linda propriedade que possuíamos nos arredores da cidade). Queres acompanhar-me? Tu te sentes forte, eu penso, para este passeio a cavalo; o ar é puro e te fará muito bem.

— Claro, meu pai, será um ótimo passeio.

Descendo ao pátio, avistei Gerbaude, nossa antiga cozinheira, hábil, aposentada e, no momento, chamada para auxiliar com suas luzes Clorinda, que se tornou bastante reservada e modesta depois da repreensão de seu senhor.

Uma ida e vinda de fornecedores me fez pensar no grande jantar que devia se realizar, à noite, em honra do cardeal de Montzag, que eu tinha completamente esquecido.

Durante o passeio, meu pai falou-me das pessoas convidadas; conversamos, então, sobre uns e sobre outros.

— Teremos o senhor Fontaine e sua filha Thérèse, loura e encantadora — que dizes, Robert? Se ela te agradasse, pensamos, eu e tua mãe, seria uma esposa muito desejável para nosso filho; ela é filha única, tem saúde, educação fina, e a fortuna de seu pai é considerável; supondo mesmo que ele fizesse a tolice de tornar a casar-se, a fortuna materna de Therèse constituiria por si só um dote suficiente. Estou certo de que o senhor Fontaine está disposto a ceder-te a sua filha. Meu pai calou-se e, olhando-me com ansiedade, deteve o cavalo. Fiquei surpreso; eu estava tão longe, neste momento, de todo pensamento deste gênero, que fiquei mudo.

— Não é bonita essa lourinha? — replicou meu pai.

— Desculpe-me, meu pai, mas confesso que, desde o meu restabelecimento, os laços do matrimônio não me tentam. Prefiro a liberdade da vida de solteiro. Todavia, querido pai — acrescentei vendo a triste impressão que lhe causou a minha declaração — esta alteração em meus projetos não é definitiva; peço-lhe um ano para refletir sobre a sua proposta. Therèse tem só 18 anos; é muito delicada. Parece não ter mais que quinze anos, e o ouvi dizer para minha mãe, muitas vezes, que era preferível deixar uma jovem desenvolver-se antes de casar, isto por muitas razões, a primeira das quais era assegurar, por esse completo desenvolvimento físico, um porte regular.

— Faça-se segundo a tua vontade, meu filho. Para dizer a verdade, foi tua mãe quem me incumbiu da tarefa de te falar esta manhã dessa união interessante. Tu poderias, desde esta noite, cercar Therèse de atenções. Enfim, tornaremos a falar disso mais tarde.

Dizendo isso, largou as rédeas para recuperar o tempo da pausa.

O jantar foi requintado e nossos hóspedes fizeram elogios à senhora Gerbaude, ressaltando o seu talento. O cardeal, que a conhecia desde a sua mocidade, bem como o doutor Marmon, disseram que pela perfeição dos pratos, se reconhecia que ela os havia preparado.

O senhor Fontine, o bom Auguste, como lhe chamavam na intimidade seus numerosos amigos, atendeu ao nosso convite e transmitiu a minha mãe as desculpas de Therèse, pois uma violenta dor de cabeça a forçava a ficar acamada, bem como todos os seus sentimentos por não poder vir abraçar Mina.

Surpreendeu-me este contratempo; quanto a minha mãe, eu julgava que meu pai não lhe havia ainda dado conta da nossa conversação. O cardeal foi amável para todos. Cumprimentou galantemente a minha irmã, pelo desabrochar de sua beleza; à minha prima Clairville, de 45 anos, em quem tinha ele pensado antes de entrar no seminário, fez com o maior tato possível cumprimentos delicados, onde a recordação longínqua de seu interesse deixava ainda um penetrante perfume. Notei que a senhora Clairville percebeu aquele aroma.

O bom Auguste, este velhinho bem conservado de cabelos louros como os de sua filha, graças à habilidade de seu criado de quarto no uso das tintas, parecia tão feliz como eu pela ausência de Therèse, pessoa querida, mas que o envelhecia sempre um pouco, pois nós sabíamos que tivera esta filha somente depois de dez anos de casamento.

O padre Moutonnet se absteve de discutir, como era de seu costume, com o doutor Marmon, sobre as máximas deístas deste último. A reunião prolongou-se até tarde. A bela Irene de Cressol, sobrinha do cardeal, fez-nos ouvir, em alguns trechos escolhidos, a sua bela voz de soprano. Pauline, sua irmã mais moça, e Mina, cantaram em dueto e foram muito aplaudidas. Ludwig, alma de músico, deleitou-nos executando uma de suas composições no violino, a qual eu acompanhei.

Saídos os nossos convidados, apressei-me a repousar um pouco, prometendo-me, daqui por diante, evitar todas as ocasiões de me distrair de minha grande atração: a iniciação oculta, a que meu amigo Henri devia dedicar os dias que lhe restavam a viver invisível sobre a Terra.

Cinco

Cumpri exatamente as prescrições de meu amigo; tratei de agasalhar bem o meu corpo, colocando-o nas condições requeridas, um útil e dócil animal que devemos vigiar com solicitude, não identificado como nosso eu real, mas indispensável a este e, certamente, esta diferença de visão é extremamente útil ao homem que age de modo mais sensato. Assim o homem atribuirá todas as coisas ao seu eu real, e não à sombra fugitiva pela qual entra em relação com a atividade material.

Havendo-me recolhido, esperei a hora indicada por Henri. Quando o relógio deu dez horas, segui as orientações dadas pelas tábuas simbólicas e achei-me de pé, diante da janela aberta do meu quarto. Hesitei um segundo; Henri estava em frente, encostado à grade de ferro de sua casa. Desejei chegar até ele e, sem fazer nenhum esforço, elevei-me com segurança sobre o peitoril da janela e, com a facilidade de um pássaro, transpus o espaço que me separava dele.

Abraçamo-nos. Eu estava maravilhado e completamente seguro. Depois disso, não tive nenhum pensamento de apreensão em minhas saídas astrais e, mesmo na seguinte, não tive necessidade de recorrer a nenhuma fórmula. O desprendimento se produziu por si mesmo, como se me dirigisse em corpo aonde queria, sem preocupar-me antes se devia tomar tal ou qual atitude para realizar o desejo de ir aqui ou ali.

— Aonde vamos, caro Henri? — foi minha primeira pergunta, depois de o abraçar.

— Dar um passeio pelas ruas e *boulevards* de T.; depois, quando a cidade estiver dormindo, fazer algumas visitas indiscretas para te mostrar, na intimidade, consciências que se descobrem sob o corpo que as reveste. Será para ti uma desilusão, mas convém — dizem com razão os teosofistas — que o homem seja conhecido; este estudo é indispensável para dirigir o nosso procedimento, esclarecer nosso juízo sempre faltoso e auxiliar-nos no conhecimento de nós mesmos, o qual, como sabes, é o começo da sabedoria!

— Vamos, então! — respondi, cheio de curiosidade.

Poderia dizer-se que deslizávamos suavemente, assim como o fazemos em sonhos de que nos lembramos, os quais nada mais são do que saídas astrais inconscientes e rápidas, porém reais.

Chegamos a uma das mais frequentadas ruas da cidade; muitos iam e vinham; os terraços dos cafés estavam cheios. Eu não podia pensar que me achava invisível aos olhos de todo o mundo e quando passava por alguma pessoa conhecida, tirava automaticamente o chapéu, sem que, naturalmente, fosse correspondido na saudação.

O bom doutor Marmon passou perto de nós como que preocupado com um assunto; dirigia-se, sem dúvida, à casa de algum doente. Não pude me impedir de lhe dizer: — "Boa noite, doutor!" — carregando minha interpelação amigável com uma tal força e dando uma tão profunda inflexão ao meu pensamento, que o doutor abanou a cabeça, muito admirado de não ver ninguém a seu lado nem atrás, e eu mesmo, ainda mais admirado do que ele, li no seu pensamento: — "De fato, eu teria jurado que este *boa noite* fora pronunciado por Robert Dosset. É certamente uma alucinação do ouvido; lembro-me de ter-me acontecido isto há dois anos. Devo ter, sem dúvida, o cérebro cansado". — Depois disso, pôs-se novamente a caminho.

Maravilhado, olhei o doutor que se afastou.

— Como pode ele — pensei — ouvir minha palavra, que não foi transmitida pelo som? Todavia, ele reconheceu o timbre de minha voz. É maravilhoso!

— Isso, disse Henri, acontece mais frequentemente do que pensas, aos homens intelectuais, e o doutor Marmon é um deles, ou ainda, aos simples de espírito, termo que designa as naturezas pouco desenvolvidas, mais perto da animalidade que da espécie humana, graças a sua forma física.

Viagem Astral 67

Estes seres, não tendo o cérebro cheio dos preconceitos que fazem as leis na sociedade humana, deixam penetrar até o seu rudimentar entendimento as influências astrais, assim como sons produzidos por este plano, mais reais do que os sons materiais e grosseiros percebidos por nosso corpo, embora se costume negar isso. Os intelectuais começaram, pelo desenvolvimento de suas faculdades mentais, a desenvolver inconscientemente o sexto sentido, que em um período ainda afastado se desenvolverá em toda a raça humana. Este sentido que mesmo os sábios de boa fé negam, não é conhecido nem apreciado senão pelos verdadeiros sábios que o desenvolvem até a uma potência incrível.[1] Homens como Marmon, que se acham possuidores de privilégios para esta época, em lugar de serem felizes de os possuir e de se servirem deles para aumentar ainda o campo de suas investigações científicas, mostram-se alarmados e pensam que a doença lhes atacou o cérebro, porque não participam do mesmo grau de ignorância geral! São semelhantes a um homem robusto que se queixasse de não ser magro e corcunda, em uma sociedade toda composta de cegos!

Quanto aos simples — continuou Henri — não se dá crédito às suas visões: são tidos por idiotas, e desprezados... Embora estes pobres seres, tão intimamente associados à natureza, duvidem da relação que têm com ela e façam todo o possível por atrofiar suas faculdades ou guardem silêncio sobre a sua clarividência, são dignos apenas de desprezo e piedade.

— Dá pena! — disse eu. — Quero dizer duas palavras ao doutor!

— Esquece isso! — ponderou Henri — Vais contrariá-lo sem proveito. Considerado inteligente e bom, o doutor Marnon tem mais de meio século; depois, ele concretizou seu talento nas fontes acadêmicas e a sua vontade, dirigida pela ciência oficial, seria impotente para reagir. Será preciso que o seu ego vista um novo traje para possuir um novo campo mental a semear; tendo feito de sua vida uma série de atos caridosos e morais, seu nobre caráter irá fornecer-lhe o meio de realizar rapidamente a nova transformação indispensável ao progresso de sua individualidade espiritual.

[1] É a este sexto sentido que os rosacruzes chamam sexto Candelabrum.

— Sim — confirmei — vejo que a reencarnação é a mais necessária e incontestável das leis que regem o desenvolvimento dos seres; compreendi toda a grandeza dela; e a justiça divina, da qual não duvidei senão em minhas horas de cegueira, aparece-me em sua majestosa beleza!

Continuamos a deslizar invisíveis entre os transeuntes e, ao passar, ouvi curiosos diálogos; pronunciavam, às vezes, palavras em completo desacordo com os pensamentos emitidos simultaneamente; eram, ao mesmo tempo, repulsivos e ridículos. Jamais cheguei a pensar que pudessem mentir com tamanho cinismo.

Certa mãe dizia, descaradamente, à sua filha que se mostrava contrariada com as visitas de um fulano à família:

"É preciso que sejas amável para com o senhor Otávio, que é um moço rico e bom, e pode prestar grandes serviços ao teu pai; já lhe devemos muito, e ele saberá corresponder à tua gentileza com bons presentes de ano novo. Não fiques de mau humor, quando ele vier aqui".

E, interiormente, pensava desta forma:

"Esta menina é demasiado precoce, pode bem perceber as intimidades de Otávio. Um dia se abrirá e contará alguma coisa ao pai, que apesar de áspero, deixa para Otávio a liberdade de ficar comigo a sós para chegar aos seus objetivos. Ele nada disse, mas compreendi seu plano. Quando o nosso barco estiver partindo, ele despedirá o piloto que lhe serve. Enquanto espero, oferecerei a este a mais estimada das minhas joias; bem entendido, passarei por uma honrada mãe de família, e o pobre imbecil não poderá, desta forma, vangloriar-se de lhe ter eu compartilhado os sentimentos. Darei a entender às minhas amigas, das mais indiscretas, que suas visitas tendo acabado por se fazerem suspeitas, lhe pedi, sem dizer nada a meu marido, que não voltasse mais à minha casa".

Esboçando um sorriso malévolo, respondeu a filha:

"Sim, mamãe, eu tratarei de ser mais gentil, porém, se ele me der um bonito presente de ano novo ..."

"Ah, e daí?!" — disse a mãe.

A moça hesitou... Depois, rematou:

"Oh, bem! Só lhe darei bom dia!"

E para si mesma dizia:

"Este senhor é o amante de minha mãe; é por isso que me chama sua querida; dá muitas coisas à mamãe e, sem que ela soubesse, já o vi abraçá-la. Se ela quer mandar-me para um convento como pensionista, conforme falou há uns tempos atrás, porei tudo em pratos limpos, ameaçando-a de contar ao papai".

— Que horror! — exclamei. — Tanto fingimento e patifaria em uma menina!

— Estás apenas no preâmbulo de tuas experiências, meu caro Robert. Quando elas forem mais numerosas, cessarás de indignar-te contra as pequenas revelações da perversidade humana, tua alma só terá uma imensa piedade para tanta ignorância a produzir perpetuamente o vício e o horror! Sentirás, como todos que se tornaram clarividentes e altos sensitivos, o desejo e a necessidade de livrar esses infelizes da sua miséria mental e isto a custa dos mais cruéis sacrifícios; farás tuas as suas desonras, teus os seus sofrimentos, e, como Jesus, este Mestre a quem queres servir, ficarás desejoso de dedicar tua vida terrestre ao alívio de teus irmãos encarnados. Depois, como o amor do sacrifício cresce ainda mais, não abandonarás tua tarefa dedicada mesmo após a morte corporal. Quanto mais aumentar em teu *ego superior* o conhecimento dos males que afligem a humanidade, maior extensão tomará tua caridade e, quando chegares às portas do Céu, recusarás entrar para continuar a exercer tua benéfica influência sobre a Terra. Farás parte dos *Nirmanakaias*,[2] estes Deuses benfeitores, que a humanidade desconhece, mas dos quais recebe auxílio e proteção.

Escutei meu amigo respeitosamente. Compreendi, então, a significação das palavras do Divino Mestre: "Eu ficarei convosco até a consumação dos séculos". Um ímpeto de amor se elevou em meu coração para esse doce Mestre, que continua sua dolorosa paixão por amor da humanidade tão má e tão pouco reconhecida a esse desinteressado sacrifício, ao seu

---

[2] Termo com que se designa um dos três corpos ou formas de budas. Esta forma é a que pode tomar um adepto, quando, deixado o corpo físico, aparece em seu corpo astral. — Os bodisativas ou budas da compreensão, isto é, os que atingiram o estado de Arhats, desenvolvem esta forma em si à medida que se adiantam no caminho; eles podem obter esta forma quando chegarem ao sétimo plano. Os outros corpos ou formas de budas chamam-se *Sambogakaia* e *Darmakaia*.

progresso, à sua preservação! Prometi observar e instruir-me, reprimindo o desgosto ou o horror, a fim de levar, prudentemente, minha fraca cooperação a essas grandes almas, protetoras da humanidade.

— Segue teu pensamento, Robert — disse Henri, — É ele que assinala os lugares por onde temos de passar para a dor e o conhecimento. Continuemos as nossas experiências.

Entramos numa rua estreita, afastada do movimento; longos muros de jardins a compunham quase exclusivamente. No fundo da rua, à direita, uma porta baixa dava acesso a um vastíssimo jardim. A casa achava-se no fundo de uma cercadura sobre o *boulevard*. Ali habitava um velho celibatário, negociante de vinho, homem cheio de gordura e vazio de instrução, de costumes absolutamente devassos. Este velho ocioso só se envaidecia de ter enredado nas suas tramas amorosas as filhas do povo e as raparigas de teatro, cuja conquista lhe fizera suar o topete.

Tendo acumulado por si próprio uma fortuna, sabia o valor do dinheiro, como dizia, de maneira que, vaidoso duplamente pelo ouro e pela luxúria, ia aquele presunçoso em direção aos seus mais baixos desejos.

Entretanto, um dia, sentiu-se seriamente enamorado. A princípio, não compreendeu esta sensação que, pouco a pouco, se foi desenvolvendo nele. Seduziu-o a mulher do juiz de instrução, fazendo com que ele se esquecesse de seus asquerosos princípios e se rendesse aos seus caprichos. Ela provocou esta erupção sentimental e ele sofreu ao percebê-la.

Pondo-me Henri perto da pequena porta, vi em seguida se aproximar uma pessoa, com passo apressado e olhando para trás. Não sei se alguém a seguia. No momento em que, com sua mão enluvada, a desconhecida introduzia uma chave reluzente, prova do seu frequente uso, dei um grito: acabava de reconhecer, nesta visitante noturna, a senhora Zélia Delómart, de cujos favores e graças eu acreditava, até então, ter sido o único objeto. Tinha empregado todas as delicadezas de meu espírito para fazer-lhe o assédio e, depois da vitória, senti grandes remorsos por ter perturbado a paz de um coração virtuoso e feito sair de seu dever uma esposa tão fiel, de que ninguém, exceto eu mesmo, poderia por em dúvida a impecável virtude conjugal.

Zélia era alegre e extraordinariamente bela. Nenhuma outra tinha deixado uma marca tão viva em meu coração e, sem dúvida, ao retornar à saúde, eu teria levado as minhas homenagens aos pés de minha adorável amiga. Felizmente, a Providência, por meio de meu caro Henri, desviou-me do mau caminho, que sempre vai dar em amargas desilusões. A minha intensa sensação produziu um rumor considerável no ambiente. Zélia encolheu-se como que aterrorizada, fazendo--se pequena junto à porta, sem ousar pegar a chave. Olhou para todos os lados, mesmo para cima dos muros.

Acordando em mim o velho homem furioso ao ver Zélia, a cuja lembrança me despertavam todos os sentidos, entrar na casa daquele libertino, eu ia atirar-me para ela e suplicar-lhe que renunciasse a tal intento.

Porém Henri, com um gesto, deteve-me, dizendo:

— Lembra-te de tua promessa há pouco feita.

Fiquei entristecido e o pranto molhou-me as faces.

— Chora-se em forma astral? — perguntei.

— E muito mais dolorosas são as feridas morais que se sentem neste estado mais sutil da matéria, onde todo o organismo parece participar do mesmo efeito. Seca tuas lágrimas — continuou meu amigo. — A experiência se paga de diversos modos, mas custa sempre alguma coisa. Vem, sigamos esta pobre desavergonhada, que junta a hipocrisia à sua perversidade, e tratemos de a afastar dessa falta, ou, ao menos, de lhe atenuar as consequências. Vamos, coragem e em frente.

Apoiei-me nos braços de Henri. Chegamos no momento em que Zélia entrava no gabinete do sr. Desiré Gaspard, que se tinha feito comerciante em T., e era um dos mais influentes conselheiros municipais.

— Como demoraste, minha Zéliazinha. Há mais de uma hora que eu espero tua chegada desta janela! Impacientava--me muito, pois deveria estar em outro lugar, onde terei informações precisas do estado de negócios de Poulain, que, como tu sabes, me deve uma grande soma.

— Sim — disse Zélia. — De 150.000 francos, eu creio.

— Oh, mais do que isso! Ele me fez, ultimamente, uma compra que monta em uma trintena de mil...

— Diabo! — exclamou Zélia, que se tornou muito séria; mas, saltando carinhosamente aos joelhos do rústico, continuou: — E eu que acabo de sofrer um desgosto... Ah, essa tia Dauphine é tão interesseira! E como me é desagradável ter obrigação de a aturar; pois, sem ela, meu querido, eu poderia ocultar as nossas relações.

Gaspard a abraçou e aproximou a face do cetim do pescoço de Zélia, o qual se cobriu de bonitas veias azuis, testemunhando a agitação da dama.

Eu tinha muitas vezes notado este sinal fisiológico na senhora Dalmart.

Ela furtou-se bruscamente a este carinho para ir cair, gemendo, sobre uma cadeira que estava em frente.

— Mas, que tens, minha joia?

— Oh, a tia Dauphine me importuna! Que mais quer?

— Não desejo ver-te chorar. Vejamos: conta-me depressa o que te aflige; não te esperei tanto tempo para te ver banhada em lágrimas. Estou sem ver-te há dois meses; serás gentil...

Neste momento, as pequenas veias do colo de Zélia se fizeram mais nítidas; parecia a inchação de uma víbora a levar-lhe à cabeça toda a energia vital...

— Oh, bem! Eis o caso, meu caro Gaspard. Ninguém, a não ser nós dois, conhece este hábito de minha tia: ela jogou e perdeu (dizendo isto, Zélia aproximou sua cadeira do robusto amante). Para pagar, minha tia lançou mão da pensão anual que eu lhe havia confiado para garantir a minha segurança; é vergonhoso! Esta ridícula bem sabe que nós dois temos necessidade dela e daí o seu abominável abuso. (E pondo-se a gemer) Ah! Em que má situação vim a cair, meu Deus! Que vergonha, Gaspard, ter cedido ao amor que te inspirei, eu, a mulher até então virtuosa de um juiz, de um magistrado íntegro, respeitado por todos. Dizer que tive a fraqueza de aceitar a segurança que me propuseste; que minha tia, graças aos teus conselhos, devia figurar como fornecedora do dinheiro.

— E, lindamente, Zélia desfez-se em lágrimas; não era uma mulher, mas uma lacrimosa egípcia!

Irritado e mal humorado, o negociante consultou o relógio.

— Eu não tenho mais — disse — que dez minutos; vejamos, minha bela, enxuga tuas lágrimas. Ferida de dinheiro não é mortal.

E, dizendo isto, tirou de sua carteira duas notas e deu a ela.

— Evito, apesar de tudo, de censurar a senhora Dauphine, mas não quero que ela te magoe.

De repente, a campainha retiniu fortemente.

— Quem será? Não espero ninguém! Tomei minhas precauções para não ser incomodado...

Zélia, com ar satisfeito, surpresa pelo incidente, guardando maliciosamente e com presteza as notas no seio, fugiu para o lado do jardim.

Só então percebi que Henri não estava presente.

Achei-o na rua, onde eu seguia a minha cara amiga.

— Por que me deixaste lá? — perguntei a meu amigo. Um toque de campainha pôs fim à conversa abominável de que quiseste que eu fosse testemunha. Meu amor próprio ficou rudemente ferido! Hipócrita, víbora, como te pude abraçar? Ah! A feliz interrupção que produziu esta campainha!

— Sim — disse Henri. — Consegui, com grande custo, fazer soar a campainha, mas enfim ecoou justamente na hora. Sem isto...

— Como?! Foste tu que a tocaste?

— Certamente! Deu-se aqui o que se chama um *efeito físico*, um desses mil fenômenos ocultos que acontecem muitas vezes na *Comédia Humana* e que, na maior parte, ficam ignorados, apesar de sua enorme consequência.

— É prodigioso! — exclamei — Mas a dificuldade de produzir estes fenômenos deve restringir-lhe o número.

— É preciso — explicou Henri — uma soma de circunstâncias para produzir estes efeitos materiais, que não estão ao alcance de todos os habitantes da esfera astral, mas as entidades encarregadas de uma missão servem-se de elementos que dirigem neste plano; esses são, de algum modo, os servos obedientes, postos à vontade do missionário. Os magos têm, igualmente, em graus diversos, um poder autocrático sobre este gênero de criaturas.[3] Porém, viste a ação do lado *reto*, sobre a fisionomia da senhora Ninus Delmart; convém que leias *inverso*, o pensamento de Zélia.

---
[3] Seres elementais.

Vamos segui-la.

Apertando o passo, a dama exultava:

— Saí-me às mil maravilhas! Eu não acreditava. Como ele engoliu a minha história! Ah, é verdade que ficou ainda mais besta do que era. E minha tia, essa rameira com disfarces de virgindade caduca, ela que se regalou, como me disse, nos prazeres e devassidões de velhos ricaços! Certamente a tia não me contaria tais coisas, se primeiro não se entregasse ao deleite de as aprender. É uma dissimulada minha tia. Enfim, estou tranquila. Talvez ela tenha toda razão em querer que eu rompa com Eduardo, pois este idiotinha pode vir a comprometer-me. Eu quisera que estes vinte e oito dias não acabassem nunca.

Ele endividou-se por mim e isso não pode durar sempre; seu pai virá a sabê-lo e então, ai!... Ele não é como o senhor Dosset, a quem eu amava verdadeiramente. Quem sabe, se este me tornasse a ver, antes de deixar T.. Disse-me Eduardo que sua família tinha a intenção de o casar. Tratarei de inventar alguma coisa para complicar o negócio. Se Ninus, que está continuamente doente e caquético (ninguém o sabe melhor do que eu), — dizia ela, movendo a pequena cabeça — viesse a morrer, eu sou ainda moça e bonita; graças a Gaspard, meu seguro garante-me uma pequena abastança e quem sabe se não virei a ser a esposa de Robert. Tornar-me a senhora Dosset, que felicidade!

Eu estava numa excitação impossível de descrever, escutando esta perversa criatura em seus pensamentos! Que infâmia!... Um carro a esperava na esquina do *boulevard*. A portinhola se abriu, quando Zélia apareceu. A velha cabeça da senhora Dauphine avançou, curiosa:

— Voltaste logo, pequena. Tanto melhor! Tens o dinheiro, ao menos?

— Sim, o homem caiu como um patinho; porém alguém tocou tão fortemente a campainha, que eu, aproveitando-me da confusão do gordo arrogante (era assim que ela chamava ao Gaspard), fugi, sem lhe ter, ao menos, dado um recibo. Agora, depressa para casa; acompanha-me. Dirás a Ninus que eu tive uma indigestão; que me recuperei em tua casa por esta noite.

Viagem Astral

— Mas tu não dás ares de ter sofrido do estômago! Estás fresca e corada como uma rosa. Ah, se eu tivesse sido bela como tu, que lindas coisas não teria eu feito ver a estes broncos, que não me prestaram atenção! Porém, que diabo! As que não são belas não são menos mulheres. Ah! Tu me vingas bem e me vingarás ainda, minha cara Zélia. Mas... ia-me esquecendo de dizer-te: não te esqueças de dar-me a minha pequena parte; devo pagar a carruagem esta noite; enfim, é uma ninharia; não falemos mais nisso.

O coche rodou. A tensão de minha natureza fluídica tinha sido muito forte; desfaleci nos braços de Henri.

De repente, acordei numa espécie de sufocação dolorosa e meu corpo estava inundado de suor frio, gelado.

Henri não havia me abandonado em minha crise dolorosa; junto de meu leito e em pé, ele acalmava, com passes magnéticos, a excitação de meus nervos e provocava a circulação do sangue que causava a sufocação. Alguns minutos me bastaram para voltar ao estado normal. Soltei um profundo suspiro de alívio!

— Convém — disse Henri — proteger a tua sensibilidade, se queres continuar com proveito as tuas investigações nas consciências. É preciso que aprendas a "impessoalizar-te" para seres um juiz imparcial de teus irmãos, tanto dos que te são inferiores, como daqueles que são teus iguais no presente. Se refreares sabiamente tua vaidade, poderás analisar mais sutilmente, com uma exatidão mais perfeita, os atos que te serão dados a observar, pois os antecedentes que os geraram te serão mostrados; quando te zangas, perdes justamente uma bela ocasião de perceber os antecedentes, que aumentam ou diminuem a culpabilidade de cada um deles.

Amanhã, de dia, faz exercícios ao ar livre, toma um banho frio e limpa teu espírito de toda preocupação séria; os teus nervos necessitam deste tratamento. Amanhã à noite, na hora habitual, te esperarei no Café Marc; farás sozinho todo o trajeto até lá. Será um ensaio de tuas forças até aqui sustentadas pelas minhas. Devo prevenir-te que, em cada desprendimento, teus sentidos internos ficarão mais exercitados e te prestarão mais serviços. Verás, sentirás melhor o ambiente, como não poderia te explicar. Fecha teu coração às paixões sensuais, que a benevolência aumentará em ti na razão direta de teu conhecimento da humanidade.

Um sopro fresco sobre a fronte, uma doce pressão de meu querido companheiro seguiram essas palavras e eu adormeci até as oito horas da manhã, em que uma forte batida na porta de meu quarto me fez abrir os olhos.

— Entre — disse eu, mal despertado.

Foi Ludwig quem entrou.

— Bom dia, meu caríssimo — cumprimentou ele. — Como o dia está bonito, vim convidar-te para um passeio a Dragonne; almoçaremos lá, me acompanharás na visita que farei à propriedade. Depois, às quatro da tarde, estaremos de volta a T., pois tua mãe me convidou para o jantar de família. Aceitas o meu convite?

— Com imenso prazer. Necessito de ar livre e desejo mesmo dar um passeio a cavalo. Tiveste uma excelente ideia de vir procurar-me antes de minha saída.

Vesti-me às pressas; o cavalo de Ludwig escavava o pátio e Gilbert, adivinhando a minha decisão, mandara selar o meu. Engoli apressado um copo de leite e, depois de ter, com o mesmo sentimento habitual, abraçado meus pais, cavalgamos para Dragonne. Eu ia alegremente neste passeio, pois o tinha feito muitas vezes com Henri, que amava muito esta propriedade semicosteira, cujo ar, purificado pela vizinhança de grandes árvores, lhe era particularmente caro.

Antes de ganhar a estrada larga, passamos no *boulevard*; sem querer, voltei o rosto para o lado da casa da tia de Zélia. A velha impudica estava à janela; viu-nos passar com seus pequenos olhos de fuinha, de cor indecisa, porém penetrantes. Esforcei-me por repelir este sentimento, mas não me pude conter.

Ludwig disse-me, então:

— Estás olhando essa pobre senhorita Berthier? Que boa pessoa! Minha mãe falou-me muito bem dela. Assim vim a saber que ela é muito útil às Damas da Misericórdia, pela distribuição de ajuda aos infelizes da paróquia e não poupa tempo nem trabalho para ir em busca dos pobres envergonhados, daqueles que nem sempre são descobertos por pessoas ocupadas.

— Ah! — respondi. — É uma bela e meritória ocupação, se ela se contenta só em descobri-los!
Ludwig ficou surpreendido.
— Que queres dizer com isso?
Compreendi que tinha sido indiscreto, e acrescentei imediatamente:
— Tomemos as pessoas pelo que elas parecem ser, meu amigo, até uma prova em contrário; talvez isso seja mais prudente.
Esporeei o cavalo para me afastar depressa dali.
Obtido o efeito necessário à minha saúde, entrei em casa à noite, com o rosto corado, revigorado pela longa aspiração do ar livre e puro.
A fadiga física que eu sentia me parecia agradável, ela tinha dado à minha excitação nervosa da véspera uma corrente diversa; assim, com bom apetite, tomei parte no jantar de família, que a presença de Ludwig tornou ainda mais alegre que de costume.
Ludwig era um irmão para nós; meus pais o tratavam como um filho; ali éramos felizes, nossos corações pulsavam no mesmo tom. Creio, todavia, que o de Ludwig acelerava o pulso quando ele se dirigia a Mina, mas eu não estava ainda a par de nada. Minha irmã tinha três anos mais do que Ludwig.

Seis

Assim que deitei, tratei de desprender-me. Sentia-me disposto, cheio de boas resoluções.

Pulei da janela para a rua e comecei a achar o processo natural, não obstante a ausência de Henri causasse uma sensação difícil, mesmo sabendo que ele me esperava, pois havia marcado o ponto de encontro no Café Marc, sem dúvida para me habituar a agir só, em meu estado de desprendimento.

Hesitei alguns segundos na escolha do trajeto para ir ter com meu amigo, pois eu não devia juntar-me a ele apressadamente, mas com um andar normal. Decidi, por isso, ir por uma rua mais longa: era uma das mais frequentadas, por onde eu pudesse fazer algumas experiências. Tinha muito tempo disponível, antes da hora marcada por Henri para o nosso encontro.

Passando pela rua da Catedral, vi sentados em frente a sua casa o senhor e a senhora Mauléon, o açougueiro mais rico de T., tomando ar com seu sobrinho, um rapazote de 12 anos com aparência de 10, figura alta, magra e astuta, com a cabeça assentada sobre um pescoço torto. Aos pés das três pessoas via-se um enorme buldogue, cuja cabeçorra revelando inteligência tinha um ar de parentesco com o açougueiro, tanto este se parecia com o cachorro pela grossa expressão da cara. Nariz achatado por baixo, com amplas e chanfradas narinas como se fossem talhadas de nascença, boca grande e aberta, era este o tipo acabado daquele cão feroz.

Há muito tempo eu conhecia aquele quarteirão. Este açougueiro era quem fornecia carne à família de Montzag e à nossa. Mauléon era trabalhador, avaro, bestial e vaidoso, qualidades que andam sempre juntas; mas ele adorava sua cara metade, a formosa senhora Mauléon, que, há vinte anos, se apelidava "a bela açougueira", porém, já não lhe assentava aquele título, senão como ironia, porque era grosseira, tola e estupidamente ridícula.

Mauléon, para lhe acariciar a vaidade, considerava-a como um poço de juízo, tanto assim que lhe confiava tudo. Não tendo filhos, adotaram aquele marotinho, fruto do adultério de uma irmã de sua mulher, a qual abandonara o país, sem nunca ter dado sinais de vida.

Os Mauléon tinham adotado o menino, que se tornou alvo de seus cuidados; era objeto de amor, por quem ambos os esposos tinham encantos. Tinha o rapaz uma memória singularmente desenvolvida; era astuto como um macaco. Se fosse preciso, se punha todo o dia às escondidas, sem comer nem beber, para espiar alguém a fim de alegrar os esposos, à noite, contando-lhes as mil diabruras de sua invenção, calúnias armadas ou atos inventados. Narrava a sua história com certo ar de inocência, servindo-se de expressões grosseiras e apimentadas que faziam estourar de riso aos seus pais.

— É astuto para sua idade o teu sobrinho Gabriel — dizia o açougueiro. — Que espírito! Seria um excelente advogado!

A senhora Anaïs, que se orgulhava de ter a história da França na ponta da língua, por havê-la aprendido nos romances históricos do bom Alexandre Dumas (que se pode orgulhar de ter enchido de erros os cérebros de seus inumeráveis leitores), disse a seu esposo que se Gabriel tivesse vivido na época em que os reis tinham bobos em sua corte, ele teria sido o adversário do célebre Chicot; desde então, lhe chamaram seu pequeno cômico por abreviação, seu *petit Bouf.*

Eu examinava por um instante as quatro personagens; o cão chamou-me a atenção; parecia meditar.

"Os animais são videntes", dissera-me Henri. Experimentemos, então, o meu poder sobre este e vejamos o que ele fará. Coloquei-me em frente ao cão, cravei meus olhos nos seus. No mesmo instante, ergueu a cabeça e farejou o ar do meu lado. Devia ver-me.

Fiz gestos ameaçadores. Furioso, o animal deu um pulo como se quisesse saltar-me à garganta. Confesso que recuei sob a pressão do hábito, elevando-me inconscientemente a um metro acima do solo. O cão ficou assombrado, com o foci-

nho e olhos no ar.
— Aqui, Bruno! — gritou Mauléon.
— Atacou-te a mania — disse Anaïs — de querer morder a lua!
— A lua já se deitou — observou o garoto — e eu vou fazer como ela!
Avancei contra o cão; este, então, correu para dentro loja, dando sinistros ganidos, que, como é fama, pressagiam morte próxima na casa.
— Ah! Vilão! Que é que te veio esta noite? — resmungou a açougueira. — E me dá tanto medo!
— Bah! — trovejou Mauléon. — É talvez o velho que vai morrer. Seria tempo! Faz três anos que está de cama e não o temos nos braços!
— No leito — chacoteou Gabriel. — É bem certo que ele nos incomoda; de que lhe vale viver? É por amor a ele, sem dúvida, que Bruno solta estes lamentos. Pondo tudo de lado, o nosso tio-avô sofre. Conceda-lhe Deus a graça de o chamar para si.
Depois deste sábio raciocínio, levantou-se para ir deitar-se. Mauléon foi buscar a chave para fechar a loja.
O garoto, aproveitando-se desta ausência, disse à tia:
— Se o velho espicha a canela, ocuparei o seu quarto; é bastante alto o telhado.
— Isto não, meu pequeno, o quarto do tio será ocupado pelo primeiro rapaz; já lhe está destinado.
— Ah, — replicou o menino — para o senhor Raul, teu amigo, não é verdade?
Um formidável tapa fechou a boca ao Gabriel, que soltou um grito de dor.
— Por que bateste no pequeno Bouf? Vamos, fala... — bradou o carniceiro, já de volta.
Anaïs já estava preparada para inventar uma desculpa. Com a mão grossa, passou da gaveta do *bufet* para a mão do rapaz uma moeda branca com que lhe veio tapar novamente a boca.
— Ah, padrinho! — respondeu prontamente o menino.
— Minha tia me bateu porque fui de encontro ao balcão e vi estrelas!

Viagem Astral

— Imbecil! — tornou o carniceiro. — Ficaste cego, bobo?
— Não tanto como tu, meu velho! — murmurou, rindo, o pequeno cômico.

Fazendo experiências com o cão, assisti a uma cena íntima, que mostra o *verso* de certos homens pouco interessantes e afastei-me rapidamente. Chegando à rua larga, notei as pessoas que passavam por ela como eu, mas não da mesma maneira. Parei diante de uma exposição de telas e vistas fotográficas. Tendo eu passado de dia por ali, não me permitiu a pressa olhar para uma série dos castelos Renascença: *Chenonceaux, Azay-le-Rideau, Langeais*, que eu tinha visitado, já fazia alguns anos. Prestei profunda atenção a uma destas imagens com tal intensidade, que me esqueci completamente de que eu estava em forma astral. Já ia entrar na loja para comprar um quadro, quando senti subitamente uma mudança física; a umidade da temperatura e os ruídos da rua se acentuaram de uma tal maneira, que não se pode explicar com palavras; mas assim como existem estados diferentes e sucessivos no sono hipnótico, do mesmo modo há, nos diversos graus de desprendimento, modificações numerosas. Eu não podia entender este fato, quando uma voz bem conhecida me interpelou:

— Boa noite, senhor Robert. A estas horas na rua, tão elegante, apesar do tempo tão úmido?

Era a senhora Blaizoit, a porteira dos Montzag, que eu tinha diante de mim. Olhou-me maternalmente com os seus grandes olhos azuis. Já ia responder, quando percebi que minha distração mudara o aspecto de minha personalidade fluídica, fazendo-me visível. Instantaneamente, voltei ao meu primeiro estado de fluidez. A senhora Blaizoit ficou boquiaberta: eu acabava de desaparecer de sua vista. — Meu Deus! — exclamou ela, chorando e levando os punhos cerrados à fronte. — Decididamente fiquei louca! Eu o vi Claramente; ele estava ali, em plena luz!... Ah, — acrescentou ela — seguramente, o senhor Robert sofrerá recaída e morrerá, o pobre rapaz. Que pena! Oh, sim! Seguramente é isso: somente um fantasma pode assim mostra-se e desaparecer tão depressa... Vou-me certificar do fato, ver se não há novidades em casa dos Dosset. Senão, fico louca.

E, apressando o passo, tanto quanto lhe permitia a idade, a senhora Blaizoit retirou-se.

Não menos admirado estava eu, porém de um modo diferente. Rapidamente, achei-me diante do Café Marc. Nesta hora, a casa estava cheia. Procurei com o olhar o meu amigo. Está atrasado, pensei. Esperei-o, continuando nas minhas investigações curiosas com aquela gente sentada e ruidosa. Prestei atenção em um dos meus conhecidos, cujos antecedentes eram pouco louváveis. Era um rapaz de 25 a 28 anos, pertencente a uma família da cidade, considerada por suas relações. Formara-se advogado havia pouco. Morto o pai, uma grande parte da fortuna deixada à família e por esta consagrada à instrução e aos estudos de Julien Laverdette, em Paris, foi por este esbanjada, sabendo das necessidades a que sujeitava todos os seus. Julien tinha sido mais um vadio, uma vergonha para a sua família, que por causa do dinheiro esbanjado por ele, chegara a passar por situações censuráveis, que o filho tinha sido o único culpado. Absolutamente gangrenado moral e fisicamente, Julien, pela força das coisas, voltara a T., onde controlava todos os negócios, pronto a fazer todas as concessões possíveis, por meio da fraude e da injustiça, em busca do dinheiro. Julien era alto, de rosto horroroso por uma certa desarmonia de traços, cor de bílis com manchas descoradas; porém, brilhavam-lhe uns olhos negros de grande beleza, cheios de fogo, com que ele sabia fascinar as suas vítimas ou os ingênuos. Compensando-lhe a fealdade, serviam-lhe os olhos de armas poderosas para as conquistas de raparigas e viúvas ricas.

No momento em que eu me preparava para olhar o interior de Laverdette, um homem gordo, sentado a poucas mesas mais adiante, levantou-se e passou perto de mim; era Gaspard, o negociante de vinhos. Antes de subir ao seu círculo, no primeiro andar do Café, ele tinha o hábito de entrar neste, frequentado pelos comerciantes, para ver os seus fregueses, conversar com os amigos ou falar de negócios.

— Aonde vai este velho libertino? — perguntei a mim mesmo. — Vejamos. Tenho tempo para observar Julien. Sigamos o amigo de Zélia, ao sair do café.

Viagem Astral

Um rapaz mal vestido aproximou-se do sr. Desiré e disse-lhe em voz baixa:
— Pagas bem, sr. Gaspard, por um bom aviso, útil à tua tranquilidade?
— Sim, fala, maroto. Se a coisa vale a pena, terás dez francos; se pregas uma mentira, te darei um castigo!
— Então, os dez francos são meus. Ouça: o senhor corteja e paga a mulher do juiz, sr. Delmart.
Gaspard o contém, inquieto:
— Não fales alto, meu rapaz... Pois bem, quem te contou isto? Não é verdade; eu só vejo essa dama na rua.
— Ora, pois — retrucou o jovem — se quiseres eu te direi o que se passou, outra noite, em teu gabinete e que foste enganado pela moça e pela velha.
Desiré se fez pálido de cólera e de vergonha. Eu mesmo estava extremamente passado, crendo sermos eu e Henri os únicos conhecedores destas particularidades.
— Vês que estou sabendo de tudo. Agora, ouve-me: a mulher lhe deu motivos e uma boa alma soprou a desconfiança no espírito do marido, o sr. Ninus.
— Cala-te, tagarela! — rosnou Gaspard. — Eis os dez francos e deixa-me.
— O conselho não está completo, caro senhor. Ausenta-te por algum tempo, por amor de tua saúde. Precisas fazê-lo; ouvi o doutor Marmon dizer: "A apoplexia ameaça o velho Desiré, se ele continua a roçar as saias".
Os braços de Gaspard lhe caíram pesadamente ao longo do corpo e deu dois ou três ziguezagues como se fosse perder o equilíbrio.
— Sim, sim, partirei! É necessário, tenho inimigos... Fui traído. Se o Ninus me exigisse uma explicação à parte! É obra da diabólica Dauphine! Ah, tenho a cabeça quente! Toma lá, meu rapaz, mais estes 5 francos. Como te chamas?
— Nollé.
— Bem, e onde moras? Eu talvez tivesse necessidade de teus serviços; pareces bastante vivo para vigiar alguma pessoa.
— Moro na rua de *La belle étoile*!
— Não conheço essa rua — disse o negociante, distraidamente, e subiu ao seu círculo.

Sete

No dia seguinte, Henri chegou antes da hora habitual.
— Desprende-te depressa! — ordenou — Temos trabalho perto daqui. Uma pessoa conhecida suplica os nossos esforços em favor de sua filha.
Desatado do corpo, percebi que uma forma branca estava perto de Henri. Eu a olhava atentamente. Pouco a pouco, seus traços foram se acentuando. Dei um grito.
— Que! A senhora Fontaine?
— Sim, sou eu mesma — respondeu ela francamente — a vítima da infernal Pichon, a serva de minha pobre Therèse. Apressemo-nos, voemos para salvar a minha filha. Contarei depois, se tiver força, a minha breve história e se não o puder fazer esta noite, o sr. de Montzag irá lhe contar mais tarde.
Num abrir e fechar de olhos, estávamos no grande jardim da casa Fontaine. A um canto mais afastado da habitação, fora de horas, conversavam duas personagens. Elegantemente coberta com um *peignoir* de seda lilás, via-se Therèse Fontaine sentada sobre um divã. Atrás de uma alta jardineira, a vela iluminava fracamente o elegante esconderijo. Aos pés dela, um rapaz, com leviandade e voz habilmente modificada em seus efeitos, fazia-lhe declarações amorosas em que as palavras exageradas e melosas teriam causado desconfiança a uma outra que não Therèse, simples e ignorante neste gênero de discursos.
O moço abaixava cada vez mais o timbre de sua voz melosa, sem deixar um instante de fitar a jovem, tendo entre as suas as mãos da pobre rapariga e o peito a tocar-lhe sensualmente os delicados joelhos.
Uma terceira personagem estava no pavilhão dormindo

ao pé de sua senhora: — era Lurette, a cadelinha que a não deixava nunca e que tinha amizade ao homem. Sem dúvida, não era a primeira vez que ela se achava ali, por isso, não se mostrava preocupada.

— Thérèse, meu único amor — dizia o amante, procurando os lábios da moça para os beijar. — Thérèse, se não me dás a prova de ternura que te peço há muito tempo, a única que poderá forçar teu pai a conceder-me tua mão, será esta a última noite em que nos veremos. Sem ti não posso suportar por mais tempo o fardo da vida; sem possuir-te é impossível que eu viva! Ah, Thérèse! Sei que és leal e que me amas, mas aprecia a fidelidade de meu caráter que não é menos leal do que o teu. Sê generosa e acalma esta febre que põe em perigo meus dias, depois do desejo louco que me acendeste no peito. Teu pai não está em casa, que mais temes? Os instantes são horas, talvez sejas forçada a retirar-te, porque teu pai pode voltar do teatro: não demores mais! Ah, minha Thérèse, vem, suplico-te de joelhos!...

O moço levantou-se bruscamente. Reconheci Laverdette. O satânico abraçou a moça e a vela se apagou sem se saber como. De repente, como se uma invisível mão tocasse a cadela, esta se pôs a latir furiosamente.

— Meu pai! — gritou Thérèse, desenlaçando-se dos braços de seu sedutor e, pegando Lureite nos seus, se afastou e correu como uma louca para a casa, onde entrou por uma porta do subsolo, deixada entreaberta, para não acordar ninguém quando entrasse no jardim.

Irritado pelo contratempo, Julien se pôs a lamentar:

— Oh, besta! Torço-te o pescoço! Não me escaparás! Dizer que eu ia realizar os meus desejos! E esta tolinha que eu tinha tão bem fascinado! E tenho que recomeçar tudo isso! Diabo! O fato é que necessito uma urgente solução, se o segredo for descoberto! E Virginie Pichon, esta estúpida criada, pretende que o velho Auguste case logo com a viúva do general. Ah, se isso acontecer, meus castelos cairão todos por terra!... E ela não volta... E eu me iludia, pensando que, se não fosse seu pai que entrasse, ela poderia... Mas, não, tolinha... Vai-te; quàndo fores minha, serás mais obediente. Se não tivesses 800.000 francos maciços, eu te deixaria em paz! Vai-

-te, tu podes ficar certa disso; verdadeiramente falando, és uma besta. Como é simplória a lourinha! Quando digo loura, significa riva, que é a cor que detesto!... E o maricas, furioso por ter falhado o seu golpe, perdeu totalmente a esperança, quando viu luz no quarto da moça.

— Por esta noite vejo que acabou tudo. Partamos, porém amanhã ou depois... então, nada de piedade!

E Julien, procurando o caminho às apalpadelas, bateu violentamente em um dos vidros da porta, o qual voou feito em pedaços.

Henri e a senhora Fontaine acabavam de providenciar o acidente. Julien recebeu em pleno rosto o choque dos estilhaços e não pôde conter um grito de dor. Levou rapidamente a mão à fronte e sentiu-a banhada em sangue, que estancou com seu lenço, dizendo ameaças e blasfêmias, porém com temor de ser ouvido. Depois, foi-se embora, afagando a esperança de lançar a desonra naquela honesta família.

Durante esta cena, a senhora Fontaine me dera um aperto de mão e desaparecera.

Eu e Henri saímos do pavilhão.

— Ei-lo forçada a ficar acamado por alguns dias. Neste ínterim, vamos tratar de agir, a fim de prevenir um novo assalto.

— Que monstro! — exclamei. — Sem tua intervenção, meu amigo, Therèse estava perdida!

— A minha intervenção, a tua e a da senhora Fontaine. Não divides do esforço que todos os três empregamos! Que sensação física provas neste instante, meu caro Robert?

— Sinto-me — respondi, voltando a mim — extremamente fatigado, como se acabasse de enfrentar uma luta contra um obstáculo.

— Pois bem, Robert, também sinto a mesma fadiga. Como na corporeidade se esgotam depressa as reservas nervosas, do mesmo modo se evaporam os nossos fluidos na vida espiritual e neste trabalho empregamos uma boa porção deles, como se tivéssemos acabado uma obra que não podes avaliar. Julien Laverdette aliou-se com os magos negros do país; é membro da sociedade deles, a título de responsável. Desta forma, é ajudado em suas empresas satânicas e socorrido nos momentos difíceis. Julien não estava empregando só a suas próprias forças astuciosas junto da senhorita Fontaine. Influências ocultas estavam ao seu lado; nós representávamos também uma força reunida e chegamos a proteger a órfã. Até logo, Robert, vai recuperar tuas forças físicas. De minha parte, buscarei o *Sanitarium* dos meus mestres para restaurar as minhas. Até amanhã.

Dizendo isto, Henri se elevou no espaço e eu voltei, pensativo e em passos lentos, para minha casa, pouco distante do palacete Fontaine.

Oito

No dia seguinte, despertei bem humorado, completamente refeito, e surpreendido de ter obtido este resultado em tão pouco tempo de repouso. Foi, sem dúvida, uma causa que atuara sobre meu organismo, durante o sono. Levantei-me, abri a janela e respirei com alegria o frescor da brisa da manhã. Ao longe, o cume das grandes árvores da casa Fontaine fizeram-me pensar na pobre Therèse que havia escapado, felizmente; mas eu a via também terrivelmente metida em uma trama infernal, urdida por sua criada e Julien Laverdette; a cena da véspera me veio à memória, Claire, empolgante e, para bem dizer, fotografada em seus menores detalhes. Sentia-me feliz por ter podido prestar minha solidariedade a Fontaine, protegendo sua filha.

— Vejamos — disse eu, olhando o relógio. — Disponho ainda de uma hora antes do almoço; aproveito para responder duas ou três cartas, trabalho que, sinceramente, já não posso mais adiar.

Sentei-me à mesa e comecei a traçar algumas linhas, quando um movimento nervoso me fez borrar o papel, como um escolar. Aborrecido pelo acidente, fiquei contrariado e peguei uma nova folha de papel, pousando bem a mão para não cometer outro desmazelo. Desta vez, tinha eu apenas traçado as palavras: "Meu caro amigo", quando a elas se ajuntou, em letra diferente, o meu nome: "Robert".

— Que é isto? — perguntei-me, surpreso.

E minha mão, como que mais obediente, continuou a escrever contra minha vontade:

"Estou aqui, escuta-me, por favor; sou Marie Fontaine".

Abandonei, então, a mão à visitante invisível, que escreveu o que segue:

"Nossa união, esta noite, permitiu-me esta ação sobre ti neste momento. Necessito de tua intervenção para preservar Therèse. Ontem, não pude senão apertar-te a mão ligeiramente, porque acompanhei minha filha para impedi-la de ceder à atração passional de Laverdette, que atuou magneticamente sobre ela. Entrando em seu aposento, Therèse encontrou Virginie Pichon, que, por trás das persianas fechadas, vigiava o jardim; ela estava furiosa de ver Therèse voltar tão depressa, julgando que esta se esquivara à trama que ela lhe havia armado.

'Ah, senhora, por que deixou tão depressa o bom senhor Julien, que a ama tanto e teme expor-se à fúria de seu pai?', perguntou.

Therèse ficou muda; já estava arrependida da fuga.

'Sim, não tem coragem, vejo-o; mostrou tanto sangue-frio outra noite! Eu não teria sido assim tão dura! Já lhe confessei, senhora, e me prometeu segredo; não recusei nada a meu caro Vitorino e disso não me arrependo. Ele teria sido meu marido, se não fosse a catástrofe da estrada de ferro de Saint-Mandé, onde ele encontrou a morte. Conservo uma doce recordação; tive a felicidade de ser amada. Mas, vejamos, por que fugiu, pois notei pelo seu espanto que era antes uma fuga do que uma partida?'

'Foi Lurette que, como boa vigia, se pôs a latir; julguei que meu pai entrava pelo jardim, o que nunca foi costume seu'.

'Meu Deus! Como é ingênua! Não confiou em minha experiência. Eu tinha escondido a chave dessa porta! Pois bem, não merece, por minha dedicação, que eu arrisque a minha situação, como o faço'.

'Perdoa-me, minha boa Virginie', desculpou-se Therèse, abraçando Pichon para a acalmar.

Procurei empregar toda a minha força física e, como uma criança, fiquei nervosa e excitada. Consegui materializar bastante minha cabeça para torná-la visível e pôr-me entre minha filha e aquela horrível criatura.

'Minha mãe!', gritou Therèse e cheia de espanto, recuou.

Neste instante, a porta da casa rugiu surdamente, fechando-se.

'O senhor Fontaine!', exclamou Virginie e prudentemente, apagou a vela.

E foi apressadamente, descalça, deitar-se. Therèse tornara-se febril. Eu não agira sobre ela, temendo agravar-lhe o estado. Senti perda de forças... Meu marido deixara a ópera no fim do 3° ato, sentindo-se angustiado, sem dúvida influenciado pelo bom Henri.[1] Uma vez no leito, meu marido arrependeu-se de ter abandonado tão depressa a ópera. Ele dava mostras disso no semblante. Tentei em vão despertar nele desconfianças sobre Virginie; porém somente consegui fazer-lhe ouvir algumas vezes o nome de Laverdette e, esta manhã, ao acordar, ele repetiu maquinalmente este nome.

Ninguém, Robert, até o presente, se aproximou do pavilhão para notar-lhe a desordem; ainda se vêem no solo gotas de sangue. Convém a todo custo chamar a atenção de meu marido para este fato. Conto contigo. Acho que teu pai poderia ir à casa de Auguste, sob qualquer pretexto. Porém, sê discreto; age como quiseres, mas rapidamente. Já sei que mandaram chamar Marmon. Deus te abençoe. Adeus, Robert."

— Sou médium escrevente? — disse a mim mesmo. — Os mortos podem, realmente, corresponder-se, em certas condições, com os vivos? Tem, pois, o espiritismo uma parte de verdade em suas doutrinas? Tratarei disto com Henri. Presentemente, ocupemo-nos em satisfazer o desejo da senhora Fontaine.

Depois de ter almoçado, segui meu pai ao seu gabinete.

— Caro pai — disse-lhe eu — uma pessoa, com uma intenção hostil à honra do sr. Fontaine, se introduziu, esta noite, em seu jardim. Provas visíveis do que lhe digo estão no pavilhão. Apresse-se, pois, e, sob pretexto de ir ver seu amigo, conduza-o habilmente até o pavilhão.

— O pretexto está achado — disse meu pai. — Ele prometeu-me para Grifeuilles mudas de roseiras, dessas belas rosas cor de granada-escura (Imperador de Marrocos). Creio

---

[1] Muitas vezes, sentimo-nos angustiados sem saber o motivo. Esta sensação provém do pressentimento de um perigo ou mesmo de uma desgraça. Ele nos é sugerido no espírito, quer por nosso ego superior, quer por uma entidade do espaço, que nos adverte e protege ao mesmo tempo, se prestamos atenção aos seus avisos.

que há, precisamente, em frente ao pavilhão, uma cesta destas rosas.

— Agradecido, caro pai, principalmente pela sua delicadeza em não me perguntar a fonte destas informações.

Meu pai sorriu, dizendo:

— Pensas em Therèse e, sobretudo, no que lhe diz respeito, não é verdade?

Não lhe dei resposta.

— Muito bem, irei já à casa de Auguste — concluiu meu pai.

Nove

Uma hora depois, meu pai voltava; minhas informações eram exatas e o sr. Fontaine ocupou-se em averiguar para saber daquela invasão fora de horas em sua casa. Mandou chamar Virginie que, nesta hora, se achava no quarto de Therèse. A criada pareceu desolada pelo sucedido e muito temerosa da repetição possível de uma nova entrada, sem se ter conhecimento.

— Aqui há algum cúmplice — disse ela prontamente. — Vou interrogar a cozinheira. Não quero mais que estas coisas se repitam; tenho a responsabilidade de tudo aqui e estou grandemente humilhada por não ter vigiado melhor esta jovem, porque, enfim, não pode ser senão ela. O senhor tem um criado de quarto que conhecemos todos pelo mais honesto dos homens!

E, com os olhos lacrimosos, continuou:

— Ah, senhores! É, principalmente, por amor da senhorita Therèse que não convém que isto se repita; sabem, as pessoas são tão más, tão invejosas dos que possuem, que as desconfianças caem mais sobre eles do que sobre seus servos.

— Julgas sabiamente, Virginie; despede a cozinheira, se achas que é por ela que entraram de noite neste jardim; depois manda substituir a fechadura da pequena porta. Vou mandar o pedreiro erguer mais o muro do recinto e trocar os vidros quebrados.

— Pedi — concluiu meu pai — notícias de Therèse. Ela está abatida; parece que Lurette latiu fortemente e a jovem, pondo-se à janela do quarto para ver o que se passava no jardim, apanhou um resfriado. Não é nada, creio; já mandaram prevenir o doutor Marmon.

— Agradecido, meu pai. Prestou um serviço ao sr. Fontaine, porém, um serviço maior seria alertá-lo sobre a dedicação de Virginie Pichon...
— Como? Crês que...
— Estou certo, meu pai; Virginie é uma criatura desleal.
— Será difícil provar isto a Auguste que deposita toda a confiança nela; entretanto, meu caro Robert, estou pronto a prevenir o meu amigo, desde que possas fornecer-me provas, como o fizeste esta manhã.

Minha mãe entrou no gabinete de meu pai.

— Meu caro filho, disse ela, parece que a senhora Blaizoit te viu à noite na rua Grande, em frente ao armazém de Fargueil, olhando a vitrine. Ela falou-te e tu desapareceste. Julgou, por isso, que estavas morto. Esta manhã, logo que Clorinda abriu a janela da cozinha, ela correu para se informar da tua saúde e ficou espantada de saber que tu não deixaste a casa, que te havias recolhido às 9 horas, como te habituaste desde que adoeceste. Sabendo disto, ela ficou vermelha e afirmou que ia perder a cabeça. A cozinheira, crendo que ela se sentia mal, a segurou para levá-la ao seu quarto, em casa dos Montzag.

— Quando eu for ver Ludwig, falarei com a senhora Blaizoit e a tranquilizarei. Ela tem, sem dúvida, a vista interna inconscientemente desenvolvida.

— Mas, somente aos santos, disse minha mãe, Deus concedeu este dom.

— Sim, minha mãe, aos santos ou a quase todos os santos, desde que em sua vida terrestre, usaram seus sentidos internos, mas os médiuns, ainda que pouco religiosos, podem chegar aos mesmos resultados; existem seres perversos, instruídos nos processos ocultos, que se servem de seu desenvolvimento psíquico para fazer mal sobre a Terra...

— O quê! Tudo o que a Igreja imputa aos feiticeiros e àqueles que invocam os mortos é bem real e estes abomináveis seres existem ainda? Eu preferia ignorá-lo! Meu filho, temo que te mostres demasiado curioso desta magia diabólica; li os títulos de algumas obras que trouxeste de Paris e de algumas outras que mandaste vir de vez em quando. Receio que a leitura delas te afaste dos princípios cristãos em que eu e teu pai te educamos.

— Minha querida mãe, disse eu, abraçando-a — tranquiliza-te; os princípios que, com agradecimento reconheço, me foram dados na infância, são hoje mais caros do que nunca, pois meus estudos atuais só confirmam minha fé na imortalidade da alma, na sobrevivência de meus sentimentos depois de despojado de sua vestimenta material; enfim, a crença na reencarnação me explica tudo o que antes me chocava nos ensinos religiosos do Ocidente; o Cristo, nosso deus solar, aparece-me maior do que no passado. Estudando mais atentamente a sua doutrina nos documentos cuja divulgação entre a massa dos fiéis a Igreja reprova, e nisto não a censuro, eu quisera antes que ela trabalhasse por infundir a luz aos homens, a fim de não desanimar as inteligências que dela se afastam, por falta do alimento apropriado ao seu temperamento intelectual.

— Robert está com a verdade, minha querida Aminthe, interveio meu pai. Não deves afligir-te por ver nosso filho penetrar nos problemas que merecem a atenção dos pensadores; a Igreja Católica ficou, de fato, aquém de seu papel na educação das almas; ela devia renovar seu ensino, pois possui em seu meio um esoterismo muito completo para verificar o que de melhor ela faz, sua doutrina esotérica; sou da opinião de Robert; li alguns de seus livros e o fiz sem prevenção e asseguro-te que minha maneira de encarar a verdade se modificou, mas com vantagem, porque o horizonte se ampliou para a minha alma e longe de fugir às cerimônias católicas, tu me verás segui-las mais rigorosamente, compreendendo-as melhor.

Eu estava feliz de ouvir de meu pai a confissão de seus sentimentos, com esta franca bondade que eu sempre tinha admirado nele; apertei-lhe a mão, comovido.

— Meu caro pai, foi sempre para mim um amigo e sinto que será mais ainda... Daqui em diante, lhe comunicarei os resultados de minhas experiências.

— Me darás prazer, meu caro Robert. Tratarei de instruir-me mais para te seguir em teu vôo através do mistério!

— Que rápida combinação de sentimentos! — murmurou minha mãe, ao afastar-se — Temo que a Igreja vá, sem dúvida, perder o seu prestígio, com este ocultismo diabólico!

— Não, mãe, ao contrário, ela crescerá se os seus líderes se inspirarem nos verdadeiros ensinos do Homem-Deus.

Não julguei prudente confiar a meu pai, sem autorização de Henri, minhas saídas astrais, porém conversamos demoradamente sobre este assunto.

Dez

— Meu querido Robert — disse-me Henri que encontrei em frente de minha casa, perto do portão de seu jardim — sei que a senhora Fontaine te fez escrever; que teu pai esteve em casa de Auguste; a cólera deste e a imprudência da camareira que imediatamente despediu a cozinheira. Porém, sob que pretexto? Pois a cozinheira é inocente, bem o sabemos! A Pichon não é uma infernal por nada, ela cerca-se preventivamente de criaturas que a servem cegamente em razão de secretas promessas. Cloe pertence a este número. Foi Virginie que instalou a cozinheira na casa, depois da morte da senhora Fontaine, dizendo-lhe que era simplesmente o serviço da cozinha que ela tinha de fazer; em seguida, mostrou-lhe que ela a tinha a sua mercê, sendo sabedora de um segredo que devia fatalmente levá-la ao Tribunal, se fosse divulgado. Com receio do que lhe poderia acontecer, Cloe submeteu-se à Pichon, como um cãozinho.

Eis o que se passou esta manhã. Virginie ignorava os traços da passagem deixados por Laverdette no pavilhão; ela achou Thérèse ardendo em febre, muito acabrunhada e em lágrimas.

"Vejamos, senhora", disse ela "não deve chorar e se fazer de doente; não é bom entregar-se a este estado. Confie em mim; arranjarei tudo, mas preste bem atenção ao que eu lhe disser."

"Quero confessar tudo ao meu querido pai!", exclamou Thérèse. "Sofro muito; ele é bom e quando eu lhe afirmar que adoro Julien, nos casará, estou certa."

Virginie remordia-se. Eu estava presente e a expressão má do semblante interno de Virginie gelou-me de horror! Sua alma não tinha a forma humana; era antes uma larva, uma forma negra, em que brilhava um verniz gomoso, viscoso e infecto: diria-se um enorme hipocampo (cavalo marinho), de cerca de 0,75 centímetros de altura. A hediondez desta forma contrastava com a figura hipocritamente dócil desta mulher.

Em vez de se alterar ou contradizer abertamente Therèse, Virginie disse, tomando-lhe as mãos: "Pobre filha, compreendo e amo-a. Quero, nesta circunstância tentar substituir sua mãe. Se ela estivesse ao seu lado, como eu, saberia fazê-la compreender que o coração de um pai não poderia avaliar em seu justo valor uma alma delicada tomada do sentimento mais santo e natural que há no mundo, um elegante rapaz que dá o exemplo mais belo de trabalho para o sustento de sua família e o sacrifício de uma alta posição que podia desfrutar em Paris. Digo-lhe, senhora, que o sr. Julien será, um dia, um chefe de Estado do nosso país e será sua esposa; então, causará inveja a todas as suas amiguinhas, cujos maridos são uns ricaços sem glória. Veja: convém desconfiarmos da viúva do general, que deseja comprá-la para seu sobrinho, um tenente sem futuro, um beberrão de taberna, que é um horror."

Acalmada, Therèse escutava atentamente.

"Adoro Julien", exclamou ela, "sou toda dele; tens toda razão, Virginie. Não direi nada a meu pai."

"Bem, concluiu a Pichon, fique deitada; diremos que Lurette latiu, a senhora chegou à janela por causa do calor, apanhou um resfriado e a febre. Eu me encarrego do resto; mandaremos chamar o doutor."

Virginie, quando o senhor Fontaine a mandou chamar e vir ao pavilhão, ficou muito contrariada, porém, delineou depressa o seu novo plano.

Cloe, munida dum excelente atestado e de uma grande soma que furtou de Therèse, afastou-se, feliz por não se achar mais sob a direção da camareira.

Enfim, para te informar mais sobre Laverdette, vamos, em uma hora, penetrar clandestinamente em casa do farmacêutico Ardol, à rua Piver, e ali encontraremos Julien e a Pichon. Verás também o Ardol mais velho, um mago satânico dos mais espertos; porém, previno-te que nos será necessário tomarmos certas precauções, a fim de não sermos reconhecidos nesse meio ocultista, onde a nossa presença seria prontamente evidenciada.

— Eu acreditava — observei — que a magia branca fosse superior à magia negra.

— Ao contrário, caro Robert, a magia negra triunfa nas atmosferas materiais e deletérias.

Onze

Tomamos lentamente a direção da rua Piver, situada na periferia de T. No caminho, Henri mandou-me notar as pessoas que íamos encontrando; poucas críticas eram feitas, para não diminuir minha estima por meus concidadãos.

— Seria possível escrever, disse-me Henri curiosíssimos romances inspirados na realidade, acrescidos com certas informações que nosso estado de alma nos permite adquirir. Penso que estes estudos seriam úteis aos humanos.

Consegui para ti uma colaboração preciosa; te porei, antes de te deixar, em contato com o espiritual e amável G. de Mauriant que, tendo-se afastado, antes da hora estabelecida, de seu corpo de carne, se vê forçado a continuar seu tempo de existência no plano astral junto à superfície terrestre; ele deve concluir a soma de trabalhos para a qual se encarnara, por isso, continua a observar e redigir, ao mesmo tempo, romances psicológicos que encontrará quando reencarnado. Então recomeçará sua tarefa, no ponto preciso de onde a abandonou; mas ele só trabalhará nas condições menos favoráveis; provavelmente sem fortuna, nem relações sociais que o ponham como "vedete" entre os escritores da época. Estou certo de que Mauriant, que gosta de ver suas ideias passarem do plano mental para o objetivo, ficaria contente de te confiar esta tarefa.

Henri parou um momento.

— Percebo a pouca distância, disse ele, um apelo sincero e desesperado à Providência, por meio do nome de Antonio de Pádua; é uma menina. Vamos a ela.

Em um deslizar rápido, chegamos a uma alameda sombria, distante cem metros do lugar onde estávamos; uma menina de 12 anos procurava, às apalpadelas, alguma coisa e abundantes lágrimas inundavam-lhe o pobre rosto, pequeno e roceiro.

— Meu bom Santo Antonio, dizia ela, peço-lhe fazer com que eu ache minha moeda de cinco francos, porque se volto sem aguardente para meu avô, ele me matará; morrer só não seria nada, pois assim iria descansar no cemitério, junto de meu pai que era tão bom para mim; mas o pior é que vou sofrer sem morrer... Meu avô ficaria contente de ver o meu fim. Ah! Grande Santo Antonio, se não fizesse chorar ao menino Jesus, eu iria, como a velha Nanette, nossa vizinha de quarto, atirar-me no rio, em uma noite bela de luar.

E a menina sorriu tristemente, imaginando o prazer que teria, vendo-se livre desses seres maus que batiam nela e a injuriavam sempre. E de novo sua mão, guiada pela esperança no bom santo, pôs-se a tatear todos os lugares em torno dela. Fiquei comovido, até chorar, ao ver a aflição em que estava a pobre mártir. Pensei imediatamente em entrar em meu corpo para, com toda pressa, buscar o dinheiro e entregá-lo nas mãos da pobre criatura, quando a menina deu um grito e, com um timbre que me ficou gravado n'alma, exclamou :

— Oh, menino Jesus! Oh, Santo Antonio! Tivestes piedade de mim... Eis os meus cinco francos! Vós me protegeis sempre, não é? Serei dócil e resignada; não farei como a pobre Nanette. Ah, se ela tivesse pedido o auxílio ao bom Jesus, vós a teríeis socorrido.

Dito isto, a menina dirigiu-se para o armazem de vinhos, na esquina da rua.

— Eis para que serve o dinheiro do gordo Gaspard — disse Henri — pegando-me no braço. Em certas condições podemos materialmente vir em auxílio das dores não merecidas e, em uma certa medida, abrandar, para almas puras, a injustiça da sociedade em grande parte composta de bandos infernais que vivem delas e por elas, dominando-as com a sua ciência satânica. Pus sob as mãos da pequena uma moeda de cem soldos, mas a pobrezinha não tinha se pervertido; era muito séria, para empregar aquela grande soma em benefício próprio!

Foi seu horrível avô quem tirou de sua esposa ignorante, que tem o dinheiro, uma nova moeda para o seu aguardente, para ter o pretexto de martirizar a neta. Em vista dos padecimentos da menina, que inspiram piedade, os espíritos misericordiosos estão sempre prontos a dar-lhe socorro!"

Doze

Chegamos diante da farmácia de Ardol Júnior. Ele está conversando com seu irmão Joe. Junto ao balcão está um homem de pé, espadaúdo e alto, fronte ampla e saliente, barba e cabelos negros, embora seu proprietário pareça ter de 48 a 50 anos. Isaias Ardor, que conheço há muito tempo, era uma miniatura de seu irmão mais velho; mas a semelhança entre ambos era muito acentuada. Isaias comprara sua farmácia há dez anos; era ela, então, de poucos fregueses, mas, graças aos seus cuidados, sobretudo à sua cortesia, ela se fizera próspera. De resto, ele tinha sido recomendado com empenho à sinagoga e todo bom israelita não teria deixado de lhe comprar, com preferência, a menor pílula.

Isaias Ardol não saía nunca, não tinha filhos; ninguém nunca viu sua mulher, que lhe era tão nervosamente afeiçoada, que o obrigava (diziam) a ficar sempre metido em seu quarto. Uma parenta mais velha incumbida dos afazeres da casa não revelava a ninguém o que se passava dentro das quatro paredes. Um rapaz de nariz pontudo e excessivamente arqueado, era o mais discreto dos alunos e, embora fosse aleijado, servia ativamente Ardol em seu laboratório.

Joel não residia em T., vinha aí raramente. Uma vez entrou em casa de seu irmão e passou para o laboratório particular de Isaias, aonde nenhum estranho chegara a penetrar.

Todas essas particularidades me foram rapidamente dadas, em pensamento, por meu amigo; minha curiosidade estava tão vivamente excitada que, involuntariamente, comecei a materializar-me; percebi também que eu projetava um reflexo sobre a vidraça da frente.

Recuei rapidamente: acabava de atrair, sem o querer, a

atenção de Joel pelas vibrações violentas que emiti na farmácia em que acabava de entrar, inábil para dominar minha ação vital em estado fluídico.

Fui imediatamente coberto com um invólucro; fiquei um ou dois segundos em uma sombra espessa e, certamente, sem minha confiança absoluta na ciência e na afeição de meu amigo, eu teria desejado voltar para minha concha terrestre para abrigar minha fugaz constituição fluídica. Rasgou-se o véu de trevas que me cercava e eu e Henri, não sei por qual processo, estávamos em uma caixa sobre uma mesa, de dimensão tão estreita que não pude crer que dois corpos, ou antes, duas formas humanas aí ficassem metidas.

Imediatamente, uma ideia de sufocação atravessou-me o espírito e comecei logo a sentir um nó na garganta, tão violento, que me esforcei por escapar.

Porém, Henri fez dois ou três passes magnéticos sobre a parte em que eu acreditava, pela força do hábito corporal, sentir a congestão, e rapidamente me achei aliviado. Assim que me senti desembaraçado da asfixia imaginária, apliquei toda a minha atenção na cena que se foi logo desenrolando a nossos olhos.

Abriu-se a ponta do laboratório particular. A cena acontecia nesta sala, aonde Henri me havia transportado antes da chegada dos dois irmãos. Isaias abriu a porta e Joel entrou primeiro; ele dizia, de mau humor, em voz baixa para não ser entendido senão por seu irmão:

— Não estou contente, senti uma influência estranha às que comando habitualmente. A coisa vai mal, pois conspiram contra a nossa liberdade de ação. Os teósofos e irmãos da Estrela voltam sobre nós as nossas próprias armas; eles divulgam a ciência dos santuários, a única que nos pode ser hostil. Em vão, há alguns anos, temos acumulado materiais de desagregação e recrutado almas simples; os servidores da luz nos têm causado transtornos, a nós, os "irmãos da sombra", privados da imortalidade. Será necessário um aviso. A grande sacerdotisa convocou a todos para o dia de Natal. À beira do Vesúvio serão tomadas resoluções e ordens recebidas para serem obstruídas completamente as lojas brancas.[1]

---
[1] Lojas em que trabalham os magos brancos e seus discípulos, para o pro-

Nossas raízes estão profundamente fixadas nas principais cidades do globo, temos um pouco de nós por toda parte. Esses núcleos formam, sob diversos nomes, grupos dirigidos para desviarem os intelectuais das obras e doutrinas de Jesus ou de Buda, que tendem a harmonizá-los sob os vocábulos de paz e amor... A paz, o amor! Tenhamos antes guerra e ódio!... Eis a nossa divisa: o gozo e o prolongamento da existência corporal e fluídica para nós, os malditos.

Atormentado por esta veemente manifestação, Joel deixou-se cair sobre uma cadeira.

— Estamos atrasados esta noite — disse Isaias.

— Ah! Chegou Julien!...

Com um chapéu de feltro de abas largas, nas mãos um lenço, tinha Laverdette uma parte do rosto escondida. Entrou seguido da Pichon, que chegou ao mesmo tempo em que ele.

— Bom dia, meu filho — cumprimentou Joel, apertando a mão a Julien. — Recebi teu chamado telepático e estou aqui. Ora, Virginie, tu agiste como uma tola, deixando desfigurar-se assim nosso caro Julien! Falta-te o faro, minha filha; avisaram-me de que não serias muito obediente e devotada à causa, a ideia-mãe por cujo amor nós vivemos: — a guerra às raças imortais. Creio que o que mais te preocupa é impedir o imbecil do Auguste de casar-se, para te tornares a senhora desse tolo, quando por tuas drogas ficar doente, o que poderá acontecer antes de sua velhice...

Virginie, muito pálida, protestou.

— É inútil negar; entremos no gabinete e comecemos o trabalho.

Virginie começou a tremer. Tentou resistir, porém Joel, com uma vontade de ferro, afastou-a com um só olhar de seus olhos negros, onde brilhava o fogo intenso de sua poderosa vontade.

Alguns minutos depois, Virginie reapareceu, vestida de

---

gresso e adiantamento da humanidade; são, pois, as lojas brancas contrárias às negras, em que trabalham os magos negros ou irmãos da sombra, inimigos da humanidade terrestre.
Loja Branca - Fraternidade ou hierarquia de Adeptos, que velam pela humanidade e a guiam em sua evolução, conservando intactas as antigas verdades, que constituem a base de todas as religiões, pregando-as novamente de tempos em tempos aos homens, segundo às exigências da época. As duas colunas dessa Loja são: Amor e Sabedoria. (*A Sabedoria Antiga*, Anne Bessant)

Viagem Astral

uma longa túnica vermelha, cujos numerosos remendos demonstravam o seu velho uso. Só pelo tremor de seus lábios se poderia julgar o terror desta mulher; ela pôs-se de joelhos e disse:

— Joel, por favor, não me exteriorizes... peço-te... tenho medo. Vou ainda ver a Falena. A mim, Satã, a mim!

Não acabava de dizer estas palavras, quando um gesto de Joel a estendeu rígida sobre o assoalho.

Isaias apagou a lâmpada que trouxera da sala vizinha e acendeu uma lanterna vermelha.

Julien ali estava. Tinha tirado seu chapéu de feltro, viam-se em sua fronte uns cortes de escoriações vermelhas, que pareciam ainda sanguinolentas, e um outro corte comprido e largo que lhe deformava quase completamente a maçã direita do rosto, dando-lhe à fisionomia um aspecto repelente e sinistro. Seus grandes olhos negros, luminosos de ciência perversa, estavam notavelmente fascinantes.

— Vamos, espírito das trevas, alma emprestada, obedece às minhas ordens. Investiga o estado d'alma da família Fontaine; passa pela casa da viúva Guérault e informa se Lusard d'Escaradeck, seu sobrinho, voltou das grandes manobras e, principalmente, traze-nos a explicação do acidente de Julien com a pequena!

Uma voz surda protestou contra a ordem do mestre; parecia sair das entranhas da Pichon, que começou a contorcer-se furiosamente, rasgando sua túnica vermelha e descobrindo em parte seu corpo flácido de carnes pálidas e desbotadas.

— Como és duro, mestre! Já não te disse que nem mesmo me era possível vê-la, Joel?

— Pela barba de Belzebú, obedece-me!

De repente, Virginie começou a girar violentamente; depois seu corpo se tornou inerte. Passados alguns segundos, um vapor escuro foi se acumulando em flocos desiguais sobre o peito da Pichon, através da abertura da túnica vermelha; viam-se os seios palpitar rapidamente; enfim, cessado o movimento, o vapor se elevou, trêmulo, a alguns centímetros do corpo, que jazia estirado de costas.

Repentinamente, a horrível forma de hipocampo negro e viscoso que Henri já tinha visto, se levanta, de um salto alcança o teto e, ato contínuo, com movimentos de um morcego que a claridade surpreende, percorre o aposento, indo de encontro a tudo e vindo, repetidas vezes, forçar a caixa em que estávamos.

Henri, temendo estas persistentes visitas do monstro, encheu magicamente a caixa de sangue. Provei uma sensação das mais penosas; o líquido mágico tinha todas as propriedades do sangue verdadeiro; vi-me mergulhado em um banho sanguíneo.

Quando o hipocampo passou junto de nós, Henri imprimiu-lhe no espírito uma palavra cujo efeito foi terrível: *Falena*.

Imediatamente, o espírito, vivificando o corpo de Virginie pela captação de sua força vital, afastou-se de nosso esconderijo, girou hesitante por cima do corpo inerte e de olhos convulsos; uma palavra saiu desta boca morta:

— Ali, ali!

E apontava a caixa, fracamente, com a mão esquerda.

Joel, impaciente e aflito por receber suas informações, não atendeu, felizmente, a esta preciosa indicação.

— Pelo rabo do Diabo, não vais obedecer-me, Sardella?

Ao ouvir este nome, o espírito meteu-se na chaminé da lareira do laboratório e desapareceu.

Disse-me, então, Henri:

— Sardella é o verdadeiro nome da entidade satânica que vive na Terra sob o nome de Virginie Pichon.

— Tratemos de nossos negócios — disse Joel. — Temos quase meia hora antes da volta de Sardella.

— Isaias, aplica sobre o rosto de Julien a pasta indiana n°10. Não te vás enganar como para o reverendo padre Poupar...

— Não houve engano; armamos apenas briga com o frade...

— Ah, meu irmão, tu reprovas sempre meu único erro neste caso; sabes que a *Falena* me esperava!

— Sim, eu sei. Mas tu, meu irmão, falhas neste capítulo. Não adquirirás jamais um poder real, uma projeção segura, se não contiveres a tua luxúria com a razão. Põe, a exemplo de mim, tua força vital em uma corrente superior. Só aos castos o poder!

Joel levantou-se, dando grandes passos no gabinete.

— Estou abatido de trabalho — disse. — Convém irrigar

Viagem Astral 109

as raízes para que elas tracem o seu caminho.

— Sim — confirmou Isaias — elas são gulosas e pedem sangue, querem vítimas!

— Dinheiro, principalmente, meu irmão — atalhou Joel.

— A propósito, remeteste a soma anual, destinada à mãe Trocart para a sua agência de empregos, tão útil às informações de nossa polícia secreta?

— Para o nosso domínio — respondeu Isaias — pois os nossos sonâmbulas e videntes nos dão informações suficientes.

— É verdade, mas os criados empregados pela Trocart, por nossa conta, agem ao mesmo tempo em que tagarelam!

— Convém que essa tola agente ignore sempre quem a subvenciona; era sua vontade fazer-nos falar ou filiar-se na nossa sociedade. Porém, isso eu não consinto; ela tem ainda alguns escrúpulos que eu vi na noite em que fui à sua casa, sob meu aspecto de Jonatan, nosso poderoso chefe.

— Fica tranquilo a esse respeito, Joel; o pequeno Tadeu porta-se com arte quando vai à noite ver a Trocart. Ele faz maravilhosamente seu trabalho; quando está desencaminhando almas, fica contente. É bom, é bom, sempre bom, armar-lhes um fracasso na porta do paraíso, fechada para nós.

— Bem, bem — disse Joel, a quem os longos pormenores de Isaias impacientavam.

Depois, dirigindo-se a Laverdette:

— Meu filho, eu cuidarei do teu negócio; convém-nos que sejas rico e bem colocado; tua raça não é a nossa, mas, espiritualmente, somos irmãos e nos compreendemos; teu será o dinheiro e meu o poder... Therèse será tua mulher; Auguste, seu pai, não voltará a casar... Eu te desembaraçarei de Virginie, meu rapaz; deverás ter uma gorda cota na nossa caixa infernal.

Julien ia protestar seu reconhecimento e devoção.

— É inútil, vejo teu pensamento, Laverdette; és nosso e os laços de nossa estima se farão mais estreitos para o futuro.

— Eu acho — observou aqui o Ardol mais velho — que Virginie, baixa como sujeito de experimentação astral, não é mais um espírito volante bastante lúcido;[2] seus sentidos não

[2] Chamam-se espíritos volantes as personalidades que se podem exteriorizar e ir, muito facilmente, aonde os magos negros desejam mandá-los, para obter algum ensino ou agir em seu lugar.

estão suficientemente dominados, não obstante a sua idade; é necessário procurarmos outra mais jovem. Ninguém se atreveu ainda com a *Falena*. Trataremos de lhe fornecer um novo corpo... E Mamette, tu te esqueces do alto ponto de perfeição a que a levaste?

— Não, meu irmão.

Joel ficou triste.

— Sim, abusei de meu poder sobre ela e o instrumento ficou deteriorado... Não pensemos mais nisso... Além de tudo, ela nos é estranha no tocante ao espírito e se ela se tornou tua mulher, Isaias, não foi por minha culpa; não se casa mal quem é da raça dos infernais; Mamette era de semente angelical...

— Depois de nos termos servido dela, era forçoso perdê-la!

— E, principalmente, perdê-la de vista!

E Joel sorriu desdenhosamente.

Isaias dissera, desde há muito tempo, a mesma coisa; porém, menos cruel que seu irmão, ele tinha para Mamette — tornada idiota pela ação dominante que o seu cunhado exercia sobre ela, nas experiências de desdobramento prático — uma piedade indiferente. O que ele queria, finalmente, era que o público não se ocupasse, de nenhum modo, com a sua pessoa. Joel lhe havia muitas vezes insinuado livrar-se dela, porém, repugnava-lhe este ato monstruoso.

— Eu sei que existe em T., na rua Vignobles — disse o Ardol mais velho — um grupo espiritista que possui vários sensitivos; uma rapariga, sobretudo, é notavelmente dotada. Refiro-me à pequena Françoise Moutet. Julien, encarrego-te de conquistar esta jovem que, como dizem, é lindíssima. Tu serás recompensado! Quero pôr Virginie de lado, pois sua lucidez declina.

Neste momento, alguma coisa rolou da chaminé da lareira com um ruído de folhas secas agitadas como por um vento impetuoso e Sardella, precipitadamente, baixou, reduzida em sua dimensão de hipocampo, sobre o peito da Pichon.

O corpo desta agitou-se e sua face imediatamente se transformou.

Joel fez alguns passes e a calma se restabeleceu.

— Dorme, pois tu não te lembrarás do que vais dizer... Fala, minha bela gorducha! — ordenou o mestre, fazendo um novo passe e desatando, assim, a garganta e a língua de Virginie.

A este chamado hipocritamente acariciador, Virginie abriu os olhos, ainda que continuasse a dormir sob a ação do magnetismo e, enrolando-se como uma bola, veio agarrar-se às pernas de Joel; este, dando-lhe um vigoroso pontapé, a fez rolar dois metros longe de si.

— Esqueceste, Sardella, que a Pichon não tem mais 20 anos... Vamos, nada de loucuras; fala rapidamente.

Grossas lágrimas rolaram sobre as faces de Virginie. Os seus esclarecimentos foram vagos:

— Lusard d'Escardeck está de volta desde ontem — começou ela. — Thérèse adora Julien. Junto dela estava uma dama branca que se ocultou ao aproximar-me... depois, cegaram-me. Eu sofri muito... sem dúvida, a Falena devia acompanhar-me... vi também Robert Dosset e Henri Montzag... não sei mais nada... Robert está morto, creio, ou então está em saída astral, como tu mesmo estás muitas vezes, mestre Joel... Auguste pensa bem de Virginie. Ele não se casará mais... eu amo Julien; lhe serei muito dedicada... amo-te também. Joel... oh, não, não me rejeites...

Ardol, levantando-se ameaçador, bradou:

— É uma imbecil! Não vale nada! Quando eu tiver Françoise, mandarei às favas esta Pichon! No entanto, para termos paz — ordenou ele a Isaias — evita um encontro com Pipert.

E soprando a fronte da sua paciente, despertou-a, dizendo-lhe:

— Agradecido, senhora Pichon. Pode retirar-se. Amanhã, se puder, volte aqui. Meu irmão lhe transmitirá as minhas ordens para o mês.

Eu tinha pressa de sair da caixa e de me afastar logo de tão odiosas personagens.

— Espera — disse-me Henri. — Sejamos prudentes: avisado, Ardol poderia ferir-nos.

— Ferir-nos em corpo astral? — perguntei, mentalmente admirado.

— Certamente — respondeu meu amigo — e talvez eu tenha ocasião de te provar esta possibilidade!

Joel chamou Tadeu que havia cochilado na farmácia.

— Dize ao Baron (era o carregador) que sele a Roska. Quero partir o mais cedo possível. Amanhã, ao raiar do dia, tenho de conferenciar com um de nossos irmãos, o mais influente de Paris, o presidente da Mandrágora. Uma palavra ainda: compramos um título de visconde romano para o dr. Tripart. Este nome soa mal; ele se chamará, de hoje em diante, Tripart de Boisjoly. Ele é precioso para a nossa ordem; trataremos mais tarde de o fazer trabalhar para nós, em um meio mais vasto do que a cidade de T. Este grande galhardo deixou, como nós outros, sua consciência na rouparia, antes de retomar um novo corpo... Nada o detém, como ele nos diz... Muito bem, mais cedo, ou mais tarde, eu verei a ocasião, podeis contar com ele... Procura imitá-lo, Laverdette... Adeus, meus filhos, e que Satã vos tenha com saúde!

Logo que o gabinete ficou vazio, tratamos de escapar, porque elementais de formas diversas e de expressão má sentiam a nossa presença. Henri os dispersou com uma forte descarga elétrica que emanou de sua forma. Ao menos, foi o que me pareceu.

— Cuidaremos de Françoise — disse-me ele — para a livrar destes monstros; para isto, iremos, uma destas noites, a uma sessão espírita, na rua Vignobles.

— Causou-me surpresa saber que há espíritas em T.

— Muito mais do que julgas, meu caro Robert. Porém, em geral, eles evitam tornar conhecidas as suas reuniões, porque a malevolência, neste lugar, é grande. Muitos destes espíritas pertencem à classe média da população: empresários, lojistas, mercadores, farmacêuticos, comerciantes diversos, etc. Todavia, há em T. algumas perssoas independentes, que fazem um estudo sério e científico do espiritualismo; conheces uma destas, Robert!

— Eu? Não, não, de modo algum.

— Sei que ignoras ainda que a tua prima Clairville está muito adiantada nestas questões; que ela é mesmo uma médium transcendente; que aborda até os mais árduos problemas desta grande ciência oculta, em que tu serás mestre, tenho certeza.

— O quê! Minha prima se ocupa de ocultismo? Isso será para mim uma felicidade, porque poderei entender-me com ela, cujo espírito tão fino...

— Calma! Não vás tão depressa... Tenho muito a te contar dela! Oh, não temas nada, não terás nenhuma desilusão a respeito da senhorita Clairville, pois sua alma tem a transparência do cristal. Ela é tão pura quanto boa; é o contrário das pessoas que acabamos de deixar.

Respirei aliviado. Eu sempre tinha amado e estimado a minha prima e teria sido o mais infeliz dos homens se viesse a mudar a opinião que fazia de seu caráter.

— Amanhã, Robert, espera-me em tua casa. Lá irei procurar-te. Não te esqueças jamais de elevar tua alma a Deus. Ora com fervor, a fim de que possamos cercar-nos de fluídos superiores!

Foram estas as últimas palavras de Henri, depois das quais nos separamos.

Treze

Recolhi-me mais cedo do que de costume ao meu quarto, deixando minha mãe e Mina que, com Ludwig, jogavam o *Whist*. Meu pai lia, tranquilamente, sentado à mesa de mármore, as obras que ele tirava da minha biblioteca de ocultismo. Minha mãe, amorosa que era, já não lhe fazia observações a este respeito; observava, com sua franqueza de sempre, que seu marido se tornara mais amável e benevolente, depois de ter bebido desta fonte de perdição, conforme a Igreja chamava a esses livros e revistas diabólicas, que a Santa Sé colocara no índex.

Sob pretexto de um leve cansaço, eu havia me desculpado com meu jovem amigo. Desejei, intensamente, me desprender, para conversar e viajar com Henri.

Logo que me deitei e fiz meus preparativos habituais, projetei meu corpo astral fora do material. Logo vi Henri sentado sobre o sofá, pernas cruzadas, e em atitude de quem escuta.

— Estás presente, meu irmão? Foi teu pensamento que me chamou antes da hora à nossa reunião?

— Sim, Robert; vou conversar contigo alguns instantes antes de começar a nossa excursão. Esta noite nós iremos à casa do doutor Marmon. Despertaremos suas recordações. Lerás, correntemente, o seu destino que foi o de um homem honesto, exposto às vicissitudes da vida, no fim do século, da Kali Yuga (idade negra), onde o mal dominava e abafava as consciências, que ainda não estão restabelecidas. Depois, veremos Françoise, a médium; analisaremos seu estado d'alma, a fim de a proteger com eficácia contra a investida dos infernais, cujo instrumento deve ser Julien.

Eu já conheci um dos seus protetores invisíveis, seu tio e padrinho Françoise Delort, um bravo alferes, morto em Tonquim, corajosamente.

Despojado antes do tempo de seu corpo, não tendo podido, consequentemente, utilizar na Terra a força vital que a sua individualidade tinha armazenado para sua nova encarnação, ele acaba de purgar o Carma no *Kâma-Loka*,[1] para terminar a obra interrompida pela morte física. Dotado de coragem e de uma inteligência média, achou no astral amigos e parentes de existências anteriores, bem como o meio de se instruir na verdadeira ciência, a dos segredos da natureza. Ele estuda os fluidos, sua formação, seu poder e seu uso na felicidade dos terrenos. No espaço de 30 ou 40 anos, provavelmente, voltará à Terra, onde planeja combater os partidários da guerra ímpia entre os homens e consagrar sua vida ao exercício das ideias socialistas, sabiamente purificadas das utopias anti-religiosas, que lhes causam uma total rejeição das inteligências pouco desenvolvidas.

— Interesso-me por teu jovem herói. Estou certo que ele acabará com os perigos que os infernais tramam contra a sua afilhada.

— Nossos esforços devem juntar-se aos dele. Não podes imaginar quantos são os tremendos êxitos que o mal vai ganhando no grande jogo das batalhas humanas!

Neste momento, Henri parou e ficou escutando.

— Delort previne-me magneticamente de que Julien conseguiu encontrar Françoise e que a pobrezinha recebeu em pleno coração o seu olhar fascinante. Amanhã haverá sessão à rua Vignobles n° 12, em casa dos Barrais, bons espíritas e bastante convictos.

— Lá estaremos — respondeu Montzag.

E meu amigo levantou-se como para sair.

---

[1] *Kâma-loka* — O plano semimaterial (plano astral), subjetivo e invisível para nós, onde as "personalidades" desencarnadas, as formas astrais, chamadas *Kâma-rûpa* (forma de desejos), permanecem até se desvanecerem totalmente, graças ao completo esgotamento dos efeitos dos impulsos mentais, que criaram estes *eidolons* das paixões e desejos humanos e animais. É a região ou mansão dos desejos, a esfera anímica da Terra. É o limbo ou purgatório dos católicos, o Hades dos gregos antigos e o Amenti dos egípcios. — Helena P. Blavatsky, *Glossário Teosófico*. São Paulo, Editora Groung, 2000, p. 279.
Pode-se afirmar também, tratar-se do Umbral dos espíritas.

— Quero te fazer uma pergunta que me esforço por conter nos lábios.

Henri sentou-se outra vez e respondeu:

— Vou respondê-la tão brevemente quanto possível. Há nomes que devemos pronunciar poucas vezes, personagens cuja única recordação evoca fluidos malignos... Desejas saber quem é este Pipert de que falou Joel? É o famoso Marquês de Sade, que voltou, depois da sua desencarnação, à sua família legítima — "os infernais".

É do local que habita o maldito com sua legião que ele emergiu sobre a superfície do globo, como esses cogumelos repulsivos que infectam o ar com os seus odores pestilentos.

O mensageiro do inimigo do gênero humano desempenhou com liberdade a sua missão; a perversidade que ele narrou em suas obras sinistras causa sempre novos ares venenosos que, sucessivamente, vão respirando as novas gerações de nosso globo civilizado.

— Também, —acrescentou Henri, levantando a mão direita como para lançar uma maldição — caia a infelicidade sobre o editor, o vendedor e o comprador destas pestilentas obras, pelas quais tantas almas têm perdido a noção do bem! Infelizes os que, tendo em mãos os livros deste infame sedutor, não os lançam imediatamente no fogo purificador!... Graças ao céu, nós (eu e tu) não lemos estas produções das baixas esferas, porém, sua fama chegou até nós e temos a nossa alma bem alta para que não respire esta podridão! Descido aos infernos, Pipert exerce sua energia em várias vias... Aqueles que trabalham com ele e ouvem a sua conversa, são por ele ou por seus companheiros atraídos às suas moradas e os efeitos de sua passagem são desastres... Vamos, Robert, e que o nome desta odiosa personalidade nunca jamais suje meus lábios por pronunciá-lo uma única vez!

Assim dizendo, atravessamos rapidamente o espaço que nos separava da casa do doutor Marmon: o nosso velho amigo estava em seu gabinete; chegara há pouco, vindo da casa de Fontaine e pensava em Therèse, que encontrara melhor.

O doutor parecia procurar a verdadeira razão dos incidentes ocorridos em casa de Auguste que, como velho amigo, lhe contara a aventura do pavilhão.

Viagem Astral

"A fisionomia da camareira me desagradou", pensava ele. "É ela que deve ter a chave do mistério. Se alguém pudesse impor esta opinião a Fontaine, lhe prestaria um favor..."

E o doutor sentou-se, pesadamente, numa cadeira. Henri acabava, por algumas palavras impressas em sua *aura*, de mudar o rumo das meditações do doutor. Marmon passou a mão branca e carnuda pela sua grande fronte alongada por uma calvície avançada. Seu crânio, em parte desprovido de cabelos, permitia um estudo intelectual interessante; todas as saliências que anunciavam a expansão das faculdades intelectuais e afetivas estavam perfeitamente acessíveis; o caráter do doutor não estava à altura de sua inteligência e sua carreira tinha sido, várias vezes, entravada por uma falta de energia que enfraquece a alma nos dias mais penosos.

Nascido em uma família rica do Sul, ele tinha recebido uma instrução apurada; fizera uma parte de seus estudos médicos em Montpellier e o resto em Paris. Nessa época, no momento em que ia fazer seus exames para o doutorado, todos as desgraças o atingiram ao mesmo tempo; a morte do pai foi seguida de uma ruína completa. A mãe ficara viúva e carregada de filhos, todos ainda mais moços do que ele. O seu regresso forçado à cidade natal, as preocupações e os cuidados até ali desconhecidos, a aprendizagem tão penosa da estrita economia para aqueles que tinham nascido e vivido na abundância, anos de luta com a necessidade de ganhar a sua vida e a dos seus, tudo isso lhe abateu o ânimo. O talento real e a atividade do jovem doutor o fizeram apreciado por um colega idoso e já famoso que o tomou por seu auxiliar.

Seus irmãos já mais crescidos prestam, por sua vez, seus socorros à família e tornam sua carga mais suave. Mais tarde casa-se com a filha do seu benfeitor e amigo, a senhorita Serafina Monti, beata, caráter firme e teimoso. Tendo perdido a mãe, ela não tinha mais suportado nenhum domínio. Tendo o espírito ocupado com insignificâncias e infantilidades, não compreendeu jamais ao pobre Marmon; sua figura era sem expressão; refletia sua alma sem amor e seu espírito sem facetas. Por pouco tempo, foi uma honesta, mas desagradável companheira, sempre pronta a lembrar ao marido que ela era quem lhe tinha trazido a fortuna e a sua posição! Não tinha filhos que lhe alegrassem o lar e, se os tivesse, o doutor os adoraria...

Teve um amor sincero, apenas esboçado, a uma jovem tísica, de alma vibrante e luminosa; travou combate com a morte para a reter neste mundo. Depois o luto profundo do coração, o único real... As lágrimas molharam os olhos de Marmon.

"Ah, se eu a revisse depois da morte, seria profundamente recompensado do pouco bem que fiz neste mundo!... Fiz eu algum bem? Vejamos..."

E, numa rápida visão retrospectiva, o doutor pareceu satisfeito.

— Sim, disse ele a meia voz. Fiz o que pude, mas impedi que se realizasse o mal? Contive os maus, cuja mão criminosa surpreendi? E alguns dos meus colegas que vi participar de crimes, fiz mal em poupá-los e guardar um silêncio prudente, em prol da minha tranquilidade e da minha segurança? Havia, muitas vezes, poderosos de todas as classes que os empregavam... Oh, não! Eu fraquejei egoisticamente, vilmente; deixei que fizessem... Lutei tanto em minha mocidade, que fechei os olhos... Ah! Faltou-me a coragem; sou culpado!

O doutor levantou-se, mas recaiu sobre uma cadeira, dizendo com um suspiro:

— Seria meu dever desmascarar este ignóbil Tripart, este instrumento não sei de que mão criminosa... Estes casos de loucura súbita... Estas doenças de medula espinhal sem causa, que faziam de uma pessoa de costumes honestos e de procedimento louvável, um idiota, um perdido, incapaz de administrar os seus negócios... Há também um homem sobre o qual caem as minhas desconfianças e que todo o mundo tem por um perfeito e honesto cidadão, o senhor Ardol, o farmacêutico... Se eu fizesse uma só referência maldosa à sua pessoa, o mundo todo me apedrejaria... Ah, é triste saber e não ter a coragem de falar!

O doutor Marmon pensou em sua mulher morta, há dez anos, e que não lhe deixara saudades, pois lhe fizera passar longos dias de desgosto, de recriminações e absurdas censuras; era mulher e filha de doutor e estupidamente ciumenta das intimidades forçadas de seu marido com a sua clientela;

certamente ele não tinha senão pouquíssimas vezes aproveitado ocasiões, tão numerosas, para lhe ser infiel.

Quanto à jovem tísica, essa só lhe tinha posto o coração em jogo...

"Não sei o que eu teria feito, se o querido anjo recuperasse a saúde! Estou só, velho e sem filhos; e dou-me por feliz em ter ao meu lado, para cuidar de mim, a senhora Bazin, a boa criatura fiel e dedicada, ainda que dominadora, é verdade, mas, quando passa um dia sem rabugices, o que é raríssimo, sinto que me falta alguma coisa, tão habituado estou a vê-la irritada por nada, ir e vir reclamando não poder estar ao mesmo tempo na cozinha e na recepção para atendermos clientes; nunca compreendeu que a criada deve ser vigilante... Sim, esta boa senhora Bazin, não a esquecerei em meu testamento... Quero também deixar recordações a vários amigos meus; aos jovens, sobretudo... Dosset e Montzag; estes queridos rapazes que vi nascer e sondei a respeito de suas preferências sobre os objetos de arte que amam neste gabinete".

E, dizendo isto, olhou em torno de si com atenção.

Eu e Henri apertamo-nos as mãos. Bom doutor, como a amizade que nos tem é sincera!

Façamos votos para que ache logo o puro amor que lhe iluminou a existência e para que, antes de deixar este mundo, tenha a coragem de desmascarar a infâmia, ainda que lhe possa causar inimigos.

E deixamos Marmon que, já de pé e com a lamparina na mão, se dispunha a deitar-se.

Quatorze

Percorremos lentamente, como observadores atentos, as ruas mais frequentadas nesta hora da noite. Henri não deixava escapar nenhuma ocasião para me instruir.

Caminhava diante de nós um homem idoso, muito depressa e preocupado. O velho, pisando sobre uma casca de laranja que se achava na calçada, ia cair com risco de abrir a cabeça, se Henri, estendendo-lhe a mão fluídica, não o ajudasse a firmar-se depois de duas ou três cambaleadas. Enfim, equilibrou-se de novo.

Reconheci o *père* Loiseau, cocheiro de nosso quarteirão. Duas pessoas, ao mesmo tempo, perto dele, vieram para socorrê-lo e foram testemunhas desta extraordinária oscilação que o salvara de uma queda iminente e terrível.

— É verdadeiramente miraculoso, *père* Loiseau, não ter fraturado a cabeça! Diacho, ainda tem força para a sua idade!

— Não o teria jamais acreditado! — observou o velho. — Vejam, senhores, é a Santa Virgem quem me protegeu. Voltava de buscar um remédio para a minha pobre velha que está a sufocar de asma. Agradecido, meus bons senhores.

E o velho continuou o seu caminho; nós o seguimos.

Henri murmurou-lhe ao ouvido:

— *Père* Loiseau, em sua idade, precisa olhar com atenção por onde anda.

O velho ouviu e, automaticamente, repetiu em alta voz, sem explicar por que, a mesma frase, e isto duas ou três vezes, com prazer, crendo que era ele mesmo quem a formulava.

Chegamos antes que o *père* Loiseau à sua casa e achamos a sua mulher sentada no leito e sufocada, roxa, enfim, em um estado que movia à piedade.

Henri, depois de ter levantado os olhos ao céu em uma fervorosa prece, disse-me:

— Eu posso retardar o instante fatal; há possibilidade de atenuar a crise. Os espíritos negros que são atraídos sempre pelo desenlace final — a morte física — já estão aí prontos a cobrir o cadáver, caindo sobre ele em colunas cerradas... Eu, porém, não via nada!

— Olha bem — disse-me Henri. — Estão grudados ao teto e às paredes.

Depois de alguns segundos de atenção muito intensa, pude perceber uma grande quantidade de seres minúsculos, semelhantes aos *taons* que atacam, principalmente, os cavalos, porém, mais carregados do que essas pardas moscas de patas longas e velozes. Tive um grande mal-estar, assim como um sentimento de terror, vendo a multiplicação desses seres imundos atraídos pela isca da morte.

Henri colocou as mãos sobre o peito da pobre senhora, seus lábios pronunciaram palavras que eu não compreendia; enfim, a paciente soltou um suspiro de alívio e se moveu sobre o travesseiro.

Loiseau acabava de entrar ofegante.

— Ah, meu amigo, eu acreditava que não ia te ver mais... Já estava perdendo a consciência, sentindo-me quase morta, quando dois anjos do bom Deus se aproximaram de mim. Eu não os via, mas o mais claro tocou-me o peito. Aqui, disse a boa mulher apontando o lugar, senti um grande calor e desapareceu a sufocação como por encanto. Ah, meu pobre velho, meu pobre Loiseau, como Deus é bom! Vê, quando nos portamos honestamente, atraímos sempre boas companhias.

E, abraçados, os dois esposos choraram.

— Minha querida — disse Loiseau — eu sou sempre protegido pela Santa Virgem...

E contou o acidente do qual tinha escapado.

— Vamos, minha amada, queres tomar o remédio que te trago?

— Não — respondeu a mulher. — Quando há intervenção do céu, nada mais é preciso. Deita-te, meu velho, e que Deus e os santos anjos sejam benditos!

A volta inesperada à vida pusera em fuga a negra corte

dos elementais, bebedores do fluído deletério.

— Como são horríveis — eu disse — essas fúnebres criações astrais que povoam as câmaras mortuárias!

— Quase todas as câmaras mortuárias se enchem de tais seres, porém, os espíritos dos bons não os vêem, por estarem rodeado de entidades protetoras e pela presença dos "anjos da última hora", como lhes chamam pela santa missão que desempenham. De resto, meu caro Robert, há um grande número de mortes diferentes; a Cabala conta novecentas; cada uma delas tem uma característica própria.

— Mas a *mère* Loiseau me parece uma boa alma — argumentei. — Então, por que esta quantidade de elementais?

— Não são esses os piores, pois ficam afastados, à espera do desenlace fatal, para caírem esfomeados sobre o cadáver. Eles não são mais culpáveis nisto do que as moscas verdes, quando, para seu alimento, procuram os restos podres.

Quinze

Em poucos minutos, estávamos em frente da casa de Françoise Moutet. Seu padrinho veio ao nosso encontro.

— Agradecido, senhores, de virem em auxílio de minha cara sobrinha; ela está verdadeiramente em perigo. Este Laverdette é um conquistador de primeira ordem; o seu porte e olhar o fazem de imã aos olhos de uma mocinha tal como Françoise. A jovem, como eu vos disse, foi telepática e fluidicamente fisgada pelo vadio Laverdette; ela imagina ter fisgado esse famoso janota que tem feito as moças mais sérias praticarem verdadeiras loucuras! Conto com o senhor, senhor de Montzag, e com o senhor também, príncipe de Lymac!

Eu olhei para todos os lados para ver esta nova personagem, mas Henri, pondo-se a rir, disse-me:

— Não o procures... Tu és esse príncipe, meu caro Robert. Delort te reconhece, ele é um dos teus conhecidos dos tempos passados, cuja recordação foi apagada pela tua presente encarnação.

— Sim — confirmou Delort — o senhor de Lymac quebrou comigo mais de uma lança; mas isto há muito tempo... Foi na Flandres Francesa... Tivemos muitas desavenças, mas tudo foi esquecido. Agora, encontro novamente o meu príncipe!

Ri gostosamente da recordação que havia, para dizer a verdade, esquecido completamente.

Estendi a mão a Delort, prometendo-lhe cooperar ao lado de Henri para salvar a moça em perigo.

Delort desapareceu: sem dúvida uma força maior o atraiu!

Eu e Henri penetramos no interior da casa; era uma sala modesta, onde o sr. Moutet, um velho escrivão, se encontrava com a filha. Acabava de pôr seu jornal sobre a mesa, perto da qual estava Françoise, uma adorável moça de dezesseis anos, cabelos louros, porte gracioso, em toda a formosura e frescura da sua idade primaveril; bordava uma capa de vestido de algodão vermelho.

O escrivão colocou os óculos na testa, como tinha por hábito fazer, quando acabava de ler ou escrever e, dirigindo-se à filha, disse-lhe:

— Minha filha, é hora de te deitares; sabe que amanhã, à noite, há uma sessão em casa dos Barrais. Lá te esperam. Tu és nosso melhor médium. Convém que repouses bem.

— Ainda um minuto, meu pai, eu queria dar um último ponto nesta capa...

A moça achava este pretexto para o relógio marcar onze horas. Repentinamente, um passo se fez ouvir na rua deserta... Françoise tremeu ligeiramente, pois acabava de reconhecer os passos de Laverdette.

De fato, este caminhava rapidamente e parou diante da janela, apoiando as mãos em suas portas, como se as quisesse magnetizar.

— Bem, bem! — disse o pai. — Já estás a dormir! Tive razão quando, há pouco, te mandei que fosses para o leito...

O escrivão abraçou a filha e deu-lhe um beijo paterno. Ambos se dirigiram para os respectivos aposentos.

Embora Laverdette não tivesse visto nada, tinha a intuição ou, melhor, a sensação do efeito produzido e sorriu maquiavelicamente. Alisando o bigode, disse a si mesmo:

— Em breve, sairei vitorioso. E, realmente, é gentil a filha do escrivão... Ah, se a tola da Thérèse tivesse esse lindo aspecto e, sobretudo, esta rara faculdade de espírito volante,[1] seria para mim uma fortuna. Enfim, contentemo-nos com o que ela me trará em dote... Este seria respeitável, principalmente, se Tripart passasse a perna ao honesto Marmon e chegasse a abrandar o bom Auguste, de modo a me constituir soberano senhor do dinheiro. Então a fortuna me viria como em uma roleta, e eu partiria para Paris. Ali, eu teria um campo suficientemente vasto para o emprego de minha atividade. Auxiliado pelos irmãos da "Mandrágora" e inspirado ocultamente pelos espíritos infernais, eu podia ter tudo.

[1] Refere-se ao desprendimento de espírito.

Neste momento, Julien Laverdette, cantarolando uma ária, pôs-se a caminhar.

Eu quis continuar a ler neste ser desprezível. Ele seguiu, monologando:

— Eu quisera que Françoise tomasse o lugar de Therèse; mas aquela que completaria a minha felicidade como uma companheira séria, é uma pessoa muito distinta que, certamente, não pensa em mim como eu penso nela.

E eu tremi de horror, vendo fixar-se no cérebro de Julien a pura imagem de minha irmã Mina!

Esquecido da minha forma astral, isto é, invisível, e de que o ato de Julien era apenas um pensamento, desferi-lhe um soco...

Não ouvi nenhum estalo e, contudo, Laverdette deu um grito surdo e levou incontinente a mão à face ferida por mim.

Disse-me Henri:

— Fizeste mal. Feriste-o rudemente; deste-lhe uma descarga elétrica no queixo, onde há muitos dentes cariados, o que seguramente, lhe causará uma dor agudíssima... O atrevido não merece piedade, mas, como tua irmã não está em perigo pelo pensamento deste homem, não deverias feri-lo na sombra.

— Reconheço que agi sem pensar — respondi — e saberei conter-me em igual ocasião.

— Deixemo-nos, agora — disse meu amigo. — É necessário que me afaste de T., e tu, meu caro Robert, volta a teu lar... Amanhã, às 9 horas, na rua Vignobles n° 12.

— Ainda uma palavra, caro amigo...

— Já sei o que me queres perguntar... A resposta seria muito demorada; contenta-te em saber que a mãe de Therèse foi realmente a vítima de Pichon. Esta lhe deu um veneno que lhe provocou um derrame cerebral, em virtude do qual não resistiu a pobre senhora. Este veneno produziu-lhe um efeito tão violento que a senhora Fontaine foi cada vez mais mirrando e enfraquecendo.

— Ah, que mulher infame esta Virginie!

— Adeus, até amanhã. Estamos combinados.

Dezeseis

Durante o dia, procurei um motivo aceitável para deixar minha família, logo após o jantar, que, de costume, se prolongava até oito horas.

Minha mãe e Mina adiantaram-se, dizendo que tinham sido convidadas para ouvir, à noite, no camarote dos Montzag, a Cossira e Martinguy no "Lohengrin", de Wagner.

— Tu e Ludwig ficarão em duas cadeiras de orquestra — disse-me logo Mina. — Nos intervalos, me levarás sorvetes, meu irmão, pois os aprecio muito, principalmente no teatro e quando feitos por um hábil sorveteiro. Não te esqueças de Pauline que também gosta muito.

Achava-me impossibilitado de responder não à minha querida Mina, pois ela apelava para a minha gentileza a que tanto estava habituada. Era esta a minha situação no momento. Olhei, ansioso, para meu pai que se aproximara de nós.

— Sou eu quem substituirá Robert esta noite, minha filha; teu irmão tem, esta noite, uma série de experiências psicológicas de grande importância. Penso que é essencial que ele não as deixe para depois.

Olhei agradecido para meu pai e fiquei feliz por haver tão perfeitamente compreendido.

Minha irmã, com ar risonho, murmurou ao meu ouvido:

— Não creio no motivo alegado por nosso pai; representam ambos; mas eu ponho em dúvida alguma coisa, *Monsieur sorcier*.[1]

— Oh, que palavra indigna, *Mademoiselle*.

— Tu preferes *Monsieur le mage*[2] ou *Sir* te irá talvez melhor...

---
[1] Senhor feiticeiro.
[2] Senhor mago.

— Eu não mereço nenhum desses títulos, irmãzinha malévola — respondi um pouco envergonhado. — Aplica-se fácil e indistintamente este nome simbólico mago, que não deveria ser dado senão aos verdadeiros iniciados, àqueles que realmente possuem o poder, e são raros, raríssimos hoje em dia. Dá-se também este nome aos estudantes de ocultismo, simples aspirantes à ciência esotérica.

— E tu, Robert, és um destes aspirantes? — perguntou Mina, muito séria.

— Sim! — respondi, olhando-a fixamente e procurando ler, como no desprendimento, seu pensamento.

Como eu continuasse a olhá-la, Mina delicadamente mostrou-me o seu pensamento e eu li em seu espírito:

"Meu caro Robert, espero que me queiras aceitar um dia por discípula; sinto-me atraída para esses vastos horizontes do pensamento. Eu quisera conhecer o significado de vários enigmas que entravam minhas pequenas investigações".

Abracei-a ternamente: sua bela alma possui maiores riquezas que a ciência, tendo a pureza e caridade, duas asas de anjo, que se elevam à plenitude da sabedoria.

Por sua vez, minha irmã aprofundava o seu olhar no meu, verificando que eu era sincero no que poderia passar por lisonjeador em um estranho.

— Irmão, um dia recorrerei ao teu saber...

E ela foi para junto de minha mãe que já estava se vestindo para ir à ópera.

Depois da saída de minha família para o teatro, entrei em meu quarto. Sentia-me feliz por já não ter que inventar motivos para explicar a minha ausência aqui ou ali, enquanto durassem nossas excursões noturnas. Todos haviam me compreendido, sem mais explicações, sinal inegável de verdadeiro afeto e ternura.

Alguns minutos depois, assim que me deitei e dormi, encontrei-me com Henri, na rua Vignobles nº 12, esperando-me diante da casa dos Barrais.

— Privei-te de umas horas agradáveis na ópera e particularmente a Ludwig, da reunião desta noite; ele esperava tua companhia para ir, nos intervalos, conversar com tua irmã.

Henri acentuou fortemente esta última palavra. Eu olhava-o ensaiando com ele minha leitura de pensamento, que já fazia progressos. Mas enganei-me, porque Henri o percebeu depressa.

— Escuta — disse ele — a leitura de pensamento, embora difícil, não encontra empecilhos nas pessoas bem desenvolvidas, que exercem esta potência interna que pode ser diversificada e aplicada para todos os usos pelo iniciado completamente desenvolvido; mas, se este não conseguir dissimular aos olhos indiscretos ou maldosos os meios de ação de seu poder, assim como sua extensão, seria irritante e nula; teria que lamentar muitas vezes a sua posse (a posse deste poder) e não poderia empregá-lo senão em circunstâncias muito especiais.

O anel de *Giges* é o símbolo deste poder indispensável que possui o Adepto de se resguardar das curiosidades inoportunas dos seres secundários, como das armadilhas dos "iniciados do abismo", dos "irmãos da sombra", que possuem a ciência em sua totalidade, e têm o direito e o poder de se servirem dela em todos os planos da natureza manifestada. Eu escondi de propósito o meu pensamento, Robert; agora podes ler.

Eu vi que não tinha me enganado, presumindo o sentimento de Ludwig por Mina. Em um segundo, soube que o seu casamento era preparado pelos antepassados; que o pai de Henri solicitava tornar-se meu sobrinho. Fiquei muito feliz.

E o meu amigo acrescentou:

— Ludwig é mais moço do que tua irmã três anos, mas isso não será um obstáculo; ele adora Mina e meu pai ficará feliz por voltar à existência terrestre no seio de uma criatura que possui, além da pureza do sangue, uma virtude real, uma alma tão perfeitamente honesta, que nenhum pensamento impuro se abrigaria, um só instante, em sua leal personalidade...

Chorando, abracei o irmão de minha alma, bendizendo a Providência pela felicidade que iam desfrutar as nossas famílias por esta união.

Jurei ser para Montzag, meu futuro sobrinho, o tio mais terno e interessado, para lhe tornar a vida mais agradável na Terra; pensava em revelar-lhe em boa hora as verdades ocultas, assim como as experiências, frutos de meus esforços constantes.

De mãos dadas, entramos em casa dos Barrais e penetramos na sala de jantar, preparada para a circunstância.

Muitas pessoas se encontravam ali reunidas; falava-se das experiências que prometia a sessão e cada qual imaginava-se favorecido *in petto* com a comunicação de um ente querido. Dois médiuns eram ainda esperados. Já se havia instalado à cabeceira da mesa o presidente Fusier, escritor espírita, jovem e inteligente, porém, um exclusivista ferrenho na maneira de explicar as manifestações dos espíritos e um fanático por Allan Kardec, único e preferido mestre (segundo o seu juízo) que veio ao mundo e cujas obras estão longe de fechar a porta aos verdadeiros adeptos das outras doutrinas. Ao lado do presidente, se achavam outros senhores, impacientes por causa da demora dos dois médiuns.

— Aí estão! — exclamou de repente a senhora Barrais, dona da casa.

Seu marido foi rapidamente receber os retardatários:

— Boa noite, senhor Moutet; boa noite, Françoise. Ah, eis a senhora Chapitout... Dói muito sua perna, por isso está mancando?

Esta última deixou-se cair, ou melhor, arriou-se sobre uma cadeira.

— Creio — disse ela — que os maus espíritos estão no meu encalce; há uma hora que eu pretendia vir, pois não queria ser a última. Mas, aconteceram várias contrariedades e dissabores. Deixei cair uma garrafa de vinho que havia me esquecido de fechar e isto nunca me aconteceu; o vinho entornou-se todo sobre meu vestido... Fui obrigada a mudar de roupa. Subo depressa ao meu quarto, a vela se apaga; entro tateando os móveis para ver se achava os fósforos e, esbarrando no armário, caiu-me das mãos o castiçal de porcelana e se fez em pedaços... Forçada a descer e apressando-me para chegar, senti-me tomada de uma força oculta, que me fazendo escorregar sobre a calçada, me atirou fora dela...

E a gorda senhora, levando um lenço à testa para a enxugar, acrescentou:

— Eu não sei o que há no ar, em torno de mim...

— Vamos, meus irmãos e minhas irmãs — ordenou o presidente. — Reparemos o tempo perdido. Tomem seus lugares e invoquemos os nossos guias para que afastem de nós os espíritos maus e brincalhões.

Colocados dissimuladamente, eu e Henri observamos a reunião e seria um curioso estudo escrevermos aqui as nossas apreciações; mas eu o farei em outra ocasião.

Henri me assegurou que eu estava em um meio homogêneo; que todos os presentes se recomendavam em graus diversos para a sincera união da doutrina dos espíritos, bem como pelo estado da sua moralidade, incontestavelmente superior à da maioria de nossos concidadãos.

Terminada as preces, esperaram em recolhimento.

Françoise, um pouco pálida, foi a primeira que os espíritos tomaram; sua linda cabeça inclinou-se para trás. Todos os olhares se pousaram nela. O escrivão, seu pai, porém, a olhava com preocupação, porque, achando sua filha um pouco mudada, temia para ela o efeito do transe.

Passaram dois ou três minutos. Durante este tempo, vi o padrinho de Françoise fazer-lhe dois passes magnéticos muito rápidos, dos pés ao estômago; depois, da cabeça até o mesmo centro nervoso; enfim, distante de seu corpo cerca de um metro, e comodamente sentado sobre uma cadeira, chamou-a docemente pelo nome. Em seguida, uma nuvem branca elevou-se acima de seu corpo. Em alguns segundos, o corpo espiritual de Françoise ficou desprendido e a jovem parecia dormir neste novo estado.

O padrinho pegou-a pela mão e ambos se elevaram aos ares com uma velocidade extraordinária. Ordenou-me Henri que me esforçasse por seguir, com os olhos, do lugar onde estávamos, o seu vôo rápido. Quase me atirei, inconscientemente, pelo único efeito de meu intenso desejo, a um estado de alma ainda mais sutil que do simples desprendimento corporal, que eu já executava com facilidade. Cheguei a encontrar-me em um segundo envoltório extremamente tênue, cujo poder de tornar-me mais leve era ainda por mim ignorado. Eu e Henri elevamo-nos atrás dos nossos viajantes e demandamos uma região astral muito afastada da superfície terrena, e tão rapidamente a alcançamos que não tive tempo de refletir sobre esta ascensão vertiginosa.

Tive, mais tarde, o prazer de observar minhas impressões, percorrendo as mesmas zonas, embora com certos limites para mim.

Paramos diante de um palácio magnífico, de cujas portas, que estavam todas abertas, escapava um canto melodioso; entramos ao mesmo tempo que Françoise e seu padrinho. Muita gente entrava e saía. Uma mulher, jovem ainda, cercada de um halo de luz branca, puríssima, porém opaca, veio a nós. Françoise caiu em seus braços, abrindo repentinamente os olhos.

— Minha mãe! — exclamou a moça admirada.

— Filha minha querida — disse-lhe esta — a distância não existe para os corações que se amam! O meu pressentiu o lobo arrebatador que espreita a ocasião para lançar-se sobre teu corpo inocente e saciar nele os seus apetites, entregando, depois, a tua alma virgem às sociedades dos infernais. Eu não posso mais, filha, aproximar-me das regiões terrestres; minha natureza fluídica tira-me todo meio de ação possível sobre as atmosferas pesadas.

Meu irmão, teu excelente padrinho, não pode dispensar-te toda sua atenção e os seres espirituais que te protegem não podem, em todas as circunstâncias, intervir nos efeitos do Carma. És tu, pois, minha Françoise, que deves reagir contra a ação maléfica que tenta absorver a tua vontade! É tempo ainda! Resiste à atração que experimentas sem compreendê-la e que confundes com a mais santa das emoções: o amor espiritual que queima os corações e é percebido pelo espírito como uma luz. O jogo de teu livre arbítrio (seu mérito e demérito) não se pode exercer, em verdade, a não ser nesta escolha.

Vou fazer todos os meus esforços para te auxiliar, mandando avisar teu pai que te proteja. Aí, termina a minha intervenção. Dirigirei minhas fervorosas preces ao Eterno, a fim de que, se teus esforços para ficares pura forem reais, sejas socorrida pelos anjos.

Banhada em lágrimas, Françoise apertou sua mãe entre seus braços, exclamando:

— Eu acreditava amá-lo! Quem é, mãe, esse homem cujos

olhares me fazem ficar imóvel?

— Um monstro satânico que vive em um corpo de onde expulsou o seu dono, depois deste o haver trabalhado com infinito cuidado!

A jovem desmaiou como se tivesse entrado em novo e, para mim, estranho desprendimento; rodearam-na sua mãe e vários espíritos, que até então eu não tinha visto, os quais, tomando Françoise dos braços de sua mãe, nos pediram que acompanhássemos Delort e sua sobrinha, que de novo tinha os olhos fechados.

Dezesete

Rápidos como o raio, encontramo-nos, outra vez, na sala dos Barrais. As pessoas pareciam inquietas. Enfim, a moça deu um grande suspiro e as lágrimas, as mesmas, sem dúvida, que tínhamos presenciado quando abraçada com sua mãe, lhe molharam as faces. Seu padrinho facilitou-lhe, por meio de passes, a volta para um estado menos sutil.

— Sofres, minha filha? — perguntou-lhe o pai.

— Sim, meu pai! — respondeu a jovem, levando a mão ao coração — porém, eu vi minha mãe e banhei-lhe o coração com minhas lágrimas... Senti-me consolada... Não sei mais de quê! Minha mãe é muito santa; ela não pode atravessar os fluídos terrestres para vir até nós... Preciso ser muito dócil para chegar atualmente onde ela está... Minha mãe te manda um abraço: ela nos espera no belo palácio de melodias onde habita.

Depois de um longo silêncio, o presidente perguntou à jovem médium se tinha visto espíritos na sala, junto dos assistentes.

— Sim, respondeu ela, e nomeou vários que descreveu exatamente.

Quase todos eram mortos recentes. Estavam mais ou menos impregnados ainda das ideias e das sensações terrestres; seu contato não podia ser benéfico para a reunião e toda a vantagem era em favor dos desencarnados que absorviam o fluido vital das personalidades presentes na sessão. Muitos se achavam contentes com a narração da médium...

— Convém que fique escuro — disse Françoise — pois querem trazer-vos flores... Depois despertarei. Sinto-me cansada. Mandam também vos dizer que a senhora Chapitout dormirá em seguida.

Eu tinha muitas vezes ouvido falar dessas materializações de flores, mas sem crer nelas. Por isso, minha atenção foi vivamente atraída e excitada pelo anúncio de uma materialização deste gênero. Tanto quanto eu percebia, o médium comunicava seu pensamento. Apagaram-se as luzes. Vi, então, produzir-se um fenômeno de um modo absolutamente real naquele dia. Apenas obtida a obscuridade, vi, agitado em círculo, sobre nossas cabeças, um enxame de pequenos seres fluídicos que pareciam transparentes; mantinham com precaução uma esfera fluídica do tamanho de um balão de borracha, semelhante ao que as crianças levam preso da extremidade de um barbante. Neste globo, via-se suspensa uma centena de violetas de Parma, de uma frescura rara. Mão material nenhuma teria podido trazê-las ali sem nenhum contato. As hastes eram tiradas da planta por um efeito de separação dos tecidos; não tinham sido cortadas nem arrancadas, nem colhidas de um modo diferente. As flores vinham orvalhadas e cheirosas. Mais rapidamente do que eu poderia dizer, desfez-se o globo na sala, em uma exuberância de violetas esparsas sobre os assistentes e, com maior abundância, sobre o médium e os mais próximos dele. Causou uma alegria geral e fervorosa ação de graças. Pareceu-me que Delort distribuía algo aos graciosos e delicados autores daquele fenômeno.

Ao despertar, disse Françoise:

— Sentem as belas e orvalhadas violetas?

Reacenderam-se as lâmpadas; seguiu-se um intervalo, após o qual a senhora Chapitout tomou o lugar da senhorita Moutet, que veio pôr-se junto do pai.

Fez-se de novo a obscuridade. A senhora Chapitout, que previamente tinha sido amarrada com todo cuidado, foi desembaraçada de seus laços por seu espírito familiar: — "o pequeno Silvano", como, a seu pedido, o chamavam.

Houve vários fenômenos habituais nas sessões deste gênero; não falarei aqui deles, porque se tornaram universalmente conhecidos há uns vinte ou trinta anos.

O que é mais curioso e digno de referência é saber como e por quem são produzidos.

Silvano era um pequeno elemental, de uma categoria favorável aos terrenos; embora sujeito a frequentes caprichos, era um tanto consciencioso e fazia o seu ofício seriamente; evitava fazer o médium contrariar as leis ocultas do fenômeno. Por exemplo: estando o médium doente, cansado ou mesmo apático, trabalhar em transe...

Silvano, olhando-nos (a mim e Henri) com a maior atenção, não pôde conter esta exclamação:

— Aqui há dois: um espírito e um meio-espírito.

Esta última palavra causou risos aos circunstantes.

— O que significa meio espírito? — perguntaram-lhe.

Silvano começou a tagarelar e o alferes Delort impôs-lhe silêncio.

Instalou-se a assembléia e Silvano, tendo necessidade de emendar o que dissera, entre embaraçado e envergonhado, disparou esta resposta:

— Eu me enganei!

Henri acenou-lhe que se achegasse a ele e, aproximando-se, por sua vez, do médium, manipulou-lhe o fluido, e materializou com este, em parte, a sua mão, que era belíssima, e com grande espanto de todos, pegou um lápis que estava diante do médium, escrevendo estas palavras que pediu a Silvano as entregasse nas mãos do pai de Françoise:

"O caçador espreita a pomba; protege-a! — *Hubert*".

Terminada a sessão, o sr. Moutet leu o bilhete e nada disse a respeito do que continha.

— Por modéstia — pensou ele — não quis o autor destas linhas anteceder o seu nome da palavra *santo*; pois seguramente é o patrono dos caçadores que, com sua mão luminosa, traçou este recado.

Rimos. Henri tinha simplesmente assinado um dos seus prenomes.

— Darei amanhã, à noite, algumas explicações a respeito de tudo que acabamos de ver. Espera-me em tua casa.

Dizendo isto, desapareceu.

Dezoito

Durante o dia, empreguei meu tempo em algumas visitas indispensáveis e fiz algumas leituras. Fui ver os Montzag; Ludwig estava ausente, sua mãe e sua irmã Pauline fizeram-me amáveis reprovações sobre as minhas raras visitas desde o meu restabelecimento. Falamos de nossos conhecimentos comuns; a senhora de Montzag informou-me das últimas mudanças na casa Fontaine; a cozinheira tinha sido despedida e Therèse, totalmente restabelecida, se recolhera ao *Sacré-Coeur*.[1] Este mosteiro era onde Therèse tinha estudado e contava, ainda, com algumas amigas mais moças do que ela, com as quais desejava passar uma temporada.

Fez referência a um concerto de beneficência ao qual a senhora Irene de Cressol — filha mais velha da senhora de Montzag — devia prestar sua colaboração. Esperava-se a sua realização no fim da semana. Levaria consigo o seu bebê recentemente desmamado. Seria uma alegria para todos. Pauline estava toda atarefada na fabricação de babadores; Ludwig tocaria violino e acompanharia a encantadora voz da senhora Zélia Delmart, que atraía a atenção dos amadores.

— É verdadeiramente amável a esposa do juiz — disse a senhora de Montzag. — Jamais se nega, sobretudo, quando se trata de ser útil ou agradável.

— Sim — confirmei — aprecio, muitíssimo, sua graça e sua bela voz.

— Se ela tivesse entrado no Conservatório — observou a boa senhora — seria hoje uma excelente cantora!

— E uma inimitável comediante! — acrescentei.

— Crês, Robert, que ela possua esse talento?

---
[1] Sagrado Coração.

Eu ia responder, mas a porta se abriu e um criado anunciou a senhora Delmart.

Zélia, vestida discretamente e com muito bom gosto, entrou com um sorriso nos lábios e certa ingenuidade no olhar.

— Falávamos da senhora, eu e o sr. Dosset, e falávamos muito bem de sua pessoa.

— É muita honra, senhora condessa, julgarem com bons olhos os meus esforços para fazer o bem...

E, estendendo-me a sua pequena mão, Zélia lançou-me um olhar zombeteiro sobre o qual caíram prontamente as pálpebras guarnecidas de longos cílios.

— Todos os seus amigos estão felizes, senhor Dosset, por vê-lo completamente restabelecido. Ainda ontem, meu marido disse-me que, brevemente, esperava tornar a ve-lo em nossas pequenas recepções quinzenais.

E Zélia, mais linda que nunca, cercou-me de um aroma acariciador em que pôs todo o seu encanto. Fui friamente polido e despedi-me o mais cedo possível da dona da casa.

Estremeci, ao sair, pensando que, sem a intervenção de Henri, que me havia aberto os olhos internos, eu teria, sem dúvida, me abrasado naquele antigo amor por esta víbora camuflada, cuja aparência graciosa escondia o antro de suas perversidades.

— Meu Deus! — exclamei. — Quando se desenvolverá a humanidade a ponto de não permitir a esses lindos monstros o exercício da magia diabólica e obrigá-los a renunciar a sua encarnação na Terra?

Deixando a casa dos Montzag, dirigi-me à de Fontaine; o bom Auguste saíra há pouco.

Encontrei na sua o dr. Marmon, que acabava de atender o último cliente de sua consulta diária.

— Estás, finalmente, saudável, caro Robert — disse, batendo-me paternalmente no ombro. — Como estou feliz por rever as tuas belas cores de outrora! Confesso-te que tive vários receios a teu respeito, meu filho, que não me deixaram dormir! É que verdadeiramente percebi o amor que te dedico. Fui o primeiro que te recebeu nos braços e o primeiro que te admirou ao colocar os olhos na tua pequena pessoa. Eras um *roble*, ainda que pouco crescido. Eu pensava que, tão robusto, irias bater à porta dos cem anos, sem a menor dúvida. Compreendes, agora, que eu não queria ver perdida a minha aposta... Coisas da vida!

E sacudindo tristemente a cabeça:

— Não é neste mundo que eu poderia ganhar a minha aposta; já sou bem velho. Será no outro mundo que teu pai me pagará.

Abracei meu velho amigo.

— Saberemos cuidar do senhor, caro doutor, para conservá-lo por muito tempo ainda em nosso meio. A maior parte de seus clientes dedica-lhe o maior respeito e é sua amiga, o senhor sabe.

— Sim — respondeu Marmon — mas vê, Robert: se a Terra fosse povoada de boas almas como são as dos amigos, eu não desejaria jamais deixá-la. Porém, para o médico, mais do que para qualquer outro, os homens se mostram na sua nudez horrorosa e não como parecem ao mundo. Quantos desgostos e desprezos acumulados em meu coração! Revolto-me contra mim mesmo por não ter a energia de reagir, em certas circunstâncias ou de fugir ao contato dos maus, principalmente, dos hipócritas...

O bom doutor calou-se e a sua bela figura retomava a expressão de amargura que eu havia notado durante a nossa visita noturna...

Eu tratava de o distrair, dando-lhe uma outra direção à conversa; depois o deixei, pedindo-lhe que fosse jantar conosco em nossa casa, no dia seguinte.

Após outras visitas insignificantes, recolhi-me à minha casa. O tempo nublara e a temperatura se fizera tempestuosa; deitei-me sobre meu canapé e abri um dos últimos livros recebidos: *Como se fazer Mago*, de *Sir* Peladan.

Eu já possuía várias obras deste autor que muito aprecio, não obstante haver notado expressões de intransigência a respeito de algumas personalidades e localidades que censura com o santo furor dos profetas de Jeová, esse Deus zeloso, arrebatado e colérico...

Mania à parte, a obra do jovem mestre é luminosa e doutrinal; convém só termos a precaução de fechar, a sete chaves, três quartos de suas produções, se tivermos filhos ou mulher moça. Talvez chegaremos, um dia, a uma era de pureza bastante considerável para que a beleza de algumas de suas descrições possa ser admirada em suas expressões naturalistas.

Debruçado na janela de meu quarto, esperei a hora de me deitar para me desprender. Enquanto esperava, notei que as nuvens, amontoando-se no horizonte e disparando raios e trovões ao longe, ameaçavam despejar sobre a terra seus aguaceiros.

Já ia fechar minha janela, quando avistei, à distância de trezentos metros, uma coisa de forma indecisa, que parecia lutar com uma infinidade de outras de tamanhos diferentes. Julguei, a princípio, que era uma ilusão de ótica, sem deixar, contudo, de examinar curiosamente os vaivens destas formas vagas e indecisas e embaralhadas; mas eis que, em um impulso mais forte, a primeira forma lançou para longe as outras e, com grande espanto, vi que era Henri que, seguido à distância por seus opositores, vinha diretamente para mim e, em um segundo, estávamos juntos em meu quarto.

— Fecha, fecha a janela! — ordenou-me logo.

E depois acrescentou:

— Meu caro Robert, é inútil que te desprendas esta noite; os teus sentidos internos permitem-nos que conversemos como se estivéssemos em estado de vigília. Dificilmente podemos estudar, hoje, nossos concidadãos. Alguns homens que possuem um pouco de consciência sentem, quando soa o trovão, uma sorte de temor supersticioso, fazendo com que se recolham a si mesmos, escondendo, desta forma, suas tendências e seus vícios habituais. Uns pensam que existe uma potência descomunal, pois tem o trovão nas mãos, à qual deverão prestar contas depois da morte; outros ocultam todas as suas faculdades pensantes e sensitivas pelo receio de uma morte repentina; todos são espécies de animais trêmulos... Convém deixar a uns e a outros no seu recolhimento. Aproveitemos o tempo para nossa instrução. Dar-te-ei alguns esclarecimentos de que necessitas.

Dezenove

Henri começou assim:

— Os seres fluídicos com os quais me viste lutar pertencem a diversas espécies de elementais, alguns dos quais, embora invisíveis, estão misturados com a nossa humanidade e em contínuo intercâmbio de amizade com ela; passam também por um estado pré-humano, durante o qual se iniciam em nossa vida dupla, material e astral. Estes embriões de inteligência e de sensações instintivas se agarram ao homem, prestam-lhe serviços ou desserviços, segundo o primeiro impulso recebido por eles, o qual, de alguma maneira, os chamou à vida. Eles participam das paixões boas ou más do homem, de quem se fazem comensais. O homem ignora quase sempre a existência deles.

Entre esses elementais favoráveis aos terrestres há hierarquias, como em todas as classes de produções fluídicas. Acontece que os mais desenvolvidos se associam aos bons e aos inteligentes de nossa raça. Por não conhecermos a existência destas criaturas semi-inteligentes, que nos rodeiam, nós as pervertemos por nossos maus pensamentos, dos quais se apropriam com uma grande facilidade de assimilação, além de que, nos sujeitamos à suas influências, que nos cercam, sem sabermos que elas vêm, novamente, alimentar o foco passional de onde migraram. Muitos destes pequenos seres parecem-se com os homens ou com os animais, em sua forma mal esboçada e suscetível de mudança, segundo a influência por eles absorvida.

Em geral, estas formas pouco definidas, vagamente ordenadas em suas constituições, são mais monstruosas do que agradáveis e o que aumenta o terror dos videntes inconscientes ou dos loucos que as percebem, é que estes elementais podem, segundo sua fugaz sensação instintiva e sob o impulso das paixões humanas, aumentar ou diminuir instantaneamente o seu envoltório plástico. Além do mais, como estes pequenos seres astrais se agrupam sempre entre si, produzem associações de figuras horríveis. Causam grandes temores aos videntes e estes estão certos de os ver sempre, junto a todos os sentimentos que degradam o homem.

O elemental triunfa quando absorve a corrente magnética humana e chega a fazer de seu superior um prisioneiro em sua cela, onde nada pode chegar senão por meio de seus carrascos, tão fracos quanto cruéis, quando se tornam dominadores. Quando sobrevém uma tempestade, meu caro Robert, estes pequenos candidatos à humanidade tornam-se extremamente vacilantes e tímidos; eles são, efetivamente, muito mais sensíveis do que nós aos efeitos da eletricidade, que muitas vezes lhes destrói o envoltório. Por isso, quando ouvem o barulho do trovão, entram em massa nas habitações humanas em busca de asilo. Estes seres já estão (falo de certas espécies) imbuídos das ideias materiais e, por isso, não podem penetrar em uma casa a não ser por uma fresta, porta, janela, chaminé e até mesmo por aberturas que não têm mais que vinte centímetros quadrados de lado.

Bom é não deixar que se aglomerem em sua casa bandos destes espíritos, sempre dispostos a tomar posse do domicílio em que se acham, bem como impedir que a invadam, fechando-lhes todas as fendas e canais por onde possam entrar, ao primeiro clarão do relâmpago. Há, igualmente, outros visitantes, nos dias de tempestade, ainda mais temerosos, cujas emanações põem em perigo a saúde; são eles os elementais recentemente mortos que exibem astralmente uma forma semi-animal. Personagens desagradáveis, sofrem horrivelmente os efeitos das descargas elétricas que tornam a atmosfera pesada. São dilacerados por queimaduras e, como a maior parte deles não se julga morta, procuram a toda pressa lugar onde se possam refugiar. Há pouco, fui assaltado por elementais e por muitas larvas hediondas de hálito fétido, que fui forçado a ferir para escapar.

Eis, meu amigo, uma instrução que te será proveitosa.

Quero, em alguns dias que nos forem concedidos para nos vermos sem obstáculos, dar-te as melhores noções possíveis sobre a esfera imediata que envolve o nosso globo, que deves um dia percorrer em desprendimento astral para te instruíres e tornares, como já te disse, o auxiliar das grandes almas chamadas "Filhas da Luz".

Nisto, um clarão, seguido imediatamente de um formidável trovão, cortou o horizonte, iluminando-o. Vi, então, grupos destes seres que se jogavam, uns sobre os outros, para entrar em um celeiro, do qual ficara aberta uma janela. E quanto mais fixava o meu olhar, mais via ao longe a repetição do que se passava perto de nós! Enfim, vi um grande cão que corria uivando; estava totalmente coberto de uns seres minúsculos que formigavam, agarrando-se à sua pele.

— Ah, meu Deus. — exclamei. — Sinto desenvolver-se a minha "terceira visão" a um grau que eu não podia jamais pensar; porém, confesso que se não tivesse o poder de diminuir, à vontade, sua potência, me julgaria o mais infeliz dos homens!...

— Por que, caro Robert? Habituamo-nos a todos os espetáculos e acabamos por não mais os temer. É só conhecendo as precauções que deves empregar para te preservar, que farás bom uso delas, podendo, igualmente, proteger os irmãos ignorantes. Uma vez exercitados, teus olhos internos poderão ver, tanto quanto quiseres, as maravilhosas criações astrais, que, embora ilusórias, são um campo de observações e de estudo curioso para o estudante. Quero dar-te também alguns ensinos suplementares sobre a nossa proteção dada a Françoise.

Vinte

O senhor Moutet, saindo da casa dos Barrais, tomou o braço de sua filha e, com voz paternal, tão doce quanto possível, disse-lhe:

"Minha Françoise, eu vi tua mãe, à noite passada; ela me fez compreender que um perigo te ameaça; um bom espírito, enviado agora por ela, acaba de me dar um aviso por psicografia, incontestável, pois, todos nós vimos a mão luminosa escrever algumas palavras. Ela vem avisar-me de novo a esse respeito. Convém que eu lhe obedeça! Em tua idade, Françoise, a desgraça se disfarça várias vezes sob a forma de um gentil rapaz, porém, indigno de ser teu esposo. É um miserável sedutor que representa a mais infame das comédias..."

A bela Françoise estava ofegante. O escrivão continuava...

"Sim, minha filha, creio que é uma desgraça que tua pobre mãe prevê para ti..."

Depois de uma curta pausa, o sr. Moutet continuou:

"Em nossa rua deserta, poucas pessoas passeiam; porém, de uns dois dias para cá, notei algumas vezes que andava por ela um depravado muito conhecido entre as pessoas de má vida, por nome Laverdette..."

"Ele chama-se Laverdette!", — exclamou intempestivamente Françoise.

O pai, astucioso como todo bom juiz, pareceu não dar atenção a esta exclamação de sua filha; porém, desta feita, certo de ter atingido o alvo, disse simplesmente:

"Como és a única joia da nossa rua, temo que este atrevido te lance os seus olhares cobiçosos, não certamente num sentido honesto, e sim, com olhos em um gordo dote, em que possa fartamente alimentar sua abominável paixão. Este li-

bertino abusa da tua inocência e zomba de tua credulidade."
Françoise abraçou-se, chorando, ao pai.

"Não chores, querida", — e apontando para cima disse: "no céu e na Terra olham sobre ti, meu anjinho. Amanhã faremos as nossas malas e iremos para Bordeaux, onde passarás dois ou três meses em companhia de tua avó. Lá temos vários amigos espiritistas que te farão muita festa, como excelente médium que és."

— Deixei a senhorita Françoise e seu pai, muito contente — disse Henri — por haver tirado dos infernais a presa desejada e, sobretudo, por ter dado ao abominável Laverdette uma boa lição.

— Compreendo, meu amigo, todo o bem oculto que os invisíveis podem fazer, sem, porém, impedir o livre arbítrio, que é a causa única de evolução dos encarnados de costumes puros.

Vinte e um

— Sei quais foram as tuas ocupações durante o dia — falou-me Henri. — Conversemos. Em primeiro lugar, viste novamente a linda dama Zélia, que tratas em teu coração como víbora. Parece que foges um pouco da razão. Vou dar-te alguns esclarecimentos sobre esta mulher tão perversa e, todavia, em ascensão, em progresso.

Fiz um gesto de dúvida.

— Sim — disse Henri —, esta mulher está em via ascendente, embora possas duvidá-lo. Vê como: nas encarnações passadas, seu ego não pôde, nas diversas personalidades que produziu, atingir o desenvolvimento do senso moral; ainda neste último renascimento de Zélia, ele está apenas planejado. Se a pobre criatura nascesse em um meio moral mais elevado, poderia tornar-se, se não uma pessoa de impecável pureza de costumes, pelo menos digna das pessoas de seu sexo, lutando contra as más tendências ou excitações da sociedade, ou ainda, errando e arrependendo-se, o que já é um caminho para a vitória completa. Devemos reconhecer que este meio pouco honesto, impedindo a personalidade de Zélia de progredir, é consequência de todo um passado e que, portanto, Zélia está isenta de uma parte de sua responsabilidade.

Esta linda pecadora, há muitos séculos, pertenceu a uma sociedade de vícios, sofrendo todas as consequências repulsivas de uma vida das filhas do prazer... Enfim, na encarnação anterior a esta, Zélia esteve em um meio impuro, onde viveu até uma idade avançada para este gênero de trabalho; se ela arruinou inconscientemente muitos de seus amigos, soube um dia dar tudo o que possuía para salvar a honra de um jovem rapaz que caíra em suas malhas, sendo já um pouco madura.

Ela foi, imediatamente, tocada pela desgraça deste jovem e, sem nada poupar para si, abriu mão de tudo quanto possuía. Pouco tempo depois, o jovem a esqueceu; foi pior do que ela, foi ingrato... Ela continuou a viver na classe operária, porque já a flor de sua beleza, murcha pelos anos, não lhe dava um lugar na classe rica; Zélia sofreu muitíssimo e teve o mérito de não reprovar jamais, mesmo em pensamento, a ingratidão daquele por quem sentira uma vez, em sua miserável existência, pulsar o coração! Ela acabou os seus dias, como a maior parte de suas companheiras, sofrendo de um mal terrível, no leito de um hospital. Ali, piedosas filhas de São Vicente de Paula deram-lhe o conforto para o coração e ela deixou a Terra, resignada. Fizeram-lhe compreender que o Senhor seria indulgente e misericordioso para lhe perdoar; que Ele a amaria se ela o amasse e a pobre Étoile (era este o seu nome de então) viu a Jesus sob a forma do jovem ingrato vindo a ela e assim morreu, calmamente, beijando o crucifixo que lhe apresentou a religiosa.

Quando seu espírito, depois de pouco tempo de repouso, voltou à Terra, foi aconselhado por um guia apropriado à sua elevação espiritual. Zélia amava muito a beleza para ter a sabedoria de renunciar a ela e esta pedra de escândalo ela não soube remover... A escolha de uma família é ato difícil para o espírito; este não pode fazer sua escolha senão entre aquelas que lhe são moral e intelectualmente afins e em muitos outros pontos de atração.

Enfim, passado algum tempo, tornou-se a filha do senhor Berthier, um industrial de família honesta e proprietário de uma sólida fortuna. Sua mãe, filha de um oficial superior, era quase pobre, mas muito instruída. Estudara na casa da *Legião de Honra de Saint-Denis*. Era muito bela, e possuía, além de excelentes conhecimentos musicais, uma voz encantadora. Zélia era a terceira filha do sr. Berthier. É formosa tanto quanto as suas irmãs, porém, de uma beleza diferente. Estas moças receberam uma instrução excelente e uma fina educação.

A mãe perdeu o marido após uma ruína total da fortuna. Ele foi imprudente, aventurando-se em uma série de especulações e deixando mulher e filhas em um estado próximo da miséria. A senhora Berthier era uma mulher orgulhosa; deu a entender aos que a rodeavam que, depois da liquidação dos negócios de seu marido, ficaria, ainda, com uma boa fortuna que permitiria um pequeno dote a cada uma de suas filhas.

Quase nada mudou na aparência da vida da família; mas uma economia rigorosa foi estabelecida na casa, cujas portas, sob pretexto de luto, ficaram, durante um ano, fechadas às pessoas conhecidas. Depois, alugou móveis e quartos de segunda e se contentou como uma modesta e experiente camponesa que não saía jamais só. As moças exercitavam-se nas belas artes, onde já se distinguiam, como se nelas trabalhassem para viver.

Assim que o grande luto terminou, a senhora Berthier reabriu sua casa aos íntimos e estes não eram poucos.

Suas três filhas, a quem chamavam as "Três Graças", eram a sua atração principal e excelentes músicas.

Neste luxo todo superficial se consumia o pequeno capital deixado por seu pai. Precisava, portanto, achar genros, pois era com eles que a mãe contava e com o produto de sua pequena casa.

Como havia vários admiradores e não pretendentes, a senhora Berthier, como mulher hábil, pensou que qualquer meio era aceitável para casar suas filhas, e assim abriu-se com as duas mais velhas, julgando que seria inútil declarar o seu pensamento a Zélia, mais nova do que a segunda sete anos.

Para a mais velha, Frida, uma formosa morena, pintora hábil, caiu a escolha sobre um apessoado e rico camponês, que também pincelava os seus quadros com mais vaidade do que arte.

Este veraneava com sua mãe em sua terra e vinha passar o inverno em T., em uma linda vivenda próxima à da senhora Berthier. Este velho celibatário estava perto dos quarenta anos e andava familiarmente pela casa dos Berthier.

Frida aconselhava-se com ele para tudo. Certo dia, a senhora Berthier abriu ao amador, levianamente, a porta do quarto de Frida, para que ele admirasse a última produção de sua filha. Tudo estava previsto... A jovem, seminua, deu um grito e, como uma *Diana* medrosa, foi-se esconder, às pressas, entre as cortinas de seu leito. Fez isto com tal naturalidade, que o nosso Rubens ficou logo afogado num mar de surpresas e desejos... E, não obstante a lacrimosa declaração da mãe de Frida, da ausência de dote por parte de sua filha, o bom homem a desposou dois meses depois... e, dizem, ficou muito feliz com a sorte que lhe deparou uma honesta e prendada mulher.

Edviges, mais moça, mais astuta e querida de sua mãe, era, sem dúvida, um anjo de beleza. Urdiu, por si mesma, as suas tramas para colher um marido; a sorte a protegeu e uma *avis rara* veio enredar-se nos seus doces laços.

Vinte e dois

Tu conheces, Robert, ao menos pela reputação, o cirurgião Maxence que, há dois anos, se fixou em T. Deixou o serviço militar para trabalhar na cirurgia civil e, auxiliado pelo doutor Tripart de Boisjoly que, já sabes, é um companheiro generoso, soube levar a termo algumas operações felizes. Mais do que outros melhor instruídos.

Ninguém sabe, de fato, de onde veio Maxence. Eis sua história. Nascido de uma criada e do senhor de um castelo da vizinhança, foi roubado de sua mãe, cujo parto era vigiado; depois, foi mandado a uma família pobre, que o educou até a idade de sete anos, de cujo lar foi novamente roubado e mandado a uma instituição religiosa. Ali recebeu uma boa educação e instrução e abraçou a carreira de cirurgião. Um velho tabelião proveu-o do necessário e até de dinheiro para os seus estudos. Esforçou-se em vão por conhecer seus pais.

Porém, assim que pôde sustentar-se por si mesmo, a fonte dos socorros se acabou subitamente.

Sua natureza má e viciosa se corrompeu ainda mais por causa da rejeição de sua família, que ele supunha rica e, no fundo de seu coração, jurou um ódio implacável contra os felizes do mundo.

Ele veio em uma tropa militar a T. Pouco tempo depois de sua chegada a esta cidade, o seu antigo correspondente escreveu-lhe, informando-o da morte da pessoa caridosa que o havia socorrido em suas dificuldades. Fez-lhe saber, além disso, que essa mesma pessoa lhe deixava um pequeno capital de 25.000 francos.

Maxence maldisse o doador, mas vibrou com a notícia daqueles 25.000 francos. Depois, exonerou-se do cargo e, com este pequeno pecúlio, alugou uma casa e nela instalou um elegante consultório. Revelou habilidade nas operações e sutileza nos negócios.

Ajudado por Tripart, executa os trabalhos cirúrgicos mais difíceis e estende ao companheiro mão amiga, quando este necessita de auxílio.

Maxence é ateu e materialista, porém, não se abre com ninguém a respeito de suas convicções. Vai às igrejas, nos dias de missa dos preguiçosos, conforme lhe chama o povo, por ser rezada ao meio-dia, aonde se reúnem os elegantes de ambos os sexos, sem outro fim que tratar de suas necessidades e pequenos negócios. Ali trocam sinais entre si e se comprometem para o dia.

A senhora Berthier, que não deixava passar ocasião tão propícia para ostentar a beleza de suas filhas, mostrava-se ao mesmo tempo como muito religiosa.

Edviges observava o jovem cirurgião e este, por sua vez, embora não demonstrasse se interessar pelas damas, dava a entender, com olhares sutis, que não era indiferente aos seus encantos. Mas era em vão que ela e sua mãe tentavam encontrá-lo em outro lugar que não dentro da igreja.

O moço cirurgião vivia muito ocupado ou preocupado com sua numerosa clientela. Era o que Boisjoly dizia por toda parte, acrescentando que era uma boa fortuna para T. possuir em seu seio um tal cirurgião, um prático tão distinto que não se achava, nem mesmo na capital, outro igual a ele.

Certo dia, a senhorita Berthier teve a infelicidade de, ao descer pela escada da adega, escorregar e torcer o pé esquerdo. A mãe, que muito a amava e temia o menor problema físico para a filha, alarmou-se com o acidente.

"Chamemos depressa o doutor Marmon — disse imediatamente."

"Não, mamãe", objetou Edviges, "mandemos chamar o Maxence... Deixa-me fazer!"

A mãe aplaudiu: acabava de reconhecer a habilidade da filha.

Apesar de seu intenso sofrimento, a senhorita Berthier colocou um bonito vestido, que cuidou de amarrotar artisticamente, e deitou-se num sofá, tendo o pé delicado e nu comodamente posto sobre uma almofada verde. Seus magníficos cabelos negros faziam-lhe uma linda auréola em torno do semblante angelical, levemente pálido.

Maxence atendeu logo ao chamado, feliz de poder contemplar de perto a formosa moça.

Desde sua entrada, ficou inteiramente deslumbrado por esta cena habilmente planejada e não sonhada. Como senhor que era de suas sensações, não se deu por achado e dominou a emoção. Edviges viu, imediatamente, que tinha conseguido o que desejava. A senhora Berthier, sob o pretexto de procurar diversos objetos pedidos pelo cirurgião, deixou-o a sós com sua filha, durante longo tempo.

A formosa rapariga exagerou muito o seu mal, porém sentiu que desempenhava bem seu papel. Ao menor movimento, dava um gritinho, agitava-se e deixava, como por descuido, descoberta a sua perna torneada.

Passado um momento, o jovem cirurgião a erguia e a repunha sobre a almofada, de onde suas agitações a tiravam.

Os olhos de Edviges enlevaram o jovem cirurgião; vistos tão de perto, o fascinavam. Foi muito cuidadoso para atender a formosa doente.

Ela tinha dor aqui, tinha dor ali, a dor pungente da torcedura subia-lhe até as ancas; era um sofrer infinito e parecia zombar da paciência e da atividade do sábio cirurgião.

Afinal, ele reconheceu a habilidade da senhorita Berthier, que se aproveitou da circunstância para o aproximar mais de si. Verificou, pouco a pouco, que esta angelical beleza vestia um acabado demônio e era digna de seu coração. Com ela, podia fazer todo o mal que a sua natureza considerasse justo em represália a esta sociedade madrasta em que tinha entrado como bastardo...

Saberás talvez, um dia, meu amigo, o que é atualmente esta família. É curiosa por várias razões.

Agora, julga a família de Zélia. Esta ficou só com sua mãe que não a tratava bem. Foi causa de várias rixas e pendências com seu defunto marido, que suspeitava não ser a menina sua filha, mas nascida dos amores de sua mãe com um belo barítono, em temporada no teatro de T. Um dia, teve este ocasião de cantar em um salão com a senhora Berthier. O artista ficou tão maravilhado de seu talento de cantora, que se ofereceu (e foi, naturalmente, aceito) para dar algumas lições de canto à senhora Berthier, para aperfeiçoar-lhe o método.

Além disso, quando Zélia nasceu, sua mãe ficou gravemente enferma em consequência do parto, e perdeu quase toda a sua bela cabeleira negra da qual era tão orgulhosa. Essa beleza tinha sido, para o senhor Berthier, o incentivo tentador que lhe fizera fechar os olhos sobre a pobreza de sua noiva.

Ainda que Zélia fosse menos amada que suas irmãs, a senhora Berthier pensava em arrumar-lhe um bom marido; porém, como a pequena ainda era muito nova, não era necessário que se preocupasse antes do tempo, principalmente agora que sua filha começava a esmerar-se nos primeiros cuidados da casa.

Zélia sofria muito, de todos os modos, esperando o momento em que sua mãe julgasse o instante propício para colocá-la em evidência. A não ser para o canto, ela não dava outros professores à sua filha Zélia, que era o produto de dois excelentes cantores de raça; Zélia tem uma facilidade admirável de exprimir as sensações mais difíceis dos compositores modernos que, certamente, não perdem ocasião de exigir, além da medida, as vozes de seus intérpretes.

A astutazinha achava longo o tempo que passava junto de sua mãe, que as privações e os incômodos começavam a cansar; e assim armou um plano e esperou um dia certo para o executar.

Escolheu para sua vítima Ninus Delmart, não por preferência, mas unicamente porque o tinha mais perto.

Este juiz, já maduro em idade, ocupava um quarto da casa Berthier, ricamente mobiliado...

Neste momento de sua narração, Henri parou de falar, pareceu escutar e desapareceu...

Fiquei espantado, mas ouvi ruídos na casa, no andar superior e passos da cozinheira na escada.

Fui abrir a porta.

— Que há? — perguntei a Clorinda.

— Ah, senhor Robert, é o pobre Gilbert que tem calor e frio, talvez uma indigestão... não sei... mas ele sofre muito. Não sabe o que diz, nem o que faz... tem febre. Vou chamar o médico...

Henri reapareceu, dizendo:

— Gilbert tem uma simples indigestão; e foi, levemente vestido, fechar as janelas do celeiro e aí apanhou um resfriado. Está realmente doente, pois o bravo homem já não é um jovem. Dá-me um copo d'água; vou magnetizá-la, depois, porás nela meia colher de café, um pouco de éter e uma pitada de açúcar. Farás com que ele beba o conteúdo, afirmando-lhe que é uma poção preparada para o caso e que tens reservada para essas circunstâncias imprevistas. Coloquei nesta bebida a medida conveniente a teu velho criado; ela o curará, fica certo disso. Não vás incomodar o Marmon. Adeus, Robert. Amanhã reatarei o fio da minha narração. Espero-te na alameda, em frente ao teatro.

Separamo-nos.

Logo que me viu, Gilbert aquietou-se. Bebeu religiosamente a poção e, uma hora depois, tudo estava tranquilo em nossa casa.

Vinte e três

Como de costume, desde os meus desprendimentos conscientes, dormi um sono profundo, reparador e sem nenhuma recordação, ao despertar, do que tinha feito meu espírito durante este tempo. Foi-me explicado mais tarde, por meu amigo, que estas horas em que a memória não conservava nenhum vestígio de recordação, eram aquelas em que meu ego superior, meu espírito (meu eu real), iluminava minha alma espiritual ou Individualidade. O espírito é o que em nós não morre, nem muda jamais; é o veículo e a manifestação potencial de nossa essência divina, diferenciada da causa primeira emanante.

É nestas horas de repouso completo de nosso corpo físico que podemos unir-nos ao Eu divino, ou melhor, receber o seu reflexo celeste. Quando o corpo sofre, agitado por uma causa qualquer, impede a alma de elevar-se até um nível onde se opera sua junção com seu ego, o qual, por sua natureza, só pode estimulá-la a vir a si na medida de seu conteúdo de amor e de inteligência; se as atrações se multiplicam, a alma chega, mesmo no estado de vigília, a receber uma sensação deliciosa, supostamente atenuada pelo seu divino Eu.

As preocupações e dores morais prejudicam igualmente a elevação de nossa alma durante o sono; ela habita, neste caso, as regiões astrais que estão próximas à superfície do planeta.

Estes planos de existência, embora diferentes da vida terrestre, têm, segundo sua altitude, semelhanças com a vida encarnada. Da mesma forma, o sonho e o transporte deixam traços no organismo fluídico, o qual comunica suas recordações, com mais ou menos lucidez, ao cérebro.

Com esta explicação, observei e vi claramente que, não obstante esta ausência de lembranças, me sentia ao despertar mais forte e lúcido.

Tinha no coração uma doce alegria, uma calma, assim como um sentimento de certeza na continuação de meus estudos, que admirava cada dia mais; eu era semelhante a um inventor que acaba de ver realizado seu invento; parecia-me com um pensador que viu e tocou a manifestação objetiva de suas ousadas hipóteses que considerava impossíveis. Este sentimento provado depois destes repousos profundos e que não posso definir melhor — porém, aqueles que sabem pensar e meditar sobre o estado físico poderão compreender — amadurecia meu caráter e, de fato, este parecia adquirir um ano em uma noite. Os meus sentidos materiais, sofrendo a influência predominante do espírito, tornavam-se, gradualmente, os escravos deste, em lugar de lhe causarem obstáculo como antes; agora, em plena vigília, eu participava muitas vezes das vantagens da vida astral.

Ao encontrar a minha família, soube de uma triste novidade. O pai de Thérèse acabava de adoecer, repentinamente, de um mal desconhecido; depois de um ataque nervoso dos mais raros, apresentava sintomas de tétano, cujos efeitos mortais Marmon, por seus inteligentes cuidados, conseguira detectar. O pobre senhor Fontaine ficara paralisado da língua e parte da perna direita. Meu pai fora chamado, com urgência, à cabeceira deste amigo e acabava de entrar dando-nos notícia da triste ocorrência. Minha mãe e minha irmã foram procurar Thérèse e prepará-la para ir cuidar do pai. O horror da crise passara.

Causou-me espanto ver tão depressa realizadas as resoluções dos Ardol, que eram, sem dúvida nenhuma, os responsáveis pela moléstia de Auguste. Senti-me profundamente abatido por não poder reprimir os atos daqueles monstros.

Contudo, vesti-me às pressas e, sem ceder às insistências afetuosas do bom Gilbert — reconhecido pelos socorros que eu lhe havia fornecido à noite — para que eu tomasse ao menos uma xícara de leite quente, dirigi-me quase correndo para a casa Fontaine. Lá achei Marmon em pé, junto da poltrona em que se via o senhor Fontaine pálido, abatido, a boca aberta, os olhos revirados, os braços pendentes, as mãos com as palmas para cima e os dedos abertos, assim como ficam os idiotas.

Foi este o primeiro pensamento que me veio, ao ver o pobre Auguste.

Sua razão o havia abandonado, ficando somente a parte puramente animal da alma (*Kâma-rûpa*) a reger-lhe a personalidade.

Encheram-me os olhos de lágrimas, sobretudo, pela raiva que senti contra os abomináveis malfeitores que, de um modo tão revoltante, escapavam da justiça humana, que mais parecia ocultá-los. Estes criminosos tinham urdido na sombra a ruína de um homem inofensivo e bom, embora cheio de certos preconceitos.

Marmon apertou-me a mão; minha perturbação se fez notar e ele chamou-me para perto duma janela distante do enfermo.

— Robert, meu amigo — disse-me — minha ciência é nula; busco e não posso compreender o que provocou esta crise; vagas desconfianças agitam-se em mim...

E acentuando bem as últimas palavras, o doutor interrogou-me com o olhar, para julgar a impressão que me faziam.

— Concordo em parte com sua opinião, caro doutor — respondi prudentemente — mas não é possível que a natureza provoque estes incidentes? Além disso, quem poderia cometer um crime tão revoltante? Um demônio, talvez; mas os infernais, graças a Deus, são raros na Terra.

O excelente Marmon, encolhendo os ombros e levando a mão à larga fronte, como se quisesse reprimir nela as recordações penosas, acrescentou com tom amargo:

— Meu caro Robert, se tivesses diante de ti uma longa carreira de médico, saberias que as almas demoníacas são mais numerosas na humanidade do que supões e que, algumas vezes, o interesse financeiro que as impele a fazer o mal, é secundário: fazer sofrer, espalhar a infelicidade de toda maneira em torno delas — eis o prazer íntimo destas almas diabólicas!

Dizendo isso, Marmon se encaminhou ao doente, para tomar-lhe o pulso.

— Mas, meu caro doutor — disse eu, segurando-lhe o braço — se supõe que o nosso amigo foi vítima de uma destas personalidades demoníacas, por que não procuraremos juntos achar os culpados? Tratemos de informar-nos do fato, sem dizer nada a ninguém...
O doutor sacudiu a cabeça em sinal de desânimo:
— Impossível, meu amigo. Já fiz algumas tentativas a esse respeito em iguais circunstâncias, mas em vão; *tudo e todos* são contra os que acendem a luz nas trevas! Nessas poços de infâmia, quem se atrevesse a fazer luz, perderia tempo, porque revelar suas ações à multidão estúpida que ainda os honra por suas fingidas virtudes, seria expor-se à opinião dela, quase sempre errada!

Não insisti. A descrição dos homens que o doutor tinha feito era justa; além do mais, o barulho de um carro, que parou diante da casa, fez-me olhar através das cortinas entreabertas e vi minha mãe e minha irmã descerem, depois Therèse, pálida, amparada por elas. Fiz um sinal de adeus a Marmon e me retirei rapidamente para não presenciar a cena dolorosa que se ia dar.

Fui à procura de Ludwig; ele já estava sabendo da novidade. A senhora de Montzag, que se achava na sala com seu filho, fez-me muitas perguntas sobre o doente. Não era uma fútil curiosidade que a levava a inteirar-se dos pormenores do fato, porém, uma caridade sincera para conhecer ou achar um meio de ser útil.

Contei-lhe tudo quanto sabia, até mesmo os receios que o doutor tinha sobre o restabelecimento completo do senhor Fontaine.

Depois de meia hora do convívio afetuoso dos Montzag, voltei à minha casa, e, para esquecer as emoções que acabava de provar, enterrei-me na leitura de minhas obras prediletas, cujo número todos os dias aumentava. Seguindo os conselhos de Henri, tomei o hábito de ir anotando as passagens mais instrutivas, que podiam interessar ao meu gênero de experimentação.

Indicava a página e mesmo, se fosse preciso, a linha; em seguida, na margem larga do caderno, escrevia a ideia que me despertava no espírito a passagem citada, o que era para mim de grande proveito, pois minhas impressões formadas anteriormente se apresentavam agora imperfeitas e algumas vezes erradas, por falta de meditação sobre o assunto esotérico.

Assim, entregue aos meus estudos, voaram as horas rapidamente.

À noite, reuni-me aos meus pais e, sentados todos em torno da grande mesa de mármore, conversamos largamente sobre o estado do senhor Fontaine, que o doutor julgava caído em um idiotismo completo para todo o resto da vida, a qual poderia prolongar-se durante muitos anos, porém, infelizmente, sem melhoria sensível.

Mina me contou, comovida, o encontro de Thérèse com seu pai, suas lágrimas e gritos nervosos, cobrindo o pai de carinhos; em um dado momento, disse-nos, brilhou uma luz nos olhos dementes do moribundo; moveu o corpo, virou lentamente a cabeça para a pequena porta que dá para o quarto, tentou falar olhando Thérèse com uma expressão de inteligência, mas só conseguiu dar um grito rouco que tinha mais de mugido que de voz. A própria Thérèse recuou de terror. Cansado por este esforço, fechou os olhos e tornou-se inerte. Acreditaram todos que Deus o havia chamado a si; ajoelharam-se e oraram por ele.

— Passados alguns instantes — disse minha mãe — o senhor Fontaine reabriu os olhos, mas toda a luz de inteligência havia desaparecido. É melhor que esteja assim; o pobre Auguste sofreria muito se estivesse lúcido em seu estado!

— Eu gostaria de compartilhar de tua opinião, querida Aminthe — interveio meu pai — porém, as leituras que fiz, há algum tempo, me habilitam a dizer que o nosso pobre amigo é vítima de um martírio cruel, não em seu corpo, mas em seu espírito, centro mais sensível do que o corpo material e de todas as dores morais e físicas, e isto nos explicaria os tormentos possíveis dos defuntos no purgatório ou no inferno católicos. Digo, que, privado do domínio dos seus órgãos de relação com o mundo material, estando de alguma forma pegado a seu corpo, Auguste é obrigado a provar os seus desconfortos, sem poder servir-se de nenhum de seus órgãos para fazer compreender seu tormento; ademais, no estado em que eu o suponho, o nosso amigo deve ter uma visão nítida da causa de sua crise e, certamente, do remédio que seria mais eficaz; depois, deve perceber os sentimentos dos que o cercam e isto deve afetá-lo mais ainda. Portanto, tratemos de ser, para ele, bons vizinhos e fiéis amigos.

Abracei meu pai com grande satisfação; ele acabava de formular o meu próprio pensamento.

— Pai querido — afirmei-lhe — nada nos separará, tanto nesta vida como na outra vida, pois nossas almas vivem no mesmo plano.

Mina lançou seus lindos braços ao redor do pescoço de nosso pai, dizendo:

— E espero que me levem junto, assim como mamãe. Nós somos os quatro inseparáveis!

— É verdade — confirmou minha mãe, sorrindo — mas temos também amigos íntimos de quem não poderíamos separar-nos para gozar uma verdadeira felicidade: Ludwig...

— Claro! — interrompeu Mina, subitamente, revelando, assim, a sua profunda afeição ao Montzag.

Todos nos desejamos uma boa noite e nos separamos.

Apressei-me a deitar, pensando nas últimas palavras de meu pai e na precisão de suas reflexões sobre o senhor Fontaine, embora eu fizesse meu desprendimento inconscientemente por simples hábito; e aconteceu que, em lugar de me dirigir à alameda em frente ao teatro, como Henri me havia dito, encontrei-me, pelo efeito de meu último pensamento dominante, no quarto do pobre Auguste.

Vinte e quatro

O meu espanto durou apenas poucos segundos, após os quais dei com a realização de minha vontade não expressa. Examinei o doente, que repousava sem sinal exterior de enfermidade, a não ser por um ligeiro rubor na fronte que, normalmente, era muito branca. Uma mulher gorda, de cabelos grisalhos, estava sentada em uma poltrona a um canto da casa. Um ruído de passos se fez ouvir; tornado cauteloso desde a nossa aventura em casa do farmacêutico Ardol e obediente a um sentimento humano que me fazia sempre temer ser percebido (ainda que invisível), escondi-me atrás de um biombo chinês, perto do quarto. A porta abriu-se e uma moça alta e magra, de fisionomia bestial e má, com ares de ave de rapina, entrou vagarosamente e chamou a enfermeira — a mãe Bruneau.

— Vá repousar; o doente não necessita da senhora. Além disso, eu vou substitui-la. Sobre a lareira de meu quarto há um copo de ponche; a senhora gosta dessa bebida, disseram-me...

A mãe Bruneau passou a ponta da língua pelos lábios caídos e, bamboleando-se satisfeita, saiu.

Mal tinha ela fechado a porta, quando a criada fez entrar o velho Ardol. Seu porte pareceu-me aumentado, tão soberbo se achava dentro de sua sobrecasaca preta.

Elegantemente calçado e enluvado, dava ares de um bem apessoado oficial superior, em traje civil.

Porém, assim que se pôs diante do senhor Fontaine, a expressão da fisionomia se transformou completa e subitamente. A astúcia, a malícia e a ferocidade que se revelavam ardentes nos olhos e o sorriso de prazer satânico que lhe enrugava bestialmente o semblante e lhe descobria uns dentes brancos, agudos e afastados uns dos outros como os de um carnívoro, eram provas bastantes para o denunciar a um juiz razoavelmente perspicaz.

— Vai-te daqui! — ordenou ele à criada.
Esta o saudou e saiu.
Ardol tirou do bolso do colete um frasquinho, derrubou algumas gotas na palma da mão e friccionou com ela as faces do doente.

— Sardella! — exclamou em voz baixa, porém com grande energia, o mago negro.
Imediatamente, Auguste, como eletrizado, endireitou-se e olhou ansiosamente Ardol.

— Ah, sim! Ia-me esquecendo — disse Joel — tua língua está colada...

E friccionou exteriormente a garganta do doente, como já o fizera nas faces; depois, por passes magnéticos e um forte sopro, desatou-lhe a língua.

— Fala e conta, não tudo o que disseram, pois eu o sei, mas o que se passou neste quarto, desde que te apossaste do corpo de Auguste!

E Joel, cruzando as pernas, esperou. Ele sabia que os primeiros esforços para falar seriam longos. De fato, com esforços infrutíferos que o espírito de Auguste fazia por retomar o uso de seu órgão de que Sardella se havia magicamente apossado pelo poder e ordem de Ardol, uma voz que não era a do senhor Fontaine, tão bem conhecida de mim, respondeu resumidamente às diversas questões formuladas pelo mago.

As desconfianças que se haviam elevado no espírito de Marmon, embora referidas imperfeitamente, pareceram inquietar muito a Ardol.

— Este homem me incomoda — murmurou ele a meia voz, fechando os punhos. — Se ele fosse mais devotado à sua causa, como eu à minha, poderia certamente causar-me um contratempo... Ora! O que importa é dormir tranquilo... Não pensemos mais nisso. Vejamos, Sardella, convém que faças esta noite um grande esforço; que te mostres digna de teu senhor. Este negócio não pode ficar atrasado; tenho de ausentar-me de T. três semanas, e é imperioso que, antes de minha partida, Laverdette, este gentil janota, não encontre mais obstáculos para o seu casamento com Thérèse. Quanto a este bom homem, ficará, sem dúvida, idiota para o resto da sua vida. Tomaste-lhe o cérebro tão bem, que perdeu todo equilíbrio mental. Convém, antes que eu te autorize a deixar sua velha carcaça para te recolheres ao teu robusto envoltório, que escrevas, sob o meu ditado e com letra firme, imitando bem a de Fontaine, uma carta pré-datada e dirigida a Thérèse, que se acha refugiada no convento, a qual posta imediatamente no correio, será um consentimento a seu casamento com Julien. De sua data deve concluir-se que ficou dois dias esquecida antes da enfermidade. Sem esta permissão de seu pai antes da crise, isto é, em posse de todas as suas faculdades, esta pequena tola faria, sem dúvida, algumas tentativas de rebelião contra a minha vontade.

Joel explicou a Sardella o que convinha escrever, estando tudo de antemão preparado. De repente, o corpo de Auguste começou a rolar convulsivamente no leito, agitou os braços e deu grandes murros na cabeça e uns gritos que parecia saírem de sua garganta inchada.

Via-se, claramente, que o pobre Auguste lutava desesperadamente com a medonha Sardella que possuía o seu corpo, o que me impediu de a ver. A sombra de Auguste, enfraquecida por vinte e quatro horas de lutas a fio, era pouco consistente; apenas se podiam reconhecer alguns traços do rosto, deformado pelos inchaços dos golpes violentos que nele tinha recebido.

Senti-me desfalecer ante esse horrendo espetáculo.

Como são insignificantes — pensei — as lutas puramente físicas, quando comparadas com esta!

Enfim, pareceu restabelecer-se a calma. Ardol interviera e o espírito de Auguste estava como desmaiado. Sardella, sob ditado de Ardol, escreveu; porém, em caracteres perfeitamente idênticos aos de Auguste, os quais deviam enganar a Thérèse.

— Bem, Sardella, estou contente contigo; deves ser igual a mim — disse o mago, rindo cinicamente. — Meu irmão obteve a entrevista desejada; agrada-te isto, não é assim?

Sardella, sob a forma horrorosa de hipocampo, foi, pouco

a pouco, saindo do corpo do doente e, voando por seu caminho favorito e fazendo um rumor de folhas secas, ganhou a chaminé e libertou-se.

Joel, com um pedaço de linho úmido, enxugou todo vestígio de seu elixir, tornou a fazer, pronunciando em voz baixa uma conjuração infernal, passes magnéticos inversos aos primeiros sobre a língua e a garganta de Auguste; e, reabotoando a sobrecasaca e retomando a sua fisionomia militar, afastou-se com passo tranquilo. A criada, sentada sobre um degrau da escada, como um cão fiel, beijou-lhe a mão e o acompanhou cerimoniosamente.

— Eis aqui, disse Joel, um *luiz*[1] por teu trabalho. Se alguma coisa te molestar, vai à casa de meu irmão... Tu me compreendes. Põe esta carta sobre a secretária de Fontaine e cobre-a habilmente com alguns papéis. Sê discreta, principalmente com a mãe Bruneau, entendes?

— Sim, meu senhor — respondeu humildemente a criada.

---

[1] Antiga moeda de prata francesa; hoje de ouro, com valor de 20 francos.

Vinte e cinco

Saí da casa do infeliz Auguste junto com o mago. Este, vangloriando-se, pôs-se a caminhar, tranquilo, sob o meu olhar.
— Aonde vai este homem? — perguntei a mim mesmo. — Cometer em outra parte um crime idêntico, talvez!
Revolvendo este pensamento, tentei fluidicamente feri--lo ou, possivelmente, desarmá-lo por algum tempo! E, sem mais refletir, reuni minhas forças em um impulso de vontade e voei contra Ardol, mãos abertas para estrangulá-lo, se pudesse! Mas, cerca de um metro distante dele, fui repelido violentamente; avisado, sem dúvida, pelos elementais de que estava sempre cercado, voltou-se e percebeu-me (pois eu me achava, por meu desejo, mais materializado do que pensava); fez com sua bengala um rápido movimento de rotação e desandou-me no ombro esquerdo uma tremenda bordoada! Pareceu-me que a bengala havia me atravessado as costas e decepado um braço. Meu sofrimento foi extremo e teria certamente desfalecido, se não me esforçasse extremamente para repelir dois monstros fluídicos que procuravam me derrubar para me impedir de retomar o meu envoltório físico.
Eu chegara ao extremo de minhas forças. Felizmente, Henri, inquieto pela minha demora ao encontro marcado, pensou em mim. Viu-me, então, no quarto de Fontaine e, deixando-me levar minha experiência a termo, se dirigia à sua mãe, a fim de lhe dar um beijo enquanto dormia. Chegou depressa para me socorrer e, como um raio, atacou os elementais gigantes, espancando-os asperamente. Estes fugiram para junto de seu senhor, que nem mesmo se dignou preocupar-se com seu inimigo, sabendo que já o castigara severamente.

— Imprudente! — censurou-me Henri, levando-me quase desmaiado para meu quarto.

Entrei penosamente em meu corpo; tinha o ombro e o braço esquerdo inchados e sofria dores horríveis; dificilmente podia ficar em pé. Henri cercou-me de cuidados, ajudou-me a pôr panos molhados sobre a parte afetada e foram, principalmente, algumas gotas de elixir que ele trazia sempre consigo, que me acalmaram as dores agudas.

— Robert — continuou — tu te esqueces que as condições da vida astral e da vida corporal são diferentes. Na primeira, os acidentes são, na maioria das vezes, fatais... Atacar inconsideradamente a um espírito encarnado, tal como Joel, é uma loucura perfeita; diria mesmo que foi para ti uma felicidade que o mago, estando preocupado, não procurasse conhecer-te; do contrário, trataria de te tornar para sempre inofensivo, a ti e aos teus. Estás, meu pobre amigo, na impossibilidade absoluta, por alguns dias, de continuar as nossas peregrinações noturnas. Ficarei ausente algum tempo, enquanto recuperas tuas forças. Em tempo oportuno, virei procurar-te.

— Que hei de dizer à minha família, meu amigo, para explicar a inchação de minha espádua e os numerosos sulcos ou sinais das contusões?

— Eu creio, caro Robert, que o melhor é abrir-te com teu pai e, entre ambos, acharão uma explicação aceitável para tua mãe e tua irmã. Teu pai mesmo cuidará de ti; não há necessidade de chamar Marmon; não tens nada que exija os cuidados especiais de um médico.

— Vejo, caro Henri, que devo ainda experimentar muito, antes de poder voar com as minhas próprias asas. Se não me separasse de ti, não se daria esta lamentável aventura.

— Sim, Robert, os sábios agem com prudência ao aterrorizar os novatos, prontos a se lançarem neste mundo tão pouco conhecido e tão cheio de afiados espinhos para o ignorante imprudente. Penso que tais sábios ajudariam melhor o progresso fazendo compreender aos estudantes, ao menos aproximadamente, os perigos que neles encontrarão.

Eis porque te aconselho a redigires de um modo informal uma grande parte de tuas experiências de saída astral, e faz a tua narração de modo a oferecer uma leitura útil ao maior número de pessoas. Esta imensa região astral que se divide em muitos círculos deve ser conhecida na parte que envolve imediatamente a Terra. Dela partem inumeráveis calamidades, tanto para os indivíduos como para as coletividades (nações inteiras) e se poderosas inteligências encarnadas pudessem percorrer sem perigo as suas zonas, poderiam seguramente deter infinitas tristezas e catástrofes sem conta..."

Tua mão direita está livre, Robert; trabalha e transcreve no papel tuas observações e, por notas explicativas, esclareçe os teus escritos, principalmente, para as pessoas humildes que ignoram até mesmo as numerosas obras que já se escreveram sobre ocultismo transcendente..."

Adeus, meu caríssimo amigo, guarde-te Deus em sua santa paz.

Dizendo isto, meu doce amigo beijou-me a fronte e se desfez em um luminoso vapor.

Vinte e seis

Muito cedo, toquei a campainha chamando Gilbert e ordenei-lhe que fosse chamar meu pai, que viesse um instante ao meu quarto, antes que visse minha mãe. Estando um pouco doente, eu não poderia assistir ao desjejum da família.

Meu pai atendeu logo ao chamado, vestido ainda de roupão.

— O que há, meu filho? — perguntou ansioso.

— Pouca coisa, caro pai. Preciso consultá-lo para explicar a mamãe uma indisposição que me afetou. Sente, pois é uma história que vou contar-lhe.

Depois de me escutar atentamente, sem me interromper, a não ser batendo, de vez em quando, com a mão na coxa direita, sinal exterior da sua cólera contida contra Ardol, meu pai levantou-se, agitou o roupão e disse:

— Sem dúvida, tu foste imprudente, meu Robert, mas eu teria feito o que fizeste, em igual circunstância... Sim, convém esconder a verdade de tua mãe e Mina. Eu acharei a desculpa, vais ver! Mas, primeiro que tudo, mostra-me o teu ombro.

E ao verificar a potência fluídica das pancadas que recebi, ficou muito aflito.

— Bem, vou prevenir tua mãe.

Assim dizendo, saiu. Um instante depois, porém, regressou em companhia de minha mãe e Mina, que me interrogaram sobre a causa de meu mal.

Meu pai respondeu por mim:

— Robert quis, ontem à noite, ir socorrer, na rua dos Pages, uma pobre moça que uma megera espancava e queria matar. Ele livrou a jovem, mas foi atingido por algumas bastonadas no ombro e no braço. O seu estado não é grave, mas trouxe-lhe febre e, portanto, ficará deitado hoje e seu braço enfaixado durante dois ou três dias.

Depois de examinar os sinais dos golpes, minha boa mãe, com os olhos marejados de lágrimas, abraçou-me, dizendo que o meu procedimento era louvável, porém, daqui em diante, eu devia cuidar de minha segurança.

Mina acrescentou:

— Por que não foste queixar-te à polícia?

Não esperávamos esta reflexão.

— Ora! — interveio meu pai a tempo. — Isso seria pôr em evidência a sua boa ação, porém, corre sempre perigo quem se mistura e discute com a corja.

Dizendo isto, meu pai lançou-me um olhar significativo.

Passaram alguns dias, durante os quais me tratei e escrevi tudo o que aconteceu, seguindo o conselho de meu amigo, como já viu o leitor.

Durante todo esse tempo, não fui interrompido senão por algumas visitas de Ludwig e de nossa boa e amável Clairville, como minha mãe chamava sempre sua prima. Esta, desde o primeiro dia de meu acidente, quando soube e veio ver minha mãe, declarou que sua visita matinal era devida a um sonho que tivera na mesma noite. Vira-me — disse ela — a lutar com seres fantásticos, cujo número, sendo grande, me haviam deixado como morto em plena rua onde se dera o combate.

Quando a senhora Clairville me contou o seu sonho, não duvidei de que isso que ela acreditava ser um sonho, era uma visão em saída astral e mais convencido fiquei de tudo, depois de conversar com ela, na ausência de minha mãe, durante alguns minutos.

Minha prima Alice, olhando-me de um modo estranho, disse-me:

— Querido Robert, eu sei que tu te ocupas de ocultismo; as obras que vi manuseares não me deixam nenhuma dúvida a respeito disso. Além disso, por tua natureza generosa e ardente, não te basta a simples teoria, pois queres entrar no campo das experiências que te tentam e tentarão. Toma, porém, cuidado! Os perigos para a tua saúde e tua razão são numerosos. A tua ferida não é causada por nenhuma megera encolerizada, eu o sinto... — concluiu ela tocando a fronte.

Apesar de doente, tomei uma postura ereta.

— O quê! Cara prima, terias adivinhado e sabido? Não é possível...

— Quieto, Robert, tua mãe se aproxima. Tornaremos a falar disso. Mas sabe, caro primo, que, há muito tempo, desde a convalescença de tua enfermidade, estou certa de que te havias feito um adepto da verdadeira sabedoria, um investigador do grande mistério do além.

— Mas... prima, estou absolutamente admirado do que me dizes! E porque não me disseste isto antes?

— Porque eu devia disfarçar contigo, como com todos, até agora. Eis tua mãe...

— Ainda uma pergunta — disse em voz baixa — a senhora é médium, prima?

— Sim! — respondeu ela também em voz baixa. — Sou médium vidente, auditiva e escrevente! Vê, o que arranjaste com essa velha horrível! É mesmo terrível ver uma megera bater numa jovem sem piedade; é certo que um homem que vê isto não pode deixar de intervir em auxílio da pobre!

A senhora Clairville veio ver-me todos os dias, enquanto estive internado em meu quarto e, todas as vezes que nos achávamos a sós, eu provocava confidências de minha prima. Só então é que aprendi a conhecê-la sob seu verdadeiro aspecto e franqueza; nunca gostei tanto dela como agora.

Embora com 48 anos, a senhora Clairville, cuja vida era calma e feliz, estava ainda bem conservada. O seu caráter jovial e o humor sempre igual faziam-na querida de todos os que a viam na intimidade.

Para os estranhos, ela parecia fria e orgulhosa, por ser muito reservada; era de estatura média, os traços regulares, o olhar doce, a boca sisuda; os cabelos grisalhos, que ela não se preocupava em tingir à moda atual, ondeavam em volta da fronte grande e arqueada. Tudo nela exprimia a influência preponderante e benéfica de Mercúrio, à qual Saturno dava um tom feliz, ao menos na mente...

Quando ainda menino e a senhora Clairville moça, eu costumava dizer-lhe: "Quando me casar, prima, quero uma mulher que se pareça contigo", e quando uma pessoa me agradava, também eu dizia: "É quase tão gentil quanto a prima Alice". Minha amizade por ela nunca se desmentiu. Viúva ainda moça, não quis mais casar e como não era só parente, mas amiga de minha mãe, era-nos particularmente querida.

Senti redobrar por minha prima a minha afeição, pois pude apreciá-la realmente, quando quis mostrar-me o que ocultava cuidadosamente a todo o mundo, sem excluir minha mãe: — seu profundo conhecimento de misticismo, que suas faculdades mediúnicas lhe haviam permitido adquirir após um estudo de vinte anos, bem como sua profunda ternura para a humanidade sofredora que está ainda na ignorância e nas trevas.

Pude, enfim, na ausência de meu caro iniciador Henri, continuar a entreter-me sobre o assunto de minhas investigações.

Meu pai ignorou as confidências de Alice, mas era feliz de a ver tomar parte em nossas conversações sobre o oculto, que ele tanto estimava.

Vinte e sete

Oito dias depois da minha luta com os servidores fluídicos de Ardol restava-me pouca dor da bordoada que o bruxo me vibrara. Eu pensava que Henri chegaria logo e que pudéssemos continuar os nossos interessantes passeios noturnos. Ele adivinhou meus desejos. Eu estava conversando com meu pai, após o jantar, quando percebi a sombra de meu amigo. Ele fez-me sinal que me recolhesse ao quarto, porque queria falar-me. Eram quase nove horas da noite. Desculpei-me com meu pai, alegando um pouco de cansaço.

Logo que entrei no quarto, onde Henri me esperava, disse-me ele que me sentasse e me pusesse em estado de o ver e ouvir prontamente, sem estar para isso em completo desprendimento. Depois de ter manifestado a alegria de o rever, perguntei-lhe porque me não deixava desprender como de costume.

—Este é um estado intermediário — respondeu — que desejo que aprendas. Nele desfrutas, ao mesmo tempo, das faculdades fluídicas e físicas; é mais difícil do que acreditas obter este equilíbrio, mas é utilíssimo para a ação sobre o plano material, terreno. Os magos negros se exercitam nele e, desta maneira, levam vantagem sobre a massa tumultuosa dos humanos. Quando eu te deixar, será conveniente que te ponhas muitas vezes neste estado, que se produz onde quer que seja e sem perigo para quem está suficientemente treinado, ao passo que o completo desprendimento exige um repouso absoluto do corpo físico, para todos os que chegaram a um alto grau de saber.

Experimentei com prazer este estado intermediário, cujo poder permitia conservar minha plena consciência física.

— Senta-te, Robert, e vamos conversar cerca de uma hora; às 10 horas deitarás o teu corpo no leito e iremos fazer nossa última visita noturna a T. Amanhã farás o teu desprendimento depois da meia-noite. Verás, então, a cidade adormecida e iremos levar nossas investigações à atmosfera mais próxima do globo, a esta região de sombra e de tristeza conhecida por *Érebo*.

— Agrada-me muito este programa, Henri; porém, a quem iremos observar esta noite?

— Logo o verás, amigo. Esta noite terás uma grande alegria, mas, como em toda situação terrestre, uma amargura se oculta no fundo do copo mais embriagante!

— Não ouso questionar-te — confirmei. — Sei que a rosa brilha entre muitos espinhos... Aí temos a lei deste planeta mergulhado na fornalha da evolução física!

Assim dizendo, sentei-me ao lado de Henri, sobre o canapé. Meu amigo parecia-me tão palpavelmente materializado, que eu lhe apertava a mão, de tempos em tempos, para me certificar da sensação do contato.

— Vou acabar de dar-te a razão da estratégia de Zélia Berthier para apanhar um marido, assim como haviam feito ambas as suas irmãs mais velhas.

Já te disse que a senhora Berthier descuidava um pouco de sua filha mais moça e não achava momento apropriado para dirigir as suas baterias. Ademais, tendo menos amor por Zélia, pensava sacrificá-la completamente ao seu egoísmo, porque suas outras filhas, segundo ela, não reconheciam suficientemente os cuidados e as penas pelas quais passava para ser tratada honradamente.

Um outro desentendimento entre Zélia e sua mãe vinha da amizade que a tia Dauphine dedicava à sua sobrinha, amizade que lhe desenvolveu, como uma estufa, todos os maus germes depositados em seu carma pela existência anterior. Dauphine tinha sempre ciúmes de sua cunhada; esta a invejava por sua pequena fortuna. Esta velha havia justificado o provérbio: "Infeliz em amor, afortunado em dinheiro"; por duas vezes tivera a sorte de ganhar uma soma bastante grande; ela a tornou ainda mais considerável do que realmente era e, por isso, obteve maior respeito de toda sua família. A senhora Berthier e Dauphine detestavam-se e faziam-se, em surdina, uma guerra contínua.

A velha senhora atraiu Zélia, sob o pretexto da preferência que sua mãe dava às suas irmãs etc. Em breve, a pequena se tornou realmente grata à tia, que não deixava de conservar rancores contra sua mãe e contra a parte masculina da humanidade. Ela ensinou a sobrinha a espionar e delatar tudo, fazendo-a cometer mil indelicadezas que o senso moral pouco desenvolvido de Zélia não demorou a assimilar.

"Eu te deixarei um pequeno dote" — dizia ela, muitas vezes, à sobrinha "e tu será a minha herdeira".

A senhora Berthier, desde alguns tempos, tinha frequentes ausências; quando retornava, ora parecia satisfeita, ora mal humorada. Zélia e Dauphine uniram esforços para conhecer a verdade. Uma tarde, a senhora Berthier chamou sua filha, ocupada no quarto, para apresentá-la a um senhor muito rico, seu conhecido, acrescentando:

"Ele gosta da boa voz" — parecendo que se orgulhava da voz da filha.

Assim, pediu ao visitante que tivesse a bondade de a ouvir. A jovem, curiosa, mais rápida que um raio, desceu ao salão, onde deu de cara com um cavalheiro de figura imberbe, rosto enrugado, olhos redondos, pequenos e desprovidos de sobrancelhas, fisionomia bestialmente repelente; seus cabelos muito negros, descuidadamente tingidos, caiam-lhe sobre a testa; era baixo e muito obeso; as mãos curtas e grossas, os dedos cobertos de vários anéis de mau gosto. Zélia recuou, julgando ver um monstro... Sua mãe a beliscou, empurrando-a para frente do gordo senhor.

Zélia compreendeu que este era o esposo que sua mãe lhe destinava, e resolveu opor-se a todo custo. Mostrou-se constrangida e cantou mal. Todavia, o visitante se deu por grandemente satisfeito.

"Venha ver-me amanhã" — disse-lhe em voz baixa a senhora Berthier, que o acompanhou ao carro.

"Isso me cai como uma luva!" — observou ele.

Zélia, cujo ouvido, exercitado desde a infância, tinha tudo entendido, não fez nenhuma objeção à sua mãe, quando esta declarou que ambas iam fazer um bom negócio, pois ele garantia 200.000 francos, no dia do contrato de casamento, à sua esposa. A senhora Berthier deixou de mencionar, naturalmente, a primeira soma que o seu futuro genro se obrigara a dar-lhe em segredo, no mesmo dia.

"Tu serás mais rica que tua irmã mais velha... Teu marido não será agradável, porém, tudo se arranja na casa, quando a mulher é bela e espirituosa como tu. Além de que, já ficou entendido que moraremos juntas..."

Somente esta perspectiva teria decidido Zélia, se esta já o não tivesse determinado em sua alma, a recusar o seu consentimento.

Apesar disso, não demonstrou nenhuma contrariedade. A senhora Berthier ficou desconfiada da calma de sua filha, pois esperava uma tempestade; por isso, diante da submissão filial, cobriu-a de carinhos e amabilidades de toda ordem... Fazia a todo instante alusões a seu estado de fortuna precário que, graças a Deus, ia mudar.

"Vou à casa de minha tia" — disse Zélia.

"Sim, minha filha, vai, mas não fales de nada ainda a esta invejosa Dauphine ; far-lhe-emos uma boa surpresa em alguns dias; ela morrerá, certamente, de inveja... Assim, terás cedo a sua herança!"

Dauphine escutou a sobrinha com ambos os ouvidos e, quando esta lhe contou a reflexão de sua mãe, os olhos da velha brilharam com um fogo infernal.

"Aprovo-te em resistires a essa odiosa transação, minha filha, e se tua mãe for maldosa, tornando-te a vida difícil, corre para minha casa e aqui decidiremos o que fazer!"

Zélia, que conhecia a fundo sua tia, prometeu, intimamente, não usar de sua hospitalidade senão em caso extremo; e, por sua vez, formou um plano que decidiu executar no dia seguinte, não só para escapar ao gordo *Magot*, mas para livrar-se do domínio de sua mãe e da proteção da boa tia Dauphine .

Eu disse — prosseguiu Henri — que Ninus Delmart morava na casa Berthier. Embora não fosse músico, Ninus apreciava e julgava a música como amador, principalmente o canto, que lhe causava um prazer extremo. Assim, não perdia nunca a ocasião de ouvir a senhorita Zélia, quer quando esta tomava

Viagem Astral 175

as suas lições, quer quando se exercitava só, no salão de sua mãe, tendo esta convidado o seu locatário para passar o serão em sua casa, em companhia de amigos. A senhora Berthier tinha esperado apanhar o Delmart para uma de suas filhas, mas o amador de música ficara um tanto esquivo às homenagens platônicas e... muito respeitoso.

No dia seguinte, a senhora Berthier saiu cedo para um destino desconhecido, onde esperava encontrar o senhor da véspera, a quem sua filha batizara, mentalmente, com o nome de *Magot*.[1] Ao sair, disse à filha que regressaria somente à noite.

Resolvida a fazer a sua jornada de liberdade, Zélia disse a si própria o que devia fazer. De manhã, vestiu-se simplesmente, porém com certa graça, combinando com seu gênero de beleza e perfumara-se excessivamente. O senhor Delmart gostava muito de perfumou-se e o dissera um dia a Zélia, que não se esqueceu daquela declaração.

Sentou-se ao piano antes da hora habitual, depois de ter o cuidado de abrir bem a janela, a fim de que a sua voz fosse ouvida e melhor entendida.

Zélia cantou, com todo sentimento, um dos trechos mais comoventes que o juiz apreciava; depois, em uma das páginas mais belas, parou bruscamente, fechou o piano e desatou em soluços. Sabia que era escutada...

O senhor Delmart descia a escada e era a hora de ir à audiência. Zélia não esperou que ele chegasse ao térreo e subiu rapidamente a escada, com o lenço na face, como se quisesse ocultar as lágrimas.

Passou mal cumprimentando a Ninus; este lhe pediu notícias suas e da senhora Berthier. Zélia começou por responder que sua mãe estava ausente durante o dia e que se achava bem, pois fora passear ao campo...

"Isto parece afligi-la", — atalhou Delmart. "Era seu desejo acompanhar a sua mãe, não é assim?"

"Não, senhor, ao contrário!"

"Ah!" — exclamou, "explique-me, então, a interrupção de seu canto magnífico; e confesso, fiquei profundamente contrariado ao vê-la parar, repentinamente, de cantar. O que

---
[1] Macaco, homem feio.

pode fazer cessar esta angelical melodia, dizia... E agora a vejo debulhada em lágrimas."

De fato, Zélia se pusera novamente a chorar... E, depois cuidadosamente, perguntou:

"Gosta de ouvir-me? Como é amável, dizendo-me isto... Tenho tanta necessidade de animação, porque, enfim, já está tudo decidido..."

"Que é que está decidido?" — perguntou Ninus, inclinando-se para ouvir melhor a voz chorosa e ininteligível da jovem.

"Bem, senhor Delmart. Vou dizer-lhe porque é gentil e sensato... quem sabe poderia dar-me um bom conselho! Minha mãe quer casar-me com um velho senhor que me apresentou ontem. É um monstro de fealdade; eu preferia antes me matar a unir-me àquele macaco! Conhecendo bem minha mãe, não tive nada que lhe dizer, temendo uma cena de violência; mas quando me vi só, inundei de lágrimas os pés do meu Cristo e eis o que decidi, sem deixar de me aconselhar com a minha tia Dauphine."

Ninus ficou cada vez mais atento.

"Eu tenho boa voz", — prosseguiu a moça. "Os meus professores disseram que eu levo a minha fortuna na garganta. Pois bem, senhor! Quero tornar-me cantora! Não é uma profissão indecorosa, desde que a gente fique fiel à sua religião, não é assim? Deste modo escaparei a esta odiosa união em que minha mãe tanto se empenha, nem sei por que", — ajuntou Zélia, com ar de inocência. "Sem dúvida, porque pensa que ambiciono a riqueza..."

E, dizendo isto, ergueu desdenhosamente os ombros.

O juiz pareceu refletir profundamente. E a astuta moça desfiou mais este discurso:

"Minha tia Dauphine prometeu receber-me em sua casa e manejar um pequeno capital que ela destina para meu dote, porque eu terei um dote modesto, senhor Delmart... Não estou de mãos vazias, como minhas irmãs, que, entretanto, casaram bem. Deu-me minha tia alguns mil francos para cobrir as minhas despesas durante minha estada no conservatório. Veja, penso que tudo está previsto!"

Ninus olhou fixamente a jovem; acabava de tomar uma

grande decisão. E, uma única ideia, de não mais ouvir seu concerto cotidiano, abalava este homem de hábito regulares.

"Sugiro-lhe, senhorita, renunciar a este recurso extremo; uma jovem tão bela, não pode, sem perigos para a sua virtude, mostrar-se no teatro!"

"Porém, que fazer, então?" — perguntou Zélia, pondo-se novamente a chorar. "Matar-me?"

"Matar-se, filha? Ah, se eu não fosse tão velho, qual não seria a minha felicidade de oferecer-lhe partilhar a minha vida, tornando-me seu esposo!"

Zélia ergueu um pouco sua linda cabeça como para ver melhor, mas, na realidade, para mostrar ao juiz a expressão de intensa alegria que se espelhava em seu semblante. Seus olhos fixaram-se com um tal sentimento de reconhecimento sobre os de Delmart, que o pobre juiz a estreitou ao peito, agradecendo-lhe, com muita alegria, por aceitá-lo como esposo e protetor.

Entraram no salão da senhora Berthier; ali combinaram que Zélia fosse para a casa de sua tia no dia seguinte e que ele, Ninus, iria comunicar à senhora Berthier o seu noivado e pedir-lhe a mão de sua filha.

Vinte e oito

No dia seguinte, tudo se passou muito bem, já que o velho senhor, na véspera, em sua casa, tivera a tolice (crendo seu casamento já feito) de confessar à mãe de Zélia, que preferia dar-lhe uma pensão, a tê-la com a filha sob o mesmo teto, como já haviam combinado. Isto contrariara a senhora Berthier, que agora já se envaidecia com a ideia de ter um magistrado por genro. Riu muito quando Zélia lhe contou, em parte, sua estratégia.

A princípio, Ninus foi muito feliz com sua jovem esposa e se envaideceu por ser, em toda parte, recebido com as melhores provas de afeto na alta sociedade.

Zélia resistiu bem, tanto quanto lhe foi possível, às suas tendências cármicas de mulher de prazer... E foste tu, meu caro Robert, quem primeiro lançou a perturbação na calma desta consciência. A brecha feita por ti, nesta virtude de coagulação recente, não se fechou jamais. Zélia ajuntou a falsidade às suas faltas...

Abaixei a cabeça; só agora compreendia quanto eu tinha sido culpado...

— Sim — argumentou Henri — há muitas Zélias no mundo respeitável; mas também há muitos Roberts que, com um desenfreado egoísmo, levam, sem nenhum remorso, a desavença ao seio dos lares e que, como tu, abrem grandes brechas por onde escapa a felicidade íntima de dois seres feitos para se sustentarem e melhorarem reciprocamente na vida terrestre. Diariamente estes roubos da felicidade e da honra conjugais se cometem, sem que a sociedade pense em desarmar os seus autores.

— Ah! — exclamei, levantando-me. — Compreendo agora toda a extensão de minha falta! Como era absurda a minha cólera contra a senhora Delmart, vendo-a perto do odioso Désiré... Sim, Henri, os juízos do mundo são errôneos! Só os clarividentes instruídos podem, e ainda com muita prudência, emitir uma opinião verdadeira sobre os encarnados em prova...

— Bem, é hora de deitar-te — concluiu Henri, levantando-se por sua vez. — Dentro de meia hora, te esperarei perto do Banco de França, em frente da casa onde mora a tua prima.

Dizendo isto, desapareceu.

Voltei ao meu estado normal. Estava muito triste pensando no que causei à pobre pecadora Zélia Delmart.

Mal coloquei-me no leito, desprendeu-se o meu espírito com mais facilidade do que de costume. Hesitei um pouco, pois a recordação do mago negro voltou-me ao pensamento. Fiquei contente ao me lembrar que ele estava ausente de T. por três semanas. Logo que me juntei ao meu amigo, penetramos na casa da senhora Clairville. Parei na sala de espera. Não ousava entrar no seu quarto; parecia-me cometer uma falta, uma indelicadeza inqualificável...

— Vem — animou-me Henri, pegando-me pelo braço. — Confessa que hesitas porque sabes que Alice é clarividente e temes ser surpreendido por ela em tua indiscreta visita?

— Reconheço que a minha primeira hesitação era devida a este temor, muito mais do que ao de violar as normas da boa educação e é, muitas vezes, desta maneira superficial que o homem julga seus próprios sentimentos, evitando, com cuidado, examinar a sua consciência para não conhecer os verdadeiros motivos de suas decisões.

Um pouco confuso, segui Henri, e, por uma fresta do batente do gabinete, que comunicava com o quarto de dormir, avistamos a senhora Clairville, em traje de flanela branca, sentada a uma pequena secretária de pau rosa, à *Luiz XV*, sobre a qual escrevia. A lâmpada, que dava pouca luz, estava colocada longe de minha prima, que tinha a cabeça apoiada na mão, deixando assim à mostra um braço ainda belíssimo.

Alice parecia escutar. Vi junto dela uma forma indecisa que, pouco a pouco, se ia tornando mais definida; era a de um homem que me era conhecido. Estava vestido de branco, sua cabeça era bela e sua figura exprimia uma grande nobreza: uma luz fosforescente o cercava quase inteiramente. Minha prima exalou dois ou três suspiros profundos, seus olhos se fecharam; a aparição pôs sua mão esguia e transparente sobre a fronte da senhora Clairville, e logo vi operar-se sobre minha prima o efeito do semidesprendimento em que Henri me havia colocado, uma hora antes; mas eu o sentira e o não havia visto. Eis o que eu testemunhava: vi que de Alice escapava um vapor esbranquiçado que se estendia primeiro desigualmente, depois em forma regular sobre toda a sua pessoa, reproduzindo exatamente seus traços jovens e embelezados e, desta forma, me fazia lembrar sua figura de infância.

Continuei, entretanto, a ver, através desta forma transparente, o corpo material de minha prima, porém, de certo modo transfigurado. A senhora Clairville abriu os olhos e elevou-se, chegando até nós com uma graça encantadora.

— Eu o esperava, Robert, e ao senhor, também, caro senhor de Montzag... Há muito tempo que sua visita me foi anunciada por meu mestre...

E, inclinando-se, mostrou-nos com a mão a personagem vestida de branco, a qual, havendo recuado um pouco para o fundo do quarto, se fizera apenas semivisível.

Henri, que o conhecia, aproximou-se dele; eu fiquei mudo em frente de Alice; tão surpreendido me achei que não pude articular outras palavras senão estas:

— Como és bela!

De fato, neste momento, minha prima realizava completamente, para mim, o ideal da beleza que todo homem afaga no coração.

Alice sorria, solenemente feliz, e não se admirava de minha exclamação...

O mestre tornou-se de novo consistente em sua materialização e notei que ele tinha, em sua mão esquerda, um magnífico anel ornamentado de uma esmeralda rodeada de brilhantes.

— Robert — ele disse com voz de timbre tão perfeitamente musical que eu o não poderia esquecer — chegaste ao grau de iniciação em que podes e deves reconhecer que não és um ser completo; que tua alma, separada de seu complemento

Viagem Astral 181

divino primordial, desunido da matéria densa, já não pode evoluir sem a cooperação imediata desta outra parte constituinte de tua entidade.

Quando o espírito recupera a consciência de sua evolução redentora, deve efetuar esta ascensão, reconstituindo sua unidade primordial, sem a qual tanto seus estudos quanto seus esforços ficariam estéreis.

E, tomando a mão luminosa da senhora Clairville:

— Robert Dosset — disse — reconhece-te naquela que se originou da mesma palavra do Criador...

Não procurarei narrar as sensações que a minha alma provou neste instante único; elas não pertencem a este mundo de sentidos grosseiros e inábeis. Foi uma fusão completa de nossas personalidades em uma elevação de nossa alma para o Criador; uma prece fez um contato tão íntimo que nossas personalidades não pareciam mais que um ser e se confundiram para sempre... Não sei se isto durou pouco ou muito tempo; tudo desapareceu para nós... Estava de novo em meu quarto, em um estado de beatitude tão grande, que me perguntei se me era possível, dali em diante, formular qualquer desejo...

Respondeu uma voz:

— O de melhorar a sorte de todos os teus irmãos, instruindo-os, moralizando-os e ocupando-te dos deserdados da sorte... Mas, meu filho, a alegria paradisíaca que acabas de provar não é senão um antegozo da que terás na região astral que habita a tua família espiritual, região que tu não podes alcançar antes que te tornes digno dela!

— E Alice? — perguntei.

— Encontras-te-a para perdê-la em seguida; nada de terrestre deve entrar na vossa união; a senhora Clairville, tua irmã muito amada, voltará a ti, ela o sabe; precedendo-te, ela não te abandonará por isso. *O amor é mais forte que a morte!*

Calou-se a voz e eu desfiz-me em pranto.

— Eis — murmurei — o que Henri me anunciava: uma alegria imensa envolta de amargura.

Passei a noite quase sem sono. Tive sonhos terríveis; revia constantemente a minha querida Alice morta ou agonizante; sofria mais com sua perda que de partilhar suas dores.

No dia seguinte, minha família admirou-se da palidez do meu semblante, assim como da profunda alteração de meus traços. Esta noite acabava de imprimir, em toda minha pessoa, sinais indestrutíveis...

— Dormi mal — respondi à minha mãe que me perguntou como eu tinha passado. — Isto não é nada; um passeio matinal basta para me dar novo vigor.

Quanto a meu pai, esse me acompanhou ao quarto e disse:
— Cometeste uma nova imprudência, meu filho?

Hesitei em responder. Eu não queria mentir, pois isso muito me repugnava. Por outro lado, queria contar a meu pai o meu estado de alma!

— Caro Robert, se minha pergunta te parece indiscreta, não me respondas. Eu sei já bastante de ocultismo para saber que, em muitos casos, o segredo é inviolável.

Apertei a mão deste excelente amigo. Ele viu minha perturbação e minha emoção profunda.

— Mais tarde — disse eu, e o deixei.

A senhora Clairville ficou alguns dias sem vir ver-nos. Eu sentia que ela sofria. Tinha em meu corpo como um eco de suas sensações, que ficou da nossa fusão mística; mas não disse nada a ninguém.

Minha mãe foi à casa de sua prima. Alice estava enferma realmente; uma afecção interna de que o dr. Marmon a havia curado, alguns anos antes, reaparecera repentinamente com sintomas alarmantes e o bom doutor lhe ordenara uma estada, durante alguns dias, ao ar das montanhas cobertas de pinheiros.

Alice havia pedido a Mina que a auxiliasse em seus preparativos de viagem. Assim, eu e minha família ficamos tristes por saber destas notícias.

— É surpreendente — disse minha mãe — a mudança que se deu na pobre prima em três dias de doença: os cabelos se embranqueceram inteiramente; sua figura antes esbelta se fez agora um tanto encurvada; poderia se dizer que ela passa subitamente por dez anos mais.

Voltei a ver a minha amada prima no mesmo dia de sua partida. Não pudemos ocultar nossa mútua emoção, mas estávamos bem mudados por todos os modos. Ficamos sós durante alguns minutos.

— Não trabalhes em demasia, caro Robert; sê sempre zeloso de tuas horas dadas ao mundo... A vida é tão curta e estamos neste mundo para cumprir certos deveres... Temamos sempre não os cumprir inteiramente conforme a vontade do Divino Mestre...

A voz de Alice parecia-me diferente; falava-me de uma região mais serena que aquela em que nossas personalidades se achavam juntas?

Ajoelhei-me, tomei-lhe uma das mãos e, colocando-lhe um anel de prata,[1] cobri-a de beijos e lágrimas. Ela, em atitude de prece, levantando os olhos ao céu, parecia pedir-lhe as bênçãos sobre minha cabeça, que acariciava brandamente, como nos dias de minha infância...

---

[1] É este metal o símbolo da sabedoria e do amor no plano espiritual.

Vinte e nove

Apesar dos esforços mais enérgicos, não pude adquirir bastante calma para tentar minhas saídas astrais. Enfim, à noite, Henri veio a mim e estreitou-me ao coração, dizendo-me:

— Coragem, amigo! Felizmente a vida é curta neste globo tenebroso e mau; a grande vida, a verdadeira, nos espera; ela deve ser-nos doce e alegre, em razão dos méritos adquiridos na prova terrestre. Além disso, na encarnação somos maus juízes do que nos é mais proveitoso; o que devemos fazer, quando a impossibilidade ou o desconhecido se nos depara, é resignar-nos... Agora, devo prevenir-te que o tempo que me resta para dedicar-te é muito curto; convém apressar-nos, se queres que eu conclua minha obra de iniciação ao teu lado.

E Henri, sem que eu percebesse, derramou em mim a sua influência calmante. Meu espírito tomou, pouco a pouco, outra direção. Senti um vivo desejo de me lançar de novo na esfera astral.

Deitando-me, agradeci ao meu amigo por me haver prontamente desprendido; era mais de meia-noite. Henri cobriu-me com uma grande manta, que vi pela primeira vez, e eu me senti elevado aos ares por cima da cidade; estávamos há cerca de 500 ou 600 metros acima dela; nosso vôo foi, por assim dizer, instantâneo...

— Paremos aqui — ordenou Henri.

A princípio, eu nada via, mas, apalpando em redor de mim, porque quase nada enxergava, senti alguma coisa resistente.

— Vais habituar-te a isto — disse meu amigo. — Observemos agora.

Todos os meus esforços para distinguir as formas vagas que passavam em multidão por nós, tiveram o efeito desejado por Henri.

Percebi, com grande facilidade e inaudita rapidez, tudo o que se passava em volta de nós e isto a uma grande distância, comparando com a melhor vista física.

Uma enorme multidão subia e descia em todos os sentidos, cruzava e misturava-se sem se ver. Vi que se elevavam, da cidade adormecida, sombras de formas e opacidades diversas. Notei figuras de meu conhecimento; estavam quase todas acompanhadas de seres mais ou menos luminosos. Em sua passagem, certas espécies de animais alados procuravam cortar-lhes o vôo; muitas vezes, eu via a pessoa recair, pesadamente, na direção de sua casa que eu conhecia.

Henri explicava-me a razão e os motivos destas lutas, que causavam, algumas vezes, um despertar sobressaltado[1] e penoso.

O que, principalmente, me encantou foi reconhecer um grande número de habitantes de T., apesar do disfarce que apresentavam.

— Estamos no carnaval — perguntei — e as pessoas mais sérias e mais velhas fazem parte do cortejo?

De fato, cada uma delas tomava a forma de um animal de nossa fauna terrestre, e como, numa fantasia de artistas da Idade Média, expressões grosseiras e horríveis...

— Não são mascarados — respondeu meu companheiro. Vês, em realidade, a figura anímica e física de teus concidadãos; as paixões que os agitam, o amor particular que os domina, moldam, à sua semelhança, o corpo fluídico deles. O rosto humano é que é a máscara...

Fiz curiosas observações das quais, espero, me servirei mais tarde, em minhas relações astrais...

— Dirijamo-nos — disse Henri — para a região da sombra, que se chama *Érebo*.[2]

Coberto com o manto protetor de meu amigo, e sustentado por ele, pusemo-nos a percorrer, durante alguns minutos,

---

[1] Muitos dos nossos leitores têm, sem dúvida, provado esta sensação que se assemelha a um passo em falso quando se caminha; eles despertam então, isto é, quando passam do plano astral para o terreno físico.
[2] O Umbral na terminologia espírita atual.

um espaço considerável. Tornando-se a atmosfera mais densa e a obscuridade mais espessa, diminuiu-se o nosso vôo.

Provei uma grande angústia ao descer naquela noite profunda; o ar úmido e frio penetrar-me-ia os ossos, se eu tivesse ido ali em corpo físico. Embora eu não visse ainda nada, sentia que passavam corpos perto de mim, que soltavam gemidos e vagos apelos dolorosos.

— Descemos aos infernos? — perguntei, em segredo, a Henri, temendo despertar os ecos desta triste região.

— Não, ainda não, meu caro amigo; vais habituar-te a este gênero de trevas e perceber, uma parte ao menos, do que se passa nela. Entremos aqui; este lugar é o oratório de um espírito astral, cheio de caridade; ele se exila, voluntariamente, de sua região mais afortunada para levar os socorros de sua experiência aos recém vindos da Terra, se é que querem aceitar os seus serviços.

A cela deste espírito estava fracamente iluminada; eu procurava descobrir de onde vinha a luz, pois não via nem lâmpada nem outra luminária ou lamparina das que se usam na Terra. Aumentou a luz e eu vi, junto de nós, um ser com figura semelhante à nossa, mas exageradamente oval, que me pareceu desajeitado.

Este ser estava coberto com uma roupa de pele muito colada ao corpo; não se distinguiam as pernas; arrematavam-lhe os braços umas mãos brancas como o rosto; eram belíssimas e tinha-as sempre adiante como se as quisesse ostentar. Não tinha barba e cabelo, e eu vi que era, particularmente, do alto da sua cabeça que vinha a luz.

— Guarde-te Deus, Belzeth! — disse-lhe Henri.

E explicou-lhe brevemente quem éramos e a que vínhamos àquela região infortunada.

Belzeth pareceu-me tão inteligente quanto bom. Pôs-se à nossa disposição para nos auxiliar em nossa peregrinação através do *Érebo*.

— Porém, esperem — disse ele — uma hora terrestre. Vou pedir a um dos meus irmãos que me substitua na cela, a fim de vigiar a passagem que é muito difícil de atravessar, sem dor, para as almas pecadoras que vêm do planeta...

A estas palavras, Belzeth desapareceu, mas antes de nos deixar, friccionou fortemente a sua cabeça com um objeto que me pareceu uma pedra redonda; assim que o tornou luminoso, colocou-o em um canto de seu oratório, ao pé de uma grande cruz de madeira, para nos servir de luz. Verifiquei, e isto me tranquilizou um pouco, que o eremita astral era um servo de nosso Jesus de Nazaré.

No momento em que Belzeth ia deixar-nos, ouviu-se um ruído semelhante a um estrondo subterrâneo; o vento frio e úmido que domina nas regiões tenebrosas aumentou de intensidade. O elemental (pois era este um daqueles de espécie benigna ao homem, ou tornado tal por sua conversão) escutou e lançou-se ao encontro do ciclone que não só ouvíamos soprar, mas distinguimos que se elevava da superfície do planeta. Foi quando vimos chegar, quase diante do oratório, uma multidão de seres pertencentes a diferentes espécies de monstros astrais, que escoltavam uma leva de almas recém desencarnadas que vinham atraídas ao *Érebo*, passagem obrigatória de todos os que morrem, quer sejam virtuosos, quer sejam inteligentes. Uns atravessaram-no rapidamente como brilhantes meteoros, iluminando, por alguns instantes, esses lugares transitórios da dor; outros aí ficam um tempo determinado antes de entrar no *Kâma-Loka*, imensa região de purgatório. Enfim, muitos, ainda que justos e bons, aí se demoram longo tempo, retidos pelas afeições terrestres, para mais facilmente acudirem ao apelo dos seres queridos que foram forçados a deixar.

Isto explica por que nossa tristeza exagerada e nossas evocações egoístas fazem, sem que o saibamos, mal aos queridos desaparecidos, distraindo-os da vida normal que devem seguir depois da sua desencarnação.[3]

Há personalidades que ficam em um estado de coma, durante muito tempo; sofrem algumas vezes fisicamente, como se estivessem sobre a Terra ou ficam mergulhados em uma letargia vizinha ao aniquilamento.

Enfim, homens maus e perversos, mas muito intelec-

[3] Eis uma das razões, ainda, porque não se devem fazer evocações, sobretudo, próximas da morte do evocado: porque estas evocações podem perturbar profundamente o estado astral do evocado.

tuais, chegam conscientemente ao *Érebo* e aí sustentam terríveis combates com os demônios dessa região, que procuram despojá-los da força vital que seu estado de semimaterializados lhes permitiu depositar em seu invólucro fluídico. Estes ferozes elementais têm em suas personalidades, se chegam a dominá-las, bestas de carga que lhes são de grande utilidade, e isto em detrimento da alma que, pouco a pouco, perde sua luz, assim como sua energia vital.

Foi por uma numerosa captura deste gênero que assistimos a uma verdadeira batalha, pela abertura da cela oratório. Vimos Belzeth, na mais sangrenta luta, e eu custei a distinguí-lo e reconhecê-lo, tão mudado estava o seu o aspecto. O que eu tomara primeiro por aquela vestimenta apertada era a sua pele, menos aderente, ainda, que a dos cães de carne e, por conseguinte, muito mais frouxamente ligada ao corpo. Encolhendo esta sobre sua cabeça desnuda, deixou ver uns dentes compridos e agudos e deu, deste modo, à fisionomia, uma expressão tão medonha que não pude convencer-me de que tal monstruosa figura podia ser boa e prestativa.

A agilidade de Belzeth era surpreendente; notei logo que, entre os maus espíritos, se achava uma multidão da espécie de nosso hospedeiro astral.

Henri explicou-me que era uma raça daninha espalhada nesta plaga próxima ao nosso planeta, que fazia infinito mal aos habitantes da Terra.

Neste momento, um grande tumulto se levantou; seres de forma humana, vestidos como guerreiros e religiosos, com umas varas curtas nas mãos, investem sobre a multidão e a dispersam. Havia demônios que levavam alguns desencarnados presos por um fluído viscoso que escorria de seus lados. Outros desencarnados foram confiados a elementais que tinham a forma de grandes cães, verdadeiras feras, cujas cabeças pareciam cabeças humanas. Com a velocidade de cães de caça, estes monstros cercam o comboio e o levam rapidamente ao seu destino. A tropa, então, se lança na névoa, deixando após si resíduos de todo gênero, que o vento se encarrega de varrer.

Eu quis ver os guerreiros e falar-lhes porém, Henri me conteve, dizendo:

— Não faças perguntas nas regiões astrais, a nenhuma personalidade, sem que tenhas necessidade absoluta; há aqui criações fluídicas que não têm senão uma função: vir em socorro das almas. Desviá-las um só segundo é aniquilá-las e receber, por isso, o choque elétrico da parcela de vontade espiritual que lhes deu uma vida artificial.

— Quê! — perguntei — Seriam, estes servidores, espécies de autômatos?

— Esta palavra não explica exatamente o estado destas criações; mas, por falta de uma explicação apropriada, conserva-a.

Eu me reconhecia cada vez mais ignorante...

Que coisas grandiosas e terríveis existem perto de nós e, todavia, não lhes supomos a existência!

Diante de nós passam para a Terra e de lá voltam as sombras que se destacam no meio ambiente, segundo suas qualidades ou espécies. Lamentações, gritos abafados, ruídos de folhas secas que o vento faz redemoinhar, vermelhos relâmpagos saem por instantes do meio das procissões fúnebres formadas de desencarnados, que rolam em uma nuvem de fluido absolutamente negro.

A cada fuzilar do fogo vermelho se elevam gritos da coluna a caminho; para estes nenhum salvador corre...

Sentindo uma espécie de vertigem, fechei os olhos com um vago temor de ficar como habitante temporário dessa região... Henri abraçou-me e aproximamo-nos da cruz.

— Roguemos — disse ele — pelos que passam diante deste oratório.

Dizendo isto, sentimos um pouco de calor por nossa elevação de espírito ao Senhor de Misericórdia.

Trinta

Confortados, esperamos a volta do elemental.
— Fala-me de Belzeth — pedi a meu amigo. — Explica-me sua natureza e sua conversão, se posso conhecê-las.
— Seria uma longa e curiosa história a deste ermitão astral, mas devo ser breve. Belzeth é o produto de um mau demônio e de uma mulher terrestre, jovem viúva que, dada às práticas da magia, julgava achar naquele elemental muito inteligente o defunto a quem amava e cujos vícios, de que ela também participava, eram perfeitamente adotados pelo demônio. Belzeth tem as mãos de sua mãe; orgulha-se disso e as mostra com certo prazer. As do seu progenitor são cobertas de pêlo negro e, ao invés de unhas, garras...
Belzeth foi criado em saída astral da dama e passou por fases da embriologia humana. Respirou apenas alguns segundos em materialização artificial, depois foi levado arrebatadamente pelo demônio, seu pai, a uma família que se envaideceu em ter um indivíduo de sua espécie, possuidor de uma alma imortal como os filhos de Adão. Este dom provinha-lhe de sua mãe.
Pensaram que Belzeth podia prestar grandes serviços à sua raça, por se misturar mais facilmente com os humanos e fazer mal maior, impedindo as almas puras de recuperar o estado primitivo (antes da queda), no qual não podia mais se intrometer esta espécie de elementais ferozes e ciumentos.
Belzeth tem centenas de anos de existência e fez infinito mal à raça humana, por isso, tão honrado era entre os seus.
Certo dia, formou audacioso projeto de afastar um piedoso solitário de sua vida de austeridade e de contemplação; mas o bom eremita, adivinhando-lhe a malícia e vendo que

era uma alma que o tentava, quis, por sua vez, influenciá-la para a salvar. Assim, portou-se tão paciente e brandamente e provou tão bem ao elemental que obedecer ao instinto que herdara do pai era renunciar ao privilégio que recebera da mãe, que Belzeth refletiu nas palavras do solitário. Mas, continuando a atormentar o asceta, acabou por se meter com a vítima em uma vida comum. Abandonou sua religião, combateu com o solitário contra seu próprio pai que tentou repreendê-lo; por fim, lhe foi permitido ver sua mãe, infeliz há séculos, abismada no *Avîtchi*.[1] Sua mãe pedia à Providência que lhe concedesse a graça de viver sobre um planeta para redimir a sua falta. Contudo, ela amava o fruto de sua prevaricação e desejava ardentemente tirá-lo do meio demoníaco.

Foram suas preces e os méritos do solitário que obtiveram esta visão a Belzeth, que se tornou, dali em diante, um protetor dos humanos. Batizou-o o solitário antes de deixar a vida e, quando a sua alma se viu liberta de seu fardo de carne, Belzeth o acompanhou ao *Érebo*.

"Tu não podes", — falou-lhe o santo "ir comigo além daqui, nem te encarnarás em um corpo humano antes que aquela que foi tua mãe te forneça os meios, e o tempo para isso ainda está muito afastado. Convém, pois, que fiques nesta região e te ponhas a entender aquilo que eu fiz na Terra, isto é, combater os inimigos do gênero humano, segundo tuas forças e teu saber. Eu te criei este oratório que nenhum furacão poderá destruir. Poderás ter abrigo nele, mas nenhum dos teus inimigos poderá penetrá-lo. Fica, pois, tranquilo, ora e faze o bem, devotando-te sem restrição à tua obra. Serei sempre teu amigo e protetor. Dei-te o nome de Belzeth para que não esqueças de que teu nascimento tem sua principal raiz na raça maldita de Belzebfl. Tua grande dedicação aos

---

[1] *Avîtchi* — Este termo sânscrito designa um plano da mais pura espiritualidade do mal, requintadamente terrível. — Cf. Ernest Bosc, *Dicionário de Orientalismo, de Ocultismo e de Psicologia*, Paris, 1895.
Esse estado não necessariamente ocorre após a morte ou entre dois nascimentos, pois pode ocorrer também na Terra. Literalmente é: "inferno não interrompido". É o último dos infernos, onde, segundo se diz, "os culpados *morrem e renascem sem interrupção*, embora não sem esperança de redenção final". Esta é a razão pela qual *Avîtchi* é outro dos nomes usados para designar o *Myalba* (nossa terra) e também é um estado no qual são condenados a este plano físico alguns homens desalmados. — Helena P. Blavatsky, *Glossário Teosófico*. São Paulo, Editora Groung, 2000, p. 66.

humanos extinguirá em ti esta raiz e desenvolverá a influência adâmica que herdaste de tua infeliz mãe, vítima de sua ignorância e de suas desastrosas paixões!"

Belzeth voltou mais depressa do que pensávamos; veio acompanhado de um camarada astral que nos apresentou por seu irmão, sem dúvida de coração, pois ambos eram sensivelmente diferentes, principalmente pela estatura, pois Phael (assim o chamava o nosso eremita) era um verdadeiro gigante cabeludo e tinha uma cabeça demasiadamente pequena. Eu não o pudera comparar melhor do que com um chimpanzé colossal. Como este, o mais inteligente e manso de sua espécie, assim tinha Phael o olhar tristonho e doce. Ele observou-me atentamente.

Belzeth devia ter-lhe fornecido algumas informações sobre mim. Olhando-me com alto grau de curiosidade semi-infantil e semi-animal, pegou-me o gigante bruscamente pelas costas, com suas largas mãos que me enlaçaram completamente e me elevou no ar com a mesma facilidade com que se ergue uma criança.

Esta nova maneira de me examinar, tão de perto, causou-me um pouco de confusão e, sem a presença de Henri e a de Belzeth, eu ficaria horrorizado, achando-me sem defesa nas mãos do gigante.

O elemental[2] pôs-me sobre seus ombros, me segurou com muita atenção e deu uma cambalhota expansiva e macabra, exprimindo a grande alegria que provava em me segurar desta forma.

— É meu bom irmão — repetiu Belzeth. — Ele ama a Jesus de Nazaré!

Lembrou-me a lenda de São Cristóvão em que se pinta um gigante levando sobre os ombros o menino Jesus.

Enfim, Phael pôs-me cuidadosamente no chão e se abriu

---

[2] Elementais — Espíritos dos Elementos. Criaturas desenvolvidas nos quatro reinos ou elementos: terra, ar, fogo, e ágia. São denominados, pelos cabalistas, de Gnomos (os da terra), Silfos (os do ar), Salamandras (os do fogo) e Ondinas (os da água). Exceto alguns poucos, que pertencem a espécies superiores e seus regentes, são antes forças da natureza do que homens ou mulheres etéreos. Esses espíritos da natureza são seres materiais, porém invisíveis (para nós). Não tem espírito imortal, mas são feitos da substância da alma e tem vários graus de inteligência. — Helena P. Blavatsky, *Glossário Teosófico*. São Paulo, Editora Groung, 2000, p. 163-164.

psiquicamente a Belzeth, mostrando-lhe as suas "entranhas",[3] a fim de que este compreendesse as suas "querenças".

Esta linguagem é a dos elementais inferiores, bem como a dos seres superiores, considerando uma pequena diferença que se nota nestes ao exporem as suas noções espirituais. Provém, certamente, da elevação e cultura espiritual. Belzeth traduziu os pensamentos de Phael. Este sentia por mim um carinho desconhecido. Eu lhe agradava tanto quanto os jovens de sua espécie e ele reverenciava em mim, a alma imortal do Adâmico;[4] propunha-me também se tornar meu servo fiel e seguir-me na Terra (concessão enorme para si).

Consultei Henri, pois me achei feliz pela expressão humilde e afetuosa do gigante que se encontrava deitado de costas a meus pés, com as mãos cruzadas acima de sua pequena cabeça, cheia de longos e grossos cabelos.

— É uma carga que aceitas — disse meu amigo. — Tudo tem seu inconveniente; mas Phael pode prestar-te imensos serviços. Perto de tua pessoa, ele teria expulsado todos os elementais de Ardol. Phael tem alguns conhecimentos do plano astral que ele habita e pode, em muitas circunstâncias, servir-te utilmente em tuas saídas astrais. Estes espíritos, com certeza, devem, um dia, na sucessão das idades, ser chamados a fazer parte da raça humana e receber uma alma como nós. Estes gigantes foram produzidos pelo homem primitivo, ainda fluídico, por sua união condenável com uma espécie de mamífero, hoje desconhecido. Assim, diz mais verdade quem diz que o macaco descende do homem, do que aquele que afirma que o homem descende dos símios.

Aceitei a servidão voluntária de Phael de que eu devia tomar posse quando passasse no oratório.

O gigante tentou rir; sua carranca me fez piedade, mas suas demonstrações de alegria me levaram ao riso.

Precedidos de Belzeth, eu e Henri deixamos a cela hospitaleira e atravessamos o desfiladeiro do *Érebo*, no qual estava situada.

---

[3] Por este termo místico convém entender que Phael se revelou mentalmente a Belzeth, pois todo ser psíquico elemental goza de certo poder de velar seu pensamento.
[4] Isto é, os filhos da raça de Adão, os homens.

Trinta e um

— As vias semelhantes a esta são numerosas — disse o eremita — e as almas não entram indiferentemente por qualquer delas; há leis de atração que as impelem segundo a sua natureza. É um dos aspectos mais sinistros do *Érebo*. Tínhamos chegado a um imenso plano cheio de lama e coberto de grossas nuvens negras, que dali mesmo brotavam à maneira daqueles flocos de fumo, que se lançam numa chaminé de usina que dá luz para as casas. Saía desta planície um odor muito ruim que tornara a respiração penosa para um organismo fluídico. Uma dessas nuvens negras veio estourar perto de nós, parindo corpos astrais semelhantes a cadáveres quase putrefatos, na lama sobre a qual felizmente deslizávamos.

— São — disse-me Henri — homens mortos há muitos anos, que tinham, durante sua existência terrestre, a alma gangrenada com a máscara da honestidade. Por ocasião de sua morte, tais homens ficaram ligados ao seu despojo físico, pela semelhança de sua podridão anímica com sua carne em decomposição. Nada sujeito à podridão resta sobre seus ossos. Estas personalidades fluídicas podem chegar ao *Érebo*, onde entidades caridosas as auxiliam, progressivamente, a despojar do corpo semimaterial o que têm ainda de terrestre. Depois desta depuração indispensável, estas personalidades são levadas ao *Kâma-Loka*, onde, após um tempo determinado, serão postas em estado *devacânico*, proporcional a seu mérito.

Eu examinava com profundo desgosto os cadáveres vivos que eram postos diante de mim; vi seus olhos abrirem-se, mas, confundidos com nosso aspecto, fecharam-nos de novo. As nuvens pestilentas que os haviam vomitado se desfizeram neles ou se fundiram na lama em que foram colocados.

— Esta massa negra que os encobria — disse-nos Belzeth — era formada de emanações sepulcrais; mas o plano dos remorsos tem também os seus missionários.

De fato, chegaram todos precedidos e seguidos de cães com cabeça humana, dos quais já falamos, uma multidão de espíritos cobertos com suas capas, semelhantes a de Henri; rosto coberto, que não se podia distinguir.

Os corpos repugnantes foram vestidos e cada um foi tomado nos braços por um missionário que, cantando tristemente uma doce e monótona invocação ao Senhor, ia se afastando e elevando-se nos ares, alguns metros acima da lama.

— Sigamo-los — disse Belzeth — vamos nos juntar a eles a uma grande distância, em um povoado nos confins da região do *Érebo* que visitamos e do *Kâma-Loka* mais próximo.

À beira de um lago, cujas águas, com aparência de mercúrio, tinham uns leitos de junco trançado, eram depositados alguns corpos que mergulhavam nas ditas águas, expondo-lhes o peito e, por um processo particular, podíamos perceber imediatamente o efeito salutar que as emanações das águas produziam sobre esses infelizes corpos astrais.

Eu vi, então, que inumeráveis eram os enfermos que seguiam este tratamento e como era grande a caridade desses missionários de misericórdia.

— Apressemo-nos — disse Henri — o sol vai logo aparecer na parte do globo que habitas.

Percorremos, assim, com Belzeth, muitas regiões do *Érebo*, todas diferentes e curiosas sob muitos aspectos. Para toda falta ou infração da lei divina ou mesmo humana, existem, tanto no *Érebo* como em várias regiões astrais, provações diversas adequadas aos diversos tipos de faltas.

Tomei de modo fluídico muitas notas que prometi redigir mais tarde. Deixei de dizer que tivemos algumas lutas em nossa excursão, porém, Belzeth só fez maravilhas: quando ele se ouriçava, mostrando os dentes agudos, o inimigo fugia!

De volta ao oratório, encontramos Phael que nos esperava impaciente. Não se pusera, felizmente, a batalhar; achara-se preguiçoso. Percebi logo a coisa. Quem não tem os seus defeitos?

Apertamos as mãos, a modo humano, do bom Belzeth, prometendo-lhe tornar a vê-lo e, seguidos de Phael, triunfante em sua nova posição, voamos rapidamente para a Terra e aterrissamos em T..

— Que devo fazer de Phael? — perguntei de repente a Henri, porque a ideia de abrigar este gênero de criado não me ocorrera ainda ao espírito.

— Não te incomodes com isso, caro Robert. Phael será invisível a todos os olhos; ele irá procurar na atmosfera ou aos altos cimos com que se sustentar. Sê bom e justo para com este auxiliar de uma raça inferior; mas não cedas jamais tua vontade à dele; cumprirá como teu protetor a prova que apressará sua regeneração... Irmão e amigo, até amanhã!

Despertei com alegria por encontrar a família e até os móveis de meu quarto.

Este *Érebo* triste que eu fui visitar, em parte, me havia impressionado penosamente.

De repente, lembrei-me de Phael.

— Onde está o meu gigante? — perguntei-me

Alguma coisa de frio tocou a minha mão. Percebi, então, que Phael estava agachado a meus pés; o pobre servo astral trouxera consigo o frio úmido de sua região.

Fiz-lhe compreender que eu não necessitava de seus serviços; ele era livre até nova ordem. Phael lançou-se pela janela aberta e desapareceu.

Experimentei, então, o meu poder sobre o meu servo astral. Chamei-o mentalmente e, em rápidos segundos, Phael se pôs diante de mim, com ar sobressaltado; girou em torno de minha pessoa, examinou os quartos para verificar se algum perigo me ameaçava.

Serenado o ânimo, olhou-me fixamente, como fazem os gatos inteligentes, para buscar a causa do apelo repentino e, segundo ele, inoportuno.

Toquei-lhe familiarmente o alto da cabeça, sorrindo — ele estava ajoelhado. Phael compreendeu que eu quisera experimentá-lo e retirou-se contente.

Trinta e dois

Henri chegou cedo à minha casa.
— Vamos — propus eu — passear somente na cidade.
Vieste cedo hoje. Certamente estou feliz de te ver, mas eu esperava que fôssemos, depois do meio-dia, a uma região astral menos triste que o *Érebo*.

— Vamos para a parte do *Kâma-Loka* ou purgatório católico, que está próximo da atmosfera terrestre; o *Érebo* faz parte dele de algum modo, pois é o caminho que a ele leva ou, para melhor dizer, o seu vestíbulo, achando-se no cone da sombra que a Terra projeta.

Este caminho é obrigatório para os que morrem, conforme já te disse, bem como para os homens em desprendimento consciente; eles têm, então, recordações confusas e estranhas e visões horríveis.

Mas, para os iniciados, há caminhos secretos que conduzem mais rapidamente e mais facilmente os viajantes; contornaremos o *Érebo* em sua menor largura.

Tomaremos o caminho da cornija — ajuntou Henri, sorrindo. — Cheguei mais cedo para rever contigo tuas notas e reavivar tua memória sobre certas particularidades de nossas excursões.

Nesta instrutiva e doce colaboração, passamos algumas horas.

— Soou meia-noite na catedral. Partamos! — ordenou Henri. — Deita-te vestido em teu leito e cobre-te bem com tuas cobertas.

Dizendo isso, soprou sobre minha fronte e o desprendimento se operou instantaneamente.

Phael, com os braços caídos, olhava maravilhado minha

saída astral do corpo e acabou por se prostrar diante de mim! Explicou-me Henri que o pobre Phael achava ruim o meu aspecto quando estava em meu envoltório físico e que, vendo-me depô-la à vontade, estava mais que persuadido da minha superioridade.

Phael, compreendendo uma parte de nosso projeto, passou adiante. Senti-me contente de escapar à necessidade de entrar na sombra e de me achar no plano dos remorsos... Subimos rapidamente. Já tínhamos feito uma ascensão direta, quando nos inclinamos de repente para a direita; estávamos nas fronteiras da região percorrida na véspera. Percebi que não estávamos sós neste caminho estreito e tortuoso que permeia os abismos. Henri fez-me distinguir a natureza dos diversos viajantes que passavam como sombras por junto de nós, quem procurava reconhecer-nos e quem buscava disfarce em outra personalidade.

— Chegaremos lá cedo? — perguntei a meu amigo.

— Sim, Robert, mas é essencial forçarmos uma passagem, a fim de nos encaminharmos para onde quero conduzir-te nesta parte astral.

Com efeito, alguns instantes depois, o caminho tornou-se mais largo; passamos por uma imensa planície; uma luz crepuscular feriu meus olhos; pouco a pouco, ela foi se derramando em torno de nós. Não posso compará-la melhor, do que com um clarão elétrico, poderoso, saindo de um globo azul embaçado.

O que me dá certeza desta narração é que, ao lado de extensões brilhantes e esclarecidas, outras eram maiores e absolutamente tenebrosas; além de que, as partes eram desigualmente iluminadas e pareciam móveis.

Perguntei a causa disso a Henri.

— Entramos no país da ilusão por excelência — disse meu companheiro. — Aqui tudo são ilusões e surpresas, cada objeto oculta uma força astral consciente ou semiconsciente, prestes a fazer mais o mal que o bem aos inexperientes recém-vindos. Também os seres obrigados a viver nesta região mágica ou a atravessá-la, compreenderam a absoluta necessidade de se agruparem em numerosas tribos para vencer as vontades traiçoeiras que tomam todas as formas e se servem de todas as astúcias para chegar a satisfazer suas paixões, sua cupidez, sua inveja de raças que possuem uma alma imortal ou daquelas que a têm mortal e em caminho de se tornar imortal, pois tu não ignoras, caro Robert, que o homem pode perder sua alma e isto demonstrou nosso divino Jesus, quando disse a seus discípulos que esta era a maior das infelicidades que podem acontecer ao espírito encarnado!

Phael partiu adiante, mas voltou subitamente a nós e dirigindo-se a Henri, como o mais experimentado, avisou-o que tínhamos chegado ao grande rio, que era preciso desconfiarmos; que, quanto à sua pessoa, devia afastar-se para, dissimuladamente, atacar seus adversários, se fosse necessário.

— O quê! Sempre a luta? — exclamei, desanimado.

— Sim, Robert, mas por não se acompanhar ela da discussão, não é menos perigosa; ao contrário!

Tínhamos, com efeito, chegado à beira de um largo rio, cujas águas, talvez muito tumultuosas, pareciam correr lentamente. As praias deste rio eram sombrias e cobertas de flores, o aspecto de suas imediações não parecia justificar os temores de meus companheiros. Apareceu-nos à vista uma ponte de ousada, porém leve construção, com aparência de solidez. Pensei, embora não a tivesse visto, que ela existia antes da nossa chegada ali!...

— Enganas-te! — observou-me Henri. — As ilusões começam; se cometêssemos a temeridade de passar por esta ponte, cuja elevação te faz lembrar a de Friburgo, ela se desfaria bruscamente e cairíamos no rio pérfido, cujas águas não são mais do que massas pululantes e gelatinosas de larvas de todas as espécies, tanto de homens como de animais.

Estas larvas são o produto das forças psíquicas do plano terrestre ou das do astral. Formam elas, por assim dizer, um grande rio composto de existências quer em germes, quer em dissolução, que se espalham nos abismos caóticos. Elas servirão, em um futuro incerto, para formar as primeiras matérias (protoplasma) de uma nova criação. Estas energias vitais não são conscientes senão pelo desejo de ficarem ativas. Consiste nisso o seu instinto mais rudimentar da vida. Também estes esboços de formas, que são guiadas pela atração material para o elemento fluídico, se apoderam dele gulosamente, sem fazer nenhuma escolha. Elas se insinuam, desta forma, com facilidade tanto no corpo astral como no corpo físico. Não podendo elevar-se da corrente que as engole e arrasta, fascinam a personalidade inexperiente de quem delas se aproxima muito. São, às vezes, germes mórbidos para a alma e para os corpos astrais.

Os elementais de todos os gêneros, inimigos do gênero humano, buscam seduzir os homens por todos os meios, armando-lhes mil enganos para levá-los à corrente voraz ou despojá-los da energia vital. É um verdadeiro vampirismo.

Eis porque tantos homens, supostos inteligentes, vêem turvar-se sua razão nas experiências aventurosas de desprendimento consciente ou inconsciente, bem como nas provocadas pela embriaguez ou nas mais agradáveis, porém mais profundas, causadas pela ação dos narcóticos.

Vimos logo inúmeros viajantes se aventurarem na ponte que nos parecia suspeita. Nenhum desastre lhes aconteceu; ganharam a outra praia e pareceram continuar tranquilamente seu caminho, mas nós os perdemos de vista, porque uma espessa floresta se achava do outro lado do rio.

Olhei para Henri; estava persuadido que seus temores eram vãos. Sozinho, eu me teria aventurado sobre aquele grandioso arco que me maravilhava por suas gigantescas proporções, que deixavam para trás as mais arrojadas produções do gênio terreno.

Seguia Henri o meu pensamento; traçou no ar um signo mágico e a ponte grandiosa e fantástica ruiu, afundando nas profundezas do rio. As forças que haviam contribuído para a sua formação viram desfeitos os seus planos. Sentindo a dolorosa contração, de sua profundidade, as forças trabalharam em vão para resistir e uma nova cisão de sua obra, tão frágil, em virtude da natureza de seu material.

Fiquei maravilhado!

— Agora — disse Henri — vou cobrir-te com a capa protetora, para que novas maravilhas, mais empolgantes ainda, não te distraiam de nosso caminho, pois, meu amigo, o querer aqui é o verdadeiro poder. Se, por qualquer causa, deixas esta força-princípio abater-se sobre ti, mesmo por uma distração inocente, arriscas, em um dado momento, perder a faculdade de acumular em tua alma a vontade necessária no perigo ou ainda na realização de um desejo.

Aqui é, como estás vendo, como sobre a Terra, mas a um grau extremamente superior, como o são as matemáticas transcendentes para a aritmética elementar. Neste mundo astral, nada é pequeno, nem desprezível; tudo é grande e consequente.

Assim falando, Henri ia me envolvendo nas largas dobras de sua capa mágica e eu vi Phael enrolar-se como uma bola, fracionando seu movimento com movimentos grotescos. A meus olhos foi se convertendo em um fardo cinzento.

No momento em que nos elevávamos por cima do rio para atravessá-lo, uma voz lastimosa e suplicante de mulher feriu os nossos ouvidos:

— Por favor — dizia — bons espíritos, não desampareis uma infeliz de vossa raça que, com o perigo de romper o fio fluídico (laço vital) que a prende a seu corpo adormecido sobre a Terra, tenta ir encontrar sua mãe querida no purgatório, onde habita. Aqui cheguei há algumas horas, que me parecem um século, e tenho sofrido muito com demônios tão maus, que sou incapaz de me levantar deste rio maldito para alcançar outra praia. Dignai-vos, quem quer que sejais, de estender-me a mão benigna!

Olhei a suplicante; sua beleza era maravilhosa e seu rogo tocava-me o coração. Já ia me inclinando a atraí-la para dentro da minha capa, quando Henri, repelindo-a com uma varinha que trazia em sua manga, e que eu ainda não tinha visto, disse:

— Infeliz!

E aquela criatura, tomando agora uma forma monstruosa, vomitou uma fumaça malcheirosa e se foi, pouco a pouco, contraindo e encurtando a ponto de se tornar apenas perceptível...

— Esta é — explicou Henri — a criação fictícia de uma entidade demoníaca, posta ali de propósito talvez, a fim de que, aniquilando tua prudência por um momento, não pudesses, senão com muita dificuldade, retomar o teu corpo físico. Não me admiraria de que Ardol tivesse sido avisado de tuas saídas astrais. Convém que tenhamos cuidado e que nos dirijamos rapidamente para os centros habitados do país astral que devemos visitar; e que, de comum acordo, unamos nossas forças para atravessar, em um vôo rápido, a corrente monstruosa, cujas emanações são fascinantes, mesmo a alguns de grande elevação.

A floresta pareceu-me indestrinçável.

— Ilusão ainda — disse Henri.

E, dirigindo-nos para um caminho conhecido pelo meu amigo que, por prudência e com grande pesar meu, não me tirara ainda a capa, fomos pôr os pés na estrada de uma cidade imensa, perto da qual Paris e mesmo Londres foram consideradas como simples povoados.

A capa havia desaparecido.

Eu e Henri, seguidos de Phael, que retomara a sua forma gigante, percorremos as ruas magníficas e largas, cheias de edifícios, que me maravilharam, com as suas gigantescas proporções e a ordem maravilhosa de seu estilo arquitetônico.

Os quarteirões sucediam-se uns aos outros e cada um deles tinha seu formato particular.

Nosso passeio foi longo e feito com tamanha pressa que não pude examinar, senão imperfeitamente, o que se nos deparava na passagem.

Encontrei-me em uma cidade análoga às grandes capitais terrestres; esta analogia era significativa; homens e animais percorriam as ruas; havia ali seres cuja existência é desconhecida ao nosso planeta. O que me chamou, sobretudo, a atenção foi a grande diversidade de vestimentas; havia de todas as épocas; isso dava uma fisionomia pitoresca à multidão numerosa que se agitava febrilmente, indo e vindo, na cidade imensa.

Quase todos caminhavam sobre o chão, porém, de modo agilíssimo. Os próprios velhos (pois também estes aqui se viam) andavam com passo firme e seguro. Havia ali homens que, como nós, deslizavam levemente pela superfície do solo; outros, mais raros, atravessavam o espaço com um vôo rápido, elevando-se por cima dos tetos mais altos.

Enfim, alguns hipogrifos[1] ou pégasos alados levavam em suas ancas personalidades cuja feição não se podia distin-

---
[1] Animal fabuloso, metade cavalo, metade grifo.

guir. Nuvens de vapor, quase sempre perfumosas, cobriam-lhes os agitados contornos.

— Estes viajantes invisíveis — explicou Henri — são entidades superiores pertencentes a uma região mais elevada, a região de *Rupa-Loka*, parte do paraíso que havemos de alcançar um dia, quando os nossos espíritos se fizerem bastante puros. Atualmente o estado grosseiro nos impede de aí penetrar. Nas fronteiras de *Rupa-Loka* só há ilusões para o bem. Os elementais dessas regiões felizes, supostos participantes ainda dos sentimentos e sensações humanas, favorecem aos homens, de quem recebem mil benefícios e são bastante adiantados para saberem que virão encarnar-se por sua vez nos planetas materiais e densos onde os homens, com os quais se acham em relação, lhes serão, mais tarde, protetores ou anjos guardiões.

— Ah! — exclamei — podemos ir visitar esse paraíso?

— Dificilmente! Para mesmo eu ir e lá viver é necessário passar pela segunda morte... É o que se dará em breve; já dei graças à Providência.

Depois, vendo que suas palavras me causavam tristeza, acrescentou:

— Da mesma forma, virei ver-te no *Kâma-Loka*, nas tuas saídas astrais; porém, antes que isso se cumpra, passará muito tempo e eu devo fazer uma nova aprendizagem desse futuro estado. Além do mais, ignoro quais serão as funções que me estão reservadas... Vamos, agora, encontrar o sr. G. de Mauriant; ele está ansioso pela nossa chegada e ficará feliz em conhecer-te. Este amável escritor deve ficar muitos anos ainda no *Kâma-Loka*, convém que ele cumpra aqui, em uma vida absolutamente semelhante, em sensação, à encarnada, o restante de tempo que deveria viver sobre a Terra, se suas imprudentes investigações, no plano astral inferior, proporcionadas pelo uso de diferentes narcóticos, não lhe quebrassem antes da hora o fio da existência corporal.

Não faças jamais referência a este acontecimento cruel que lhe fez sofrer horas terríveis. A recordação de suas lutas homéricas para recobrar a vida, para lançar de seu corpo os maus espíritos que a ele tinham-se agarrado firmemente, já basta para lhe causar angústias mortais, perturbando, mesmo momentaneamente, seus órgãos fluídicos ainda muito materiais! Pobre G. de Mauriant! Felizmente, quantos amigos benevolentes o rodearam! A vida aqui lhe é suave, pois ele falhou pela curiosidade natural.

Percebi que subíamos uma rampa íngreme, depois de termos atravessado grandes plantações, uma espécie de *Bois de Boulogne*, cinco ou seis vezes mais vasto que o de Paris.

— Vamos à cidade alta — disse Henri. — Ali habita o sr. G. de Mauriant num palácio oriental que lhe cedeu um amigo de outra época. Mas, na medida de sua riqueza fluídica e de sua ciência arqueológica, melhorou consideravelmente este palácio, feliz em cuidar para que seu sucessor goze aqui das comodidades de que ele o cercará.

— Espero — observei — que me darás a explicação dos atos pelos quais o homem herda estes palácios e do poder que os levanta!

Trinta e três

Já íamos atingir a cidade alta, quando reconheci dois rapazes mortos, na mesma época, pelo suicídio. Um deles, Miguel D., sempre disposto a sofrer por uma beldade que o desprezava, envenenara-se. Outro, depois de certas adversidades da fortuna, tivera a fraqueza de abandonar a luta, deixando uma tia enferma que o havia tratado como um filho na mais penosa situação, pois ela gastara os seus últimos recursos para o sustento de seu querido sobrinho.

Henri também conhecia estes infelizes, mas menos intimamente do que eu, que os havia visitado em Paris, quando estudantes.

Paramos perto deles e me fiz conhecer.

— O quê?! — exclamou Miguel — deixaste a Terra, meu caro Dosset? Estás aqui em boas condições ao menos? Certamente que eu não sou senão uma pobre planta, miserável e infeliz, mas o pouco que poderei fazer por ti o farei com alegria; será um grande favor se puderes fazer-me alguma coisa...

E Miguel pôs-se a soluçar. Abracei-o. Ele contou-me brevemente, à maneira dos espíritos, as misérias de sua posição, muito justificadas por seu ato desleal para com a sociedade em cujo meio encarnara por uma tola vaidade.

— Pois, meu caro Robert — disse ele — o sentimento real que me levou ao suicídio foi o desgosto de ver Clarisse preferir um imbecil mais rico que eu. Angustiei-me sob o pretexto de amor profundo. Entre nós, Clarisse não era senão uma viciosa e estava à beira do prostíbulo; minha vaidade, meu egoísmo e meu amor próprio cegaram-me e deixei o posto do dever... Ah, estupidez horrível! Mas... meu erro só atingiu minha boa tia!

Há bastante tempo que estou aqui. Durante longos anos, fiquei ainda na Terra, percorrendo os lugares onde eu tinha por hábito viver; aprendi muito de meus contemporâneos, amigos e inimigos e, muitas vezes, corei de cólera, vendo-me desprezado por aqueles a quem eu tinha maiores afeições. Sofri todas as torturas, desde a fome até os renovados desejos físicos de todo gênero que eu não podia satisfazer, senão raramente, e isto depois de grandes esforços.

Na vida corporal, o excesso de sofrimento gera aceitação, ao passo que, em meu estado, ele só produz abatimentos, mais ou menos prolongados, que me levam a sofrer novamente o mesmo martírio.

Uma vez, fui levado a apoderar-me do corpo de uma jovem sonâmbula natural, de mau comportamento, para ver se assim amenizava meus sofrimentos físicos; mas, um protetor desconhecido que veio em momentos de crise, me fez compreender tudo o que existia de odioso no roubo de um corpo humano possuído por uma personalidade viva. Isto gera graves inconvenientes para o miserável que dele se apodera.

O segundo rapaz havia se afastado durante esta conversa. Aproximei-me dele: mostrava-se envergonhado e ocultava, sob vestes esfarrapadas, seu corpo coberto de feridas.

Este era somente um visitante momentâneo desta região. Miguel, por um esforço violento, viera refugiar-se aqui somente por algumas horas.

Aquele a quem chamei Adriano, habitava as baixas regiões do *Érebo* e, algumas vezes, era forçado a retornar à superfície do planeta para ver, sem poder socorrer, sua pobre tia lutando com as dores físicas, faltando-lhe até o necessário e tendo para seu infeliz sobrinho somente ternos lamentos. Todas as vezes que a nobre senhora orava pela alma de Adriano, este se aproximava dela e o remorso que sofria, em presença de tanta bondade, era o seu maior suplício. Com o coração torturado por esta labareda infernal, volta ele ao lugar onde deixou o seu corpo, o que lhe agrava as feridas e lhe aumenta os horrores do suicídio que praticou!...

Minha perturbação foi tão grande que me senti desfalecer.

— Oh, — exclamei — se os homens vissem os horrores que esperam as almas suicidas, muito poucos provocariam a própria morte!

Henri e Phael tornaram a cobrir-me com a longa capa e não vi mais nada, mas estava todo trêmulo.

Enfim, chegamos diante de uma habitação oriental. Mauriant, em traje levantino,[1] estendeu-nos os braços.

---

[1] Pertencente ou relativo aos países do Levante — países do Mediterrâneo oriental.

Trinta e quatro

— Bem vindo seja, senhor Dosset, feliz mortal que, sem perigo, penetra estas longínquas regiões.
E Mauriant levou-nos a uma grande sala adornada de móveis luxuosos. Sentamo-nos sobre macios divãs, ornamentados de brocados finíssimos à maneira da Terra. Trouxeram-nos refrescos e frutos saborosos. O serviço foi feito por criados de nossa raça que, chegados ao *Kâma-Loka*, se julgaram felizes por servir a Mauriant, em cuja companhia gozavam paz e levavam sem trabalhos uma vida luxuosa, que nunca teriam alcançado se não fosse pelo poder fluídico.
Mauriant pegou-me as mãos, afetuosamente.

— Vamos tornar-nos grandes amigos, não é, Robert? Devemos colaborar juntos nos trabalhos literários que possam levar o homem a tratar seriamente do futuro da alma, da vida do além desconhecido e negado à maioria! Henri de Montzag, nosso amigo, que me prestou pessoalmente numerosos serviços no tempo de minha horrível catástrofe...

E, falando assim, empalideceu e se pôs a tremer; toda a sua pessoa pareceu encurtar-se, encolher-se (as emoções do estado fluídico produzem sempre este efeito).

— Não falemos disso, Mauriant — interrompeu Henri. — Eu penso que ambos serão úteis à instrução dos homens, reunindo vossos esforços comuns neste fim.

— Estou muito feliz em poder, nesta ocasião, ser útil para alguma coisa — disse Mauriant — levantando-se e tirando de uma grande secretária um maço de papéis. — Aqui tenho escritas várias notas tiradas da natureza, entre as quais se encontram aventuras próprias e recolhidas, posso dizer, entre dois mundos, porque há muito tempo eu percorri, invisível, a superfície do globo terrestre e o *Érebo*; há também as peripécias da minha vida nesta região, na qual me demorei um pouco, segundo as necessidades e os socorros que me foram prestados, antes de reencarnar. Sim, meus amigos, eis o pensamento que me atormenta e lança uma sombra sobre a vida feliz que eu levo neste verdadeiro palácio, presente de um protetor de grandes alturas espirituais; sua imagem é reproduzida por toda parte aqui, pelo efeito de minha gratidão.

E Mauriant mostrou-nos a impressão da imagem no centro dos principais ornamentos decorativos, fazendo, de alguma maneira, parte integrante deles.

Era uma cabeça de homem ainda moço e muito belo, de uma distinção que poucos homens possuem na vida material.

— Seu retrato será mais tarde colocado perto deste — disse Henri — pois eu sei que pensa, com solicitude, em tornar mais agradável ainda ao seu sucessor a obra desta grande alma.

— É justamente o contrário que acontece, muitas vezes, sobre a Terra — opinei eu — porque geralmente invejam seus herdeiros.

Eu tinha olhado, curiosamente, um rolo das notas que nosso hóspede abrira sob nossos olhos; notei dois títulos de romances, inscritos sobre uma capa ou invólucro contendo já um grande número de folhas.

— Isto — disse Mauriant — são materiais que eu pus em ordem para submetê-los a ambos; serão, se quisem, as primeiras notas de nossa colaboração.

Henri leu em voz alta:

— *O Criado de Jonatan, Os Infernais*.

— Bons títulos esses, não é verdade, Mauriant?

— Excelentes, com certeza, e essas notas utilizadas por um escritor de seu talento não deixarão de tornar interessante a leitura destas obras.

Conversamos longamente sobre o nosso trabalho futuro; ficou combinado que, depois da partida de Henri para o seu céu, G. de Mauriant se comunicasse regularmente comigo; que escreveríamos juntos; que me encarregaria da parte material da execução; que, em seguida, eu me desprenderia e iria, acompanhado de Phael, ter com ele nos confins do *Kâma-*

-*Loka* ou no Oratório de Belzeth.
Visitando o palácio com seus grandes e belos jardins, despedimo-nos do nosso hóspede.

No dia seguinte, e nos outros três, fomos, de novo, à casa de Mauriant, a fim de conferenciar com ele sobre a colaboração futura em que eu me interessava, tanto que eu já imaginava os benefícios da formação de uma biblioteca espiritualista ao alcance de todas as inteligências e dos bolsos mais modestos.

Minhas visitas consecutivas ao novo amigo deram-me ocasião de experimentar, ainda melhor, o plano astral que devíamos percorrer para chegar ao seu palácio.

Os elementais que formam, por assim dizer, a população oriunda desta região, o imaginaram fértil em armadilhas, das mais engenhosas, para enganar os homens em forma astral, e se faria necessário um grande volume para as descrever, o que se parecia com contos de fadas... Talvez eu pudesse, mais tarde, mostrar alguns em um outro de meus escritos.

Aproximava-se já a partida de Henri; alguns dias apenas nos separavam da hora triste do adeus.

Mauriant convidou-nos a uma festa que devia acontecer em seu palácio, na noite seguinte.

Aceitei o convite com alegria, naturalmente, pois ali devíamos rever muitos velhos conhecidos que habitavam as diferentes alturas do *Kâma-Loka* e outros que moram no *Rupa-Loka*,[1] os quais viriam, sem dúvida, à festa que Mauriant daria em nossa honra.

— Agora, terminou seu trabalho preliminar com Dosset — disse Henri a Mauriant — na próxima noite tiro-lhe o meu amigo. Vou levá-lo à cidade e às suas imediações, a fim de que ele possa ter uma ideia mais nítida do meio em que vive seu caro colaborador.

---

[1] Plano espiritual de vibração mais sutil do que o *Kâma-Loka*, onde apesar de ainda exprimir o mundo de formas, não tem substância densa. São as cidades espirituais retratadas na literatura espírita.

Trinta e cinco

Na véspera da festa na casa de G. de Mauriant, que devia ser na última noite de minhas peregrinações no astral com meu caro Henri, este veio cedo ao meu quarto, acompanhado de meu servo gigante, a quem comecei a me ligar, seriamente, sua boa índole e o laço intelectual que minha amizade lhe proporcionava.

Atravessávamos, como viajantes experimentados, as diferentes camadas do astral que nos separavam dos confins do *Kâma-Loka*. Em cada passagem do rio traiçoeiro, os obstáculos aumentavam. Naquele dia, uma noite escura reinava sobre ambas as praias e a uma tão grande distância, que eu pensava haver tomado estrada errada e descido às partes baixas do *Érebo*, que eu não tinha visto senão de longe. Uma agitação estrondosa e gritos saíam dessas trevas. Comecei a ser molestado por arrepios sinistros e um grande entorpecimento gelou-me a alma! Se eu não tivesse sentido a mão de Henri na minha, me julgaria perdido e vítima de minha temeridade nas terríveis latitudes astrais.

É evidente que, sem protetor, este efeito físico sobre meu corpo fluídico teria provocado uma ruptura do laço vital que me ligava ainda ao corpo material. Compreendi, então, com terror, que Henri e Phael lutavam para defender-me. Tive vergonha de minha inação, e meu esforço, feito com tudo o que eu possuía de vontade, produziu uma tênue claridade na noite profunda que nos prendia. Eu vi meu pobre Phael reduzido à metade de sua alta estatura. Grandes tufos de pêlo lhe haviam sido arrancados do corpo; pelas feridas que ele tinha recebido em nossa defesa, escapava uma fumaça leve, uma espécie de vapor; era o fluido vital do pobre gigante.

Corri a ele e, formando de minha vontade excitada ao mais alto grau, uma arma gigantesca que eu manejava com ambas as mãos, assim como faziam os valentes cavaleiros da Idade Média com suas espadas imensas, pus em fuga legiões de larvas fortíssimas, prontas para sair da corrente e nos atacar.

O ruído da nossa luta atraíra outras entidades que, como nós, atravessavam o mesmo rio. Vinham trazer-nos os seus socorros, o que nos permitiu chegar, sem outras aventuras arriscadas, à grande cidade pré-histórica de que fala a Bíblia e que existiu antes do Dilúvio. O nome desta cidade significava a *Vitoriosa das grandes serpentes*; é a melhor significação que dela posso dar em nossa linguagem.

Dirigimo-nos para o centro desta vasta cidade, onde se achava um grande lago, cujas águas eram muito densas para permitir aos habitantes semimateriais deslizarem em sua superfície, utilizando para isso calçados de largas solas que tinham, no seu centro, fixada uma espécie de pequena roda, a qual, metendo-se na água, dava estabilidade a quem as usava.

Poderei dar aqui várias referências do modo de vida dos seres que observei nesta grande cidade e em suas vizinhanças, mas, penso que, não podendo dar provas de minhas afirmações, me arrisco a ser tomado por um simples mistificador. Limito-me a dizer, brevemente e sem mais explicação, os meios utilizados neste país em diversas circunstâncias, meios que minha curta estada nessa localidade do *Kâma-Loka* me permitiu notar.

Fizemos como os habitantes: atravessamos o lago por meio dos referidos calçados. Obtinham-se estes dos comerciantes em troca de qualquer objeto que, por talento ou poder, a gente podia criar.

Isto se fazia muito depressa. Henri, eu percebi, tinha uma especialidade: a de produzir, magneticamente, fitas de todas as espécies; mas eu achava que, sendo ele tão pronto para as produzir, era, todavia, econômico na quantidade que oferecia delas.

Perguntei-lhe a razão. Respondeu-me:

— É bem simples. Toda coisa aqui é produzida pela vontade esclarecida, pelo saber, pelo nosso fluido vital, que atrai, escolhe e aglomera os materiais contidos no ambiente; algu-

Viagem Astral 213

mas vezes os próprios elementos necessários se encontram a uma grande distância do operador. Neste caso, ele despreende uma grande quantidade de forças. Acontece muitas vezes que a atração, pela qual as adquirimos, é combatida; os obstáculos quebram a corrente magnética e a obra é falha. Está, como vês, em analogia com os esforços tentados pelos humanos, sobre a Terra, para realizar seus desejos em qualquer ramo da arte ou da indústria; mas, sobre a Terra, o dinheiro, este grande corruptor, substitui muitas vezes o empenho pessoal e impede o homem de se esforçar por desenvolver suas faculdades mentais para obter a satisfação de suas necessidades e desejos.

— Ah, — eu disse — creio que tal é o sonho dos anarquistas; a produção de um trabalho ao alcance de sua inteligência que trocariam segundo suas necessidades diárias, sem previsão nem provisão para o futuro.

— Sim! — confirmou Henri. — O que é aqui a lei comum, torna-se uma utopia sobre o plano terrestre. Sem dúvida, um coração generoso levou em sua memória, ao voltar para o nosso planeta, a recordação da vida no *Kâma-Loka*, onde cada um deve prover-se do necessário e, para isso, trabalhar em uma atividade onde a sua inclinação o torna hábil, a fim de fornecer aos outros o que eles não podem realizar com os materiais abundantes que a Providência põe sempre ao seu alcance.

— Que farei? — perguntei a meu amigo. — Sou bom músico, mas isto não é, talvez, um prazer que se compre aqui!

— Desculpa-me, caro Robert; chegamos à outra margem do lago. Experimenta os teus meios.

— E meu violino?

— Tens um excelente na Terra; sua imagem, ou antes, seu duplo fluídico pode ser evocado pela vontade; ele está embebido, há muito tempo, de tuas emanações; tu o terás facilmente.

Não me persuadi, a princípio, da possibilidade de fazer chegar ali o fantasma de meu instrumento. Fiquei indeciso por um momento. Eu o guardava dentro de sua linda caixa, sobre uma mesa do salão. Era ali que me lembrava de havê-lo posto na véspera.

Henri e Phael esperavam, olhando-me com ar risonho. Fiquei um pouco contrariado e me empenhei em minha tentativa; empreguei uma grande força de vontade.

De repente, o instrumento apareceu por cima de nossas cabeças e desceu suavemente aos meus braços! Não posso descrever-vos minha alegria pela realização deste desejo.

Depois, passado o entusiasmo, pus-me a refletir se o violino em duplo astral possuiria o poder de vibrações que o caracterizava. Tomei o arco, que também era um viajante astral, e toquei. Oh, maravilha! Que melodiosos acordes escaparam do instrumento fluídico de que me tornava, agora, um executor de primeira ordem. Transportado, no princípio, por minha improvisação, elevei-me por cima do solo a uma altura bastante considerável; a harmonia me embriagava, a voz de Henri chamava-me à realidade.

Vi, então, um curioso espetáculo: uma multidão de seres minúsculos bailava em torno de minha pessoa. Estes seres tornavam, por seus gestos e atitudes, visíveis os pensamentos que eu acabava de ter e exprimir pelas notas de meu violino! As cenas que eu quizesse pintar estavam ali vivas diante de mim, depois sob meus pés. Um enxame deles correu à beira do lago para me ouvir e aplaudir freneticamente. Cada qual me oferecia o que tinha de melhor, a hospitalidade ou um objeto que eu desejasse, em agradecimento à imensa alegria que eu lhes havia proporcionado. Parecia mesmo que eu acabava, sem o saber, de adoçar as amarguras físicas daqueles infelizes cidadãos, cuja mente o som do meu violino pôde distrair de sua preocupação constante e, por este meio, libertá-los, embora momentaneamente...

Eu mesmo me maravilhava com as pessoas que me rodeavam; mas uma prostração que me ameaçava aniquilar a vontade se espalhou por todo o meu corpo. O caso estava previsto por meus companheiros; eles me haviam deixado fazer aquilo somente para instruir-me dos efeitos desse mundo em todas as coisas.

— No astral — explicou-me Henri, amparando-me por meio de Phael, que a emoção admirativa e todas as sensações violentas haviam diminuído — os esforços e as realizações da vontade podem elevar-se a uma potência desconhecida no corpo; porém, elas não são menos limitadas pelo organismo fluídico que, se não fosse prudentemente proporcionado, se romperia sob a força do poder exagerado. Produziste um efeito grandioso, caro Robert; consolaste e curaste, mas tamanho foi o teu gasto vital que não deves produzir mais nada, durante longo tempo.

A multidão, respeitosa, retirou-se sem curiosidade nem obsessões. Fechei os olhos e desmaiei. Reabri-os em um lindo jardim; eu estava deitado em um canapé de junco, sob um cheiroso caramanchão de laranjeiras, de cujas flores o chão estava coberto.

Sentado numa cadeira, Henri conversava com uma jovem. Não me lembro de seus traços, mas tenho certeza de a conhecer. Sua voz, sobretudo, produzia um eco em meu coração. Levantei-me para observá-la melhor; porém ela, aproximando-se e ajudando-me graciosamente a sentar-me, disse:

— Vejamos, meu caro senhor Dosset, tem a memória assim tão curta?

Assim dizendo, aproximou sua face risonha de meus lábios.

— Senhora, nem todos têm dom de entrar e sair do purgatório à vontade.

— Também esta sua criada — e me fez uma saudação de confidente da ópera — está num posto fixo, nesta região, há dois anos...

Quem me falava tinha sido, durante alguns anos, o enfeite do Quartier Latin de Paris. Um belo dia mudara para a margem direita do Sena, onde havia ficado longo tempo. Era demasiado boa para saber manobrar a vida em seu proveito, com os clientes do rico subúrbio. Era filha do Sul, de olhar inquieto, como outras, e me havia atraído por sua natural bondade.

— Morrestes então, minha cara Bec? — perguntei-lhe afetuosamente, tomando-lhe as mãos e dando-lhe o nome da intimidade.

Porém, eu estava confuso e surpreso, pensando como é que essa personalidade, de vida errada na Terra, parecia gozar de uma existência feliz!

— Vejo teu pensamento, Robert — fez ela tristemente, recomeçando a falar como outrora. — Eis como se enganam os homens de vista curta e imprudentes! Felizmente, o Criador, nosso Pai, pesa-nos em outra balança que não a vossa!...
Depois, adoçando com um sorriso o ácido de suas palavras, acrescentou:
— Aqui está: eu fui má, porque não pude escapar à influência do meio. Sobre a Terra, costumam pôr no mesmo cesto frutos de diferentes procedências; mas aqui se faz a escolha deles. Assim como há frutas e frutas, também há filhas do prazer e filhas do prazer!

Trinta e seis

Neste momento, ouviu-se o rufo de um pequeno chocalho e, pouco depois, saltou sobre meus joelhos um cãozinho vira-latas de andar penoso. Reconheci-o imediatamente. Era um pobre animal que fora horrivelmente deformada por um acidente em casa de Joli Bec.

— Oh! — fiz eu, acariciando-o. — Estás também aqui, Negus?!

O animal lançou um olhar amoroso para a senhora que o tomou nos braços e pôs-se a beijar carinhosamente o seu focinho.

— Veio ficar comigo. Ama-me tanto! — disse Joli Bec — Não nos separaremos nunca mais... Quando eu tiver necessidade de reencarnar, poderei, outra vez, atrair a mim este fiel amigo!

Dir-se-ia que o animal compreendia a sua senhora; verdadeiras lágrimas brotaram em seus olhos e seu ganido tinha entonações afetuosas.

— Foste tão boa para Negus, — completei. — Lembro-me de teres desagradado aos teus amigos e amigas, renunciando assistir a "Teodora", de um camarote onde a tua elegância teria atraído as mais calorosas homenagens, porque estavas verdadeiramente fascinante; mas no momento de subir para o carro, viste rolar na neve um ser ensanguentado que já não tinha força de latir. Correste para o animal e, tomando-o delicadamente nos braços, o levaste imediatamente ao teu quarto para lhe proporcionar os primeiros cuidados. Recusaste veementemente acompanhar-nos à La Porte-Saint-Martin. Colocamo-nos todos contra o infeliz cão, que nos privava da tua encantadora presença. No final, saímos sem ti e durante oito longos dias, nenhum de nós te pôs os olhos. Ficaste em casa somente cuidando do cão, ao qual um veterinário fez os primeiros curativos... Por ocasião da minha primeira visita, foste, como sempre, graciosa, mostrando-me o convalescente. "Que lindo! Não é?", — disseste-me. "Ah, como ficou feio!", — opus. "Dá-o à tua lavadeira que perdeu o seu; eu te trarei um outro digno de teu carinho; será um animal de raça..." "Não, agradecida", — respondeste. "Este me ama, é fiel e já nos compreendemos..."

Quando o cão ficou completamente restabelecido, deste uma festinha e, como se tratava de homenagear o Imperador da Abissínia, batizamos o teu totó com o nome de Negus.

— Vou terminar a história, meu caro Dosset. Quando tive a felicidade de deixar a Terra, abatida rapidamente por uma pneumonia...

— Que apanhaste quando foste socorrer um amigo pobre — interrompeu Henri.

— Psiu, Montzag, não se contam essas coisas!... Pois bem. Até meu último gemido, Negus não saiu dos pés de meu leito! Quiseram obrigá-lo a sair; foi então que ele, para se defender, mostrou os dentes, e, de dócil que era, se fez feroz; Negus lambia-me constantemente as mãos e meu último olhar, depois do crucifixo, foi ao meu pobre cãozinho que deixei órfão. Pedi a uma amiga que não o desamparasse... Mas a vida das Madalenas — continuou ela, suspirando — é povoada de imprevistos. Claire, tão boa, tinha um amigo brutal que não suportava Negus.

Depois de morta, eu ia muitas vezes à casa de Claire e era testemunha da dor sincera de meu cachorrinho, pela minha falta... Ele estava sempre lembrando de mim... Acreditas, Robert, que não pensei mais em minha triste posição, nem em meu corpo fluídico dolorido e fraco, mas unicamente no sofrimento de meu Negus. Assim, eu pedia ao bom Deus pelo único ser que me havia realmente amado na Terra!

Um dia, o brutinho me viu! Tamanha foi sua alegria que deixou até mesmo de comer e foi definhando tanto (Negus recusava tudo o que a criada lhe dava por ordem de Claire),

Viagem Astral 219

até que sucumbiu a esta alegria extrema! Vi-o muitas vezes sair repentinamente do corpo e voar para mim. Eu estava encantada; Deus ouvira a minha prece!

Uma voz doce murmurou ao meu ouvido: "Minha filha, o amor que vem do coração é a grande magia; leva Negus contigo." Assim, eu e o cão fomos transportados até aqui. Vi, então, o protetor desconhecido que me havia falado... Acreditei, por um instante, que era o Salvador, tão poderosos eram os raios de luz que emanavam de sua pessoa. Ajoelhei-me cheia de reconhecimento e arrependimento de minhas faltas...

"Eu não sou o que tu crês, minha filha, mas apenas um de seus mensageiros. O Divino Mestre disse: "Muito será perdoado a quem muito amou". Por meio de mim, ele te dá esta habitação; ela é tal como a desejarias se por ti mesmo a produzisses. Um doce sono vai serenar o teu ser fluídico, e nele serás instruída sobre a tua nova condição de existência. Negus participará do teu repouso. Ao despertar, te tornarás capaz de novos conhecimentos para exerceres a caridade, em nome de Jesus, entre as numerosas classes do *Kâma-Loka*, talvez mais miseráveis que os mais miseráveis mortais, pois há, especialmente entre eles, sofrimentos morais e mentais."

E, fazendo-me repousar em um leito, com o meu cão nos braços, mergulhou-me, o anjo, em um delicioso sono... Estou, agora, usufruindo desta bela moradia, onde meus dias correm felizes.

Apertei a mão de minha hospedeira. Sua história interessou-me intensamente e, algumas vezes, deixei cair lágrimas de ternura.

Trinta e sete

— Queres julgar por ti mesmo a triste posição de algumas personalidades nas regiões baixas do *Kâma-Loka*? Proponho esta triste visita, Robert, porque teu amigo me disse que te achas entre nós para estudar esta parte do plano astral.

— De boa vontade, minha cara, eu te seguirei até aqueles a quem levas o socorro.

Acompanhados de Phael e do inseparável Negus, que mancava um pouco, nós três deslizamos, a alguns metros do solo, sem esforços físicos, cerca de uma hora terrestre e chegamos a uma região pantanosa, coberta de juncos e de arbustos baixos, rodeados de espinheiros gigantes, que lhes impediam o crescimento.

Algumas nuvens negras roçavam o solo. O lugar era úmido e frio; havia ali umas cabanas de caniços cobertas por um musgo viscoso e enegrecido, às margens infectas dos pântanos.

Havia apenas uma claridade que nos ia mostrando o que estava diante de nós.

Joli Bec, notei bem, trajava um hábito monástico. Perguntei-lhe a razão disso.

— Graças a esta veste religiosa — respondeu ela — os meus conselhos são escutados e seguidos; estes pobres ignorantes estão ainda sujeitos aos preconceitos terrestres e só compreendem a virtude pelo traje que usa. Eles me desprezariam e zombariam das minhas instruções se pudessem reconhecer a moça alegre do *Quartier Latin*...

Joli Bec entrou em um desses miseráveis pardieiros em companhia de Negus, que seguiu na frente. Este foi entusiasticamente recebido por dois seres que estavam deitados sobre leitos podres.

— Eis o cão! A dona não demorará a vir dispensar-nos os seus cuidados...

Joli Bec sorriu e com sua doce voz (pois estes seres pouco intelectuais necessitavam de uma linguagem articulada para compreender os pensamentos de outrem), disse-lhes:

— Queridos amigos, recebi visitas; eis a razão da minha demora. Mas serão largamente recompensados pela bondade de meus visitadores, que me acompanharam até aqui.

Percebi, então, que as duas personalidades deitadas eram cegas e estavam cobertas de chagas horríveis.

Sentindo-se observados, o marido e a mulher levantaram-se um pouco de seus leitos e procuraram tocar-nos. Apesar de minha repugnância, esforcei-me por contê-la e lhes ia estendendo a mão.

— Não faças isso — acudiu Henri. — A intenção deles é traiçoeira; esperam, pelo tato, absorver bastante de teu fluido para recobrar a vista. Se isso acontecesse antes de terem melhorado sua condição moral, levariam a sua perversidade ao extremo, como a levaram sobre a Terra em várias encarnações sucessivas; atormentariam aos mais fracos e seu fluido se tornaria tão deletério que a boa moça que os abastece do necessário seria incapaz de vir ao seu auxílio. Enfim, estes miseráveis pecadores se meteriam na maior degradação, no *Avitchi* ou inferno por uma eternidade!

Recuei com horror!

Henri, com um gesto enérgico, restituiu-lhes a visão por alguns instantes. Imediatamente levantaram-se e começaram a procurar por onde escapar: mas este momento tinha sido previsto por Phael que, fazendo-se em uma enorme massa, se pôs diante, defendendo a porta.

— A luz é bela para seus olhos condenados à completa escuridão! — disse-lhes Henri.

— Ah, sim, senhor! E nós vos rendemos graças por tê-la restituído! Vós sois um santo! Dizei-nos vosso nome para que possamos chamar por ele, quando estivermos em necessidade.

— Eu não sou um santo, mas minha paciência em suportar as penas da existência terrestre deu-me o poder de aliviá-los, se forem dignos: — tornem-se melhores e seus olhos se

abrirão para sempre.
— É um bruxo — cochichou a mulher ao ouvido do marido. — Ganharias mais escutando a mãe Sabu, que é uma feiticeira esperta. Por um pouco de dinheiro, ela nos teria ensinado as suas manhas com o diabo e não estaríamos metidos nesta miserável prisão. Ah, se eu pudesse estar em minha casa!
— Sua casa não é aqui — atalhou Henri. — Estão longe da Terra e mortos há muito tempo, há mais de vinte anos!
— Isso é demais, amigo — retrucou a mulher, e derramou todo o fel da sua injúria sobre Henri que, com um gesto, tornou cego novamente o horrível par.

Joli Bec pôs ao alcance de suas mãos um alimento substancial e fez-lhes alguns passes magnéticos que os adormeceram. Era isto, para aqueles infelizes, o melhor alívio.

E nós deixamos aquela pocilga.

Nossa hospedeira estava pálida e parecia abatida. Henri tomou-lhe a mão e, por este contacto, recuperou-lhe as forças que havia perdido tão generosamente com pecadores...

— Eles eram felizes na Terra — disse Joli Bec. — Eram proprietários de uma grande e rica fábrica na qual faziam trabalhar além da conta, e por um salário miserável, os pobres operários, pais de família que não tinham com que sustentar seus filhos. Exploravam vergonhosamente os jovens que entravam na fábrica. Um dia, por falta de um reparo urgente que sua avareza foi adiando, deu-se uma horrível explosão que causou a morte de um homem na força da idade. Era este homem pai de seis filhos, cuja mãe ficara cega. Estes maus proprietários iludiram a boa fé da família e não pagaram a indenização que lhes era devida. A pobre família morreu na mais horrorosa miséria!

Visitamos, sucessivamente, muitas dessas infelizes cabanas, bem como outros esconderijos em ruínas, feitos de madeira, de pedra e taipa.

Em cada uma delas se encontravam desencarnados, mais ou menos sujeitos a rudes expiações. Joli Bec teve, para todos, palavras de conforto, conforme suas necessidades e capacidade intelectual. Tivemos a alegria de juntar as nossas às dela.

Muitas cenas curiosas se passaram sob nossos olhos, parecidas com as que acabo de descrever. Todavia, narro aqui uma, ao mesmo tempo terrível e cômica.

Atraiu-me logo a atenção uma moradia de bela aparência e admirei-me de nossa hospedeira ter feito um caminho mais longo para não passar ali.

— Por que — perguntei a Joli Bec — evitas chegar a esta casa que parece confortável, em comparação com aquelas sórdidas pocilgas que acabamos de visitar? Sem dúvida, as pessoas que a habitam são bastante felizes para dispensar tua bondade?

A boa jovem sorriu.

— De fato, respondeu-me, as duas criaturas desencarnadas, habitantes desta confortável vivenda (confortável somente na aparência), têm os artigos de primeira necessidade, os únicos que posso proporcionar aos mais fracos. Seu gênero de sofrimento lhes é próprio e a minha ação neles é nula, por isso, evito me aproximar deste lugar de discórdia, cujas vibrações são sempre dolorosas de sentir; entretanto, como eu tenho hoje a vantagem de ser acompanhada por ti e o sábio Montzag, irei tentar fazer uma visita à interminável disputa da senhora Bourguemastre e de Dorothée, sua inseparável criada de confiança. Na vida terrestre, estas duas personalidades se detestavam, porém, por várias causas, necessitando uma da outra, viviam em contínua violência. A senhora, rica, vaidosa, estúpida, escrava dos sentidos materiais, tinha constantemente necessidade da boa vontade de sua serva, fora do que esta lhe fazia obrigatoriamente. A criada esperta, filha de rústicos parisienses, explorava, há muito tempo, gratuitamente, os vícios da senhora Bourguemastre, esposa de um velho ricaço de Marselha e ultimamente viúva rica, que se soltara em desperdícios de ouro, vendo-se adulada por uma corja de assíduos frequentadores. Sem a moderação dos desejos, trouxeram-lhe os anos o desgaste físico, tornando-se, de senhora que era, a escrava de Dorothée, que sabia fazer-se indispensável. Esta mulher, má e interesseira, desviou habilmente os parentes e amigos de sua senhora, e começou a vingar os seus caprichos e desmedida vaidade. Tornou-se feroz e, tratando sua senhora como uma criança estúpida, conseguiu fazer dela uma idiota. Um dia o bom estômago, de que a natureza dotara a senhora, ficou tão perturbado pelas indigestões contínuas, que exigiu fossem a Vichy, cujas águas são célebres por curar essa doença. Em sua última viagem, o trem descarrilou e os corpos de ambas as viajantes se desfizeram em pedaços... Depois de um espaço de tempo bastante considerável, durante o qual estiveram em um estado horrível de pesadelo, despertaram os dois espíritos e viram que aquele choque tremendo lhes havia causado a morte e mutilado seus corpos. Elas se encontraram neste lugar ligadas, uma a outra, por um laço que as fere mutuamente, e fazem os esforços mais enérgicos para o romperem... Mas, em vão!

— Vamos, propus eu, visitar essas infortunadas.

Logo que nos aproximamos, as duas infelizes pararam de gritar e xingar e se puseram a arrumar a desordem que reinava no único aposento habitável da casa com uma aparência exterior de conforto, imagem verdadeira do estado d'alma de ambas as suas proprietárias.

Ao entrar, vimos uma confusão de móveis quebrados e vestes rasgadas. A desordem e a imundície mais repugnante reinavam nesta casa. Os leitos, cujos colchões rotos acabavam de ser cobertos com uma rica colcha de damasco salmão, onde se viam impressos os dedos gordurentos e exalando um cheiro como o de um bode, causaram-me um mal estar insuportável.

A senhora Bourguemastre adiantou-se, graciosa, ao nosso encontro. Em seu rosto murcho, outrora seguramente belo, pusera de súbito, e sem longa premeditação, o ruge e os cremes de que, em outros tempos, tanto se servira. Um vestido exageradamente rendado e enfeitado à moda do ano em que morreu, dava-lhe uma fisionomia grotesca; mas o que mais me chocou foi ler em seu pensamento (o que era fácil, em vista da sua intelectualidade ser das mais elementares) que os desejos doentios do passado despertavam na sua pessoa, ao ver-nos.

Henri atenuou este estado de coisas que nos feria, dizendo à dama que ele lia seu pensamento e que não viéramos a ela senão para aliviar-lhe a miséria; que conhecíamos seu estado d'alma e o pior que ela fazia era dissimular. Dorothée,

mais inteligente que sua senhora, tomando-nos a mão, disse:
— Por favor, senhores, livrai-me da companhia desta perversa, a quem uma sorte mágica me uniu desde nosso acidente do P. L. M. Creio que se acabou a minha vida terrestre, mas a ação que exerce sobre mim a Bourguemastre faz-me pensar, muitas vezes, que somos as duas vítimas de inimigos que nos encerraram em uma grande casa em ruína, como a loucos.

Henri forneceu-lhes a explicação do estado presente delas e o fez com tamanha autoridade que as convenceu; mas ouviram-se, então, recriminações de todos os lados entre as duas mulheres. Ali mesmo travaram luta e nos deram o espetáculo da mais horrível das cenas.

Apesar disso, se esforçavam por ocultar aos nossos olhos os seus hábitos...

À medida que uma delas obtinha superioridade na luta, atormentava a outra e seu corpo astral, tomando, alternativamente, a configuração de seus pensamentos maus, dava-nos uma curiosa exibição de sua íntima natureza.

Joli Bec nos deixou. Sua alma sensível não podia suportar as horríveis convulsões dessas baixas e ignóbeis personalidades. Enfim, Henri pôs fim à contenda, pondo-as em letargia!

— A menos degenerada — disse ele, fechando a porta — despertará primeiro e, aproveitando-se da inércia da outra, escapará da casa. As duas serão infelizes, sem dúvida, mas o laço mágico que eu acabo de romper lhes dará um alívio. Este benefício será o fruto de nossa visita.

Trinta e oito

De volta à encantadora morada de Joli Bec achamos G. de Mauriant, que vinha convidá-la para a festa que devia oferecer-nos no dia seguinte. Desculpou-se a jovem com uma sincera humildade, que mais realçou sua beleza!

— Sabes, Joli Bec — disse-lhe Mauriant — que cada um, em minha casa, toma a aparência que melhor lhe convém no curso das encarnações planetárias, terrestres ou outras. Assim, ainda que sejas encantadora sob tua forma atual, podes revestir-te do traje que mais te agrada... Acautela-te somente, minha filha, contra teus desejos presentes, que tendem às vestes das religiosas de S. Vicente de Paula; se compareceres à minha casa como religiosa, serás, sem dúvida, bem recebida, porém matarás a festa que espero oferecer a meus amigos.

Joli Bec sorriu:

— Fique tranquilo, caro mestre. Frequentei seis meses a ópera e conheço a arte de escolher o traje apropriado às circunstâncias.

Depois de uma refeição suculenta, composta de frutos e bolos semelhantes aos das melhores confeitarias terrenas, porém, infinitamente mais delicados, que, de minha parte, me pareceram substanciais, despedimo-nos da nossa hospedeira, cuja veste de musselina branca, fechada no pescoço por um nó róseo, lhe dava o aspecto de uma jovem crescida prematuramente.

— O tempo de voltar à Terra se aproxima para Robert — disse Henri a Mauriant, que queria entreter-nos algumas horas em sua casa.

— É verdade — respondeu Mauriant. — Estou feliz de ver

um habitante da Terra perto de mim aqui, nesta região tão afastada de Paris, que eu amava tanto! Não sou razoável. Em breve voltarei a esse planeta tenebroso, que só é belo para os que têm nula a curiosidade e que não apreciam senão os gozos puramente materiais... E dizer que quando eu voltar, terei o desejo ainda mais intenso de conhecer o além... Serei bastante prudente para dominar este vestígio da curiosidade?... Ah, senhor Dosset, se puder vir em meu auxílio, venha! Pedirei para ser sapateiro, se preciso for...

— Sim — disse Henri — suas mãos estarão ocupadas, mas o cérebro, ricamente organizado, permitirá ao seu pensamento agir fora do trabalho manual...

— É verdade! — confirmou Mauriant. — Mas então?

— Volte à Terra, meu caro amigo, com a ideia fixa de renunciar a suas próprias satisfações, por mais nobres que sejam, para se dedicar às de seus irmãos. Não lhe direi: tome o hábito, como fará Joli Bec (e ela, com razão), mas torne-se, na pátria que escolher, um homem útil, um filósofo ignorado e pondo seu tempo e sua sabedoria ao serviço da humanidade sofredora, levada ao abismo pelo materialismo, triste consequência do egoísmo, da inaptidão do clero romano atual para dirigir os espíritos fracos nas provas da encarnação. Para conduzirmos nossos irmãos, convém que, antes de tudo, sejamos dedicados e isto não podemos ser senão pela mais completa abnegação.

— Louvo os seus conselhos, Montzag, e farei esforços para os seguir — respondeu Mauriant, suspirando. — Porém, da teoria à prática vai muito... O velho homem amante da vida suntuosa e livre está em mim ainda bem vivo...

Conversamos algum tempo ainda sobre o mesmo assunto, fértil em notas e observações de todo gênero. Depois expressei meu contentamento por nossa excursão pelas cabanas sombrias, em companhia de Joli Bec, e da tocante solidariedade desta última por personagens tão repugnantes.

— Joli Bec já é uma verdadeira filha de São Vicente de Paula, este grande santo moderno — disse Mauriant. — São Vicente de Paula tinha tudo sobre a Terra: nobreza e grandes bens, e abriu mão de todos os prazeres e alegrias do mundo aristocrático para se entregar ao serviço de aliviar todas as

misérias e, assim, formou uma grande corrente de caridade que arrastou uma multidão de almas generosas que se deram ao mesmo sacerdócio de amor e de misericórdia. O santo protege e adota todas essas piedosas filhas e as sustenta e encoraja em sua santa missão. Ah, essas irmãs de São Vicente de Paula são as únicas religiosas que eu aceito e venero. Depois, voltando-se para mim:
— Conheces a história de Joli Bec, em sua última encarnação?
— Não — respondi. — Esta encantadora jovem, junto de suas iguais esquecia-se de nos contar sua história.
— Pois bem, se isso te interessa, Robert, contarei em poucas palavras.
— Com prazer — respondeu Henri. — Mas o tempo passa, meu caro Mauriant; empreste, pois, ao seu talento de narrador o dom da síntese.

— Joli Bec, meus amigos — começou Mauriant — é o produto natural de uma formosa provençal com um seminarista de Dublin, sobrinho de um bispo irlandês que veio ao litoral mediterrâneo em convalescença de uma bronquite que pôs sua vida em perigo, o que angustiou grandemente seu bom tio, o bispo, que desejava para seu sobrinho as altas dignidades eclesiásticas. O jovem fixou residência em uma linda cidade pequena, cujas costas encantadoras são banhadas pelas águas azuis do Mediterrâneo. Foi recomendado por seu tio o monsenhor Maria Joachim Frimard, bispo da dita cidade. Este homem excelente e digno mandou instalar o moço convalescente em uma casa burguesa respeitabilíssima, cujos quartos eram alugados por seus proprietários no inverno, convenientemente mobiliados, a estrangeiros que lhes vinham recomendados.

O vigário geral do monsenhor instalou pessoalmente o jovem abade irlandês em casa dos Maillard, aos quais pediu que lhe dispensassem todo conforto em sua casa. Alguns dias bastaram para o abade Luiz Shons descansar de sua viagem. Ele sentia-se feliz, pelo restabelecimento de sua saúde, pela vista magnífica do belo sol brilhante, sem nuvens, sobre o grande mar sempre azul. Também, não podia deixar de admirar os magníficos jardins que contornavam a casa que habitava, assim como os das vizinhas. Escreveu cartas cheias de lírico entusiasmo a seu tio, o bispo. Muitas vezes, ia visitar monsenhor Frimard, que se informava paternalmente, em cada visita de seu protegido, se ele continuava satisfeito com a sua hospedagem naquela boa cidade.

O jovem tomava as refeições em casa dos seus locadores, gente muito supersticiosa e cheia de atenções para com os seus pensionistas, principalmente para os eclesiásticos. Tudo foi muito bem durante um mês; mas um dia, o diabo, sob a figura deliciosamente provocante de uma formosa engomadeira, veio perturbar, não sem encantos, a alma ingênua do moço abade. A graciosa Bec, a engomadeira, era filha de uns cultivadores das cercanias de Toulon; a família era nobre e os cultivadores pouco afortunados.

Uma tia estabelecida em X., como engomadeira, pediu a seu filho Polidore que lhe confiasse a sua filha mais velha, Grace, de quem ela era madrinha. Feliz de escapar à condição de camponesa, a pequena Bec acompanhou sua tia com grande alegria. Por ser muito inteligente e ativa, tornou-se logo hábil no ofício. Sua tia mandava-a levar a roupa aos seus fregueses, que eram numerosos, principalmente no inverno.

A senhora Piot encarregava-se de toda a roupa fina do seminário, do bispo, dos ricos estrangeiros que hibernavam na alegre cidade de X.. A lavadeira tinha igualmente a engomagem dos Maillard e de seus pensionistas. Grace levava todas as semanas a roupa de Luiz Shons ao seu quarto.

Até então, o seminarista estava ausente na hora em que a moça vinha. Esta havia reparado no jovem, quando ele passava em frente da loja de sua tia, perto dos Maillard. Tudo em sua pessoa a havia encantado: sua figura esbelta, sua cor delicada, seus olhos de um azul intenso e até o seu caminhar indolente, tudo isso fascinara o coração da moça, que embora completamente desenvolvida, como o são as moças do Sul, tinha apenas 16 anos.

"Eu quisera vê-lo de perto e falar-lhe!" — pensava a jovem. "É um abade; não há perigo para mim... Ah, se ele não fosse padre (pois ela o julgava já ordenado), por exemplo, eu não me exporia a sua presença. Ele me agrada muito! Quando o vejo passar, meu coração se alvoroça... E eu não sinto isso por nenhum outro... É que esse jovem é belo como um anjo de Deus... Dizem que é sobrinho de um bispo... E o têm por muito sábio. Monsenhor Frimard estima-o muito. Foi a senhora Maillard quem contou ontem à minha tia... Que pena que este rapaz tão gentil seja padre!... Se ele me confessasse, eu me faria penitente... Ah, mas eu sou uma moça bem comportada e respeitadora da religião."

Ainda que cheia de boas resoluções, Grace levou a roupa para Luiz Shons, certa manhã que ela sabia que iria encontrar-se com ele. Fez-se meiga e dissimulou a sua malícia, mas o diabo que sabe armar os incautos, realçou-lhe as vestes de operária.

"Toc, toc..."

"Entre" — disse uma voz doce.

A jovem abriu a porta; uma luz clara inundava o quarto; pela janela aberta entrava o perfume do jasmim que adornava as paredes da casa.

Com o cesto no braço, Grace foi aureolada pela luz intensa; tinha impresso em sua fisionomia o entusiasmo de seus cândidos sentimentos para com o jovem estrangeiro. Quero dizer que sua beleza natural estava muito realçada. Ela parou no limiar, olhando o jovem, cuja batina, completamente aberta, deixava ver o busto elegante e a perna fina e fechada nos joelhos pelo calção negro. A batina fazia, então, o efeito de um largo sobretudo. Luiz Shons, havendo-se destinado à Igreja, não tinha, até então, reparado nas mulheres. Por outro lado, a encantadora e proibida aparição de Grace lhe produzira uma sensação e o tornara ruborizado, causando-lhe uma perturbação inexplicável e embriagante.

"Entra, minha filha" — disse ele para dar às suas palavras um tom digno. "Põe a roupa sobre esta cômoda."

A jovem foi colocando as camisas, uma a uma, no lugar indicado, mas, sentindo-se olhada por aquele que comparava aos anjos, deixou cair uma delas sobre o tapete. Luiz Shons, sem saber muito o que fazia, abaixou-se para erguê-la e entregá-la à jovem engomadeira. Esta, porém, abaixando-se por sua vez e ao mesmo tempo, aproximou o rosto e as mãos do rosto e das mãos do eclesiástico e ambos se puseram a rir como se fossem crianças... O primeiro passo estava dado; um

simples contato bastara para isso!
"É de X., senhorita?" — perguntou o abade.
"Não, senhor..."
E a moça contou, em poucas palavras, sua história.
"Como te chamas?"
"Grace Bec, senhor."
"Lindo nome! E quem o deu, minha filha?"
E o abade repetiu-o lentamente, como para bem se lembrar dele: "Gra-ce!"
A moça sorriu, mostrando os lindos dentes que embelezavam sua pequena boca de lábios vermelhos e sensuais...
O rapaz e a jovem conversaram por muito tempo. Por fim, a jovem engomadeira soube que Luiz Shons, embora vestido em hábito eclesiástico, estava livre, como todos os jovens, para amar sem sacrilégio. Era aquele o único ponto que levantava um obstáculo para a jovem, que sentia uma irresistível atração para ele. Brotaram ali os primeiros amores para ambos os jovens. O vento primaveril quente, que sopra um mês antes nas praias abençoadas do Mediterrâneo, acabou de levar à realidade Grace e Luiz, cuja saúde se fizera agora robusta, graças às novas sensações. Ambos festejaram a primavera da natureza, o amante sem pensar no que tinha acontecido, nem no que havia de seguir àquela embriaguez comum. Grace não tinha nenhuma ideia preconcebida de casamento. Parecia-lhe que vivia com seu amante em outro mundo. Ele devia voltar ao seminário, em Dublin, no começo do mês de maio. Ela não teria, jamais, rival neste coração terno e puro; por sua vez, ela fazia temerariamente o voto de nunca jamais casar, guardando em toda a sua vida o perfume celeste de seu primeiro amor.

Esses jovens, não sei por qual proteção misteriosa, não tinham atraído nenhum olhar curioso sobre sua união.

Um dia, porém, a jovem chegou triste à casa de Luiz.
"Que tens, meu raio de sol?" — assim chamava-lhe seu amante.
"Ah, meu muito amado, sinto-me triste e, ao mesmo tempo, feliz..."
"Como assim? Que é que te aflige? Fala..."
"Isto não será uma preocupação para ti..."

"Mas, enfim, dize-me."
E, lançando-se no pescoço do amante, Grace murmurou-lhe:
"Vou ser mãe!"
Luiz ficou sobressaltado. Ele não tinha ainda pensado nas consequências prováveis de seus amores. Mas, para honra de sua alma, não teve um instante de hesitação:
"Eu casarei contigo, minha querida; irei viver contigo na América, trabalharei e seremos felizes. Meu tio me deserdará, minha família me desaprovará, mas se a natureza venceu, por meio de tua mocidade e de tua beleza, minha fraca virtude, é que eu não sou qualificado para entrar para as Ordens. Deixemos de nos ver durante alguns dias, pois vou ocupar-me de regularizar nossa situação..."
A jovem afastou-se, e, juntando as mãos com admiração:
"Ah, tu não és um homem qualquer, meu Luiz, mas um anjo de Deus. Não. Eu sou somente uma pobre moça ignorante. Tu me deste bastante felicidade, aproximando-me de ti durante alguns dias... Vai, volta para tua família; não quero ser um obstáculo ao teu destino. Tens talento, és belo, és bom; vai para junto de teu tio e sê um padre verdadeiramente santo..."
Dizendo assim, retirou-se Grace, sem deixar tempo ao moço de protestar contra sua determinação...
Querendo, porém, a todo preço, reparar sua falta, Luiz decidiu abrir-se com monsenhor Frimard, e uma hora depois da cena que acabo de contar, o amoroso moço foi ter com o bispo.
"Como estás pálido e abatido, meu amigo!" — disse-lhe o bom bispo, sentando-se à sua secretária, diante da janela totalmente aberta, que dava para os jardins de seu palácio. "Que tens, meu filho? Estás tremendo; vejamos, senta-te perto de mim."
E monsenhor tomou nas suas as mãos do jovem. Este se debulhou em lágrimas e relatou sua excursão ao país de Citera[1] com Grace, e contou-a com tal sinceridade e arrependimento que o bispo não teve coragem de o censurar severamente.
Luiz Shons comunicou ao monsenhor o seu desejo hones-

---
[1] Vênus, deusa do amor.

to de reparar a sua falta, casando-se com Grace.
"Ah, isto agora é outra coisa, meu filho! Convém contá-la ao teu tio... Eu me encarrego desta espinhosa tarefa. Acalma-te, ora e espera em teu quarto a resposta de teu tio. Mas... a propósito da pequena Bec, insinuou-te ela, sem dúvida, o seu desejo de tornar-se senhora Shons?"
"Ah," — exclamou imprudentemente o jovem "ao contrário! Ela opõe-se a isso..."
E foi contanto a conversa que tivera com Grace a este respeito, a fim de que o bispo julgasse o bom caráter da amante.
Este bateu palmas...
"Compreendo agora a trama... A rapariga é muito sensata, se suas palavras não encerram um subentendido..."
O prelado disse estas últimas palavras em tom baixo.
O rapaz retirou-se. Cinco dias depois, apresentou-se novamente ao bispo.
"Aqui está a resposta de teu tio, meu amigo. Tua falta pode ser reparada, ao contrário do que pensaste. Agiste sem premeditação e, graças a Deus, tua carreira não será cortada por este deslize quase involuntário da mocidade, que a convalescença tornou descuidada, deixando que o diabo atuasse. Vais partir para Dublin. Uma quantia conveniente será depositada pelo cônego Romain (encarregado do caso), em mãos do sr. Poulard, tabelião, para ser aplicada como auxílio ao fruto de teu pecado, assim como o dote da menina, quando chegar à maioridade. Vai, meu filho, e que a recordação de tua fraqueza te sirva de lição para sempre."

Luiz estava abatido. Conhecia seu tio; toda resistência que fizesse seria em vão. Seu tio tinha em suas mãos, de alguma maneira, todo o seu futuro e o de seus irmãos. Além disso, os preconceitos religiosos se elevavam com força em seu espírito e o sacrifício de Grace foi aceito com muita pressa!

Antes de se despedir de monsenhor Marie-Joachim Frimard, o pobre rapaz não pôde deixar de lhe dizer:
"Ah, monsenhor, quanto sois protegido do céu por conversardes sempre e o tempo que quiserdes, com a bela Batilde de Treisoldy!"— o bispo sorriu.
"Meu filho," — respondeu "são vantagens de minha posição!..."

Trinta e nove

— Porém, meu caro narrador, falei a Mauriant tomando-lhe as mãos, onde foi aprender tão encantadoras histórias que fazem ver, ao mesmo tempo, o verso e o reverso da *Comédia Humana*, como se fosse autor e espectador das realidades vividas?

— Nada mais simples, meu caro Dosset. Os livros de ocultismo ensinam que todo ato humano ou, melhor, toda ação produzida na superfície do planeta e todo pensamento gerado na memória, são inscritos na *aura*[1] de quem a praticou. Não há efeitos produzidos pela matéria orgânica ou pelos elementos que não sejam registrados no instante da produção, na esfera mágica receptiva. Se, estás, portanto, preparado para te transportar pelo espaço cósmico, por onde o planeta percorreu, entras nos arquivos colossais da Terra, após a aurora do último *Manvantara*.[2] Esses grandes períodos isolados guardam, numa verdade perfeita, a fotografia indestrutível de todo o passado desaparecido... Quando um investigador paciente e curioso nele penetra, pode, a seu desejo, despertar as imagens inertes e fazer vibrar artificialmente a mentalidade que as gerou... Então, assiste a curiosas cenas de um acontecimento real, as quais deixam para trás todas as pinturas dos mais realistas dos escritores contemporâneos... Cada personagem imaginada se mostra repentinamente em relevo e as palavras pronunciadas contêm o mesmo pensa-

---

[1] Do mesmo modo que os seres, os mundos têm também sua aura — Cf. Dicionário de Orientalismo, de Ocultismo e de Psicologia, 2 vol. In-12, Paris, 1896.
[2] O *Manvantara* ou *Manwantara* — Período de manifestação [do Universo], oposto ao *pralaya* (repouso ou dissolução), que compreende 4.320.000.000 anos solares. — Helena P. Blavatsky, *Glossário Teosófico*. São Paulo, Editora Groung, 2000, p. 357.

mento que tinha a pessoa que as pronunciou.[3]

— Sim — confirmei — eu li sobre isso em meus livros de ocultismo, mas sua explicação me dá maior clareza; e o que dizemos aqui, caro Mauriant, fica igualmente impresso em alguma parte?

— Não duvides disso, Dosset. A esfera receptora é diferente e sua modalidade aumenta de intensidade, pois no astral, todo ato, todo pensamento, toda volição é cem vezes mais intensa e mais rápida; é a vida terrestre elevada a uma potência desconhecida aos encarnados. Fui, em companhia de amigos mais elevados do que eu moral e intelectualmente, fazer algumas pesquisas neste lugar onde se guardam as ações vividas antigamente na Terra. Trabalhei ali, mais ou menos, como se trabalha em uma biblioteca, compondo, interrogando esses arquivos vivos, para colocar o resultado de minhas investigações nos livros que eu conto escrever contigo, caro Dosset. Faremos, assim, uma verdadeira parceria. Compartilhamos da mesma opinião, não é verdade? Não revelaremos a depravação da alma, senão com muita prudência. A exatidão de certas ações é o caminho infernal para a sua realização sobre o plano objetivo. Seria rapidamente aproveitada pelas almas perversas, como uma lição prática!

— Sim, certamente, — respondi junto com Henri.

E Montzag ainda disse:

— A literatura em voga na Terra é um veneno para o coração e para a mente.

— Procurar na "besta humana" o que ela tem de similar com a animalidade, de que provém, é remexer coisas inúteis, contaminadas, cuja podridão contamina os cérebros ignorantes, os corações baixos; é despertar os germes do vício que o Ego espera abafar, reencarnando.

— Grandes responsabilidades assumem as almas talentosas dos escritores pornográficos, expondo aos olhos dos insensatos as chagas morais da sociedade. O que será das jovens almas pervertidas por esses livros, cheios de obscenidades? Como serão penosos para seus autores os benefícios materiais que deles tiraram!

— Ah, meus amigos, eu mesmo me sinto um pouco em

---

[3] Trata-se dos "registros akhásicos" ou "memória da natureza".

dúvida na escolha de meus assuntos — disse Mauriant. — Deus me perdoe! Minha dor é viva; quero destruir, se puder, essas criações doentias de minha inteligência, em minhas futuras realizações, em que direi a verdade, mas tendo muito cuidado em não vulgarizar a parte mais sutil de minhas obras, aquela que tratarei do elemento psíquico.

— Estamos de acordo, Mauriant, e lhe pedimos a conclusão da história da família de Joli Bec. Aproxima-se a hora de voltarmos para a Terra. Todos os galos já saúdam, com seus primeiros *coricocós*, o astro radiante do dia...

Quarenta

— Que pena, meus amigos, estarem sem tempo! Vamos, rapidamente, ao final da história.

A senhora Piot, tia de Grace, foi chamada ao palácio episcopal, ao gabinete do vigário geral; este a advertiu sobre sua imprudência de enviar à cidade sua sobrinha, tão linda, para entregar roupa etc, etc, e recomendou-lhe absoluto silêncio sobre o sucedido, para que o negócio não viesse a prejudicar a igreja. O vigário disse ainda, que ela devia, naquela mesma tarde, encontrar-se com Grace em casa da senhora Poulard, onde estaria o cônego Romain, que destinaria vinte mil francos à menina, quando chegasse à maioridade; a mãe ficaria com parte do dinheiro, para educar a filha, que só podia tocar o capital quando fosse maior. Em caso de morte da pequena, parte do capital seria do donatário e parte do bispado, que a distribuiria com os mais pobres.

Eu abrevio a história, meus amigos, apesar das cenas alegres que desejava contar-vos!...

Enfim, ficou combinado que Grace voltaria a Toulon e ali se instalaria, aos cuidados de sua tia, em Santa Helena, um subúrbio de Nice, na casa de uma velha senhora, onde devia ficar alguns meses. Ali, ela pariu uma menina que trazia em seu delicado e tenro corpinho as belezas dos pais, artisticamente mescladas. Grace teve um parto feliz; estava contente com o seu destino e concentrava em sua filha todo aquele amor ardente que tinha pelo seu amante. Deu à filha de Luiz Shons, o nome nada harmonioso, de Devouvèe.

Embora detestassem a criança, seus avós a recolheram.

Grace, triste por ter que esconder uma culpa, pois sua alma era amorosa e franca, querendo sua felicidade, decidiu

abrir uma modesta casa de engomadeira em Toulon e ali se pôs a zelar por seu anjinho.
Devouvèe crescia em anos, saúde e graça. Seu sangue mesclado dava-lhe um atrativo particular. Todos a amavam.
Atacada por uma doença, Grace se viu forçada a fechar a loja. Assim, recolheu-se à sua pequena vila, onde viveu somente de suas pequenas economias, dedicando a maior parte à sua Devouvèe, que vestia e enfeitava com o maior cuidado.
"Minha filha será rica" — não cessava de dizer e repetir à sua família, que já começava a censurar-lhe o luxo com que vestia a menina.
"Farias melhor", — diziam "se nos ajudasses nas despesas do que enfeitar a tua bastarda."
Muitas recriminações desta ordem acabaram por fazer Grace aceitar um pedido de casamento de um primo seu, manco e envelhecido por uma enfermidade.
Era este grosseiro igualmente disforme de corpo e de espírito e só via neste casamento a oportunidade de apoderar-se do pequeno dote da enteadinha... Ele teria, com certeza, outros filhos... A pequena podia morrer... Eram pensamentos que já andavam o envolvendo... Depois, a renda a compartilhar já era um progresso para um diarista que só tinha visto até ali o seu magro salário.
Doente, importunada pelos seus e enganada pelas queixas de seu primo ou, quem sabe, pensando assegurar o futuro de sua filha se ela viesse a faltar-lhe, Grace cedeu...
O contato diário com seu astucioso marido revelou, rapidamente, toda a sua verdadeira natureza, a qual aterrorizou de tal maneira a Grace, que esta perdeu de vez toda a alegria e se foi, pouco a pouco, desistindo da luta e caindo em uma indiferença doentia, em que descuidou até mesmo a sua querida filhinha... Esta, graças, à afeição que inspirou às religiosas que a educaram, conheceu alguns dias de felicidade.
Destinaram-na ao ensino. Quando completou vinte e um anos, isto é, quando chegou à maioridade, entregaram-lhe o capital depositado, até então, em mãos do sr. Poulard. Choveram-lhe, então, pedidos de casamento e pedidos de presentes, que foram infinitos.
Seus irmãos e irmãs (que os tinha distantes) e até sua

mãe, tanto insistiram, que a pobre moça deu-lhes grande parte do seu capital. Sozinha e com as mãos quase vazias, Devouvèe foi para Paris... O resto já sabem...

Como seu nome soava mal nos ouvidos de seus adoradores fanfarrões, pediram-lhe que trocasse o nome por outro menos pio e mais sonoro, o que ela obstinadamente recusou. Mas bateram tanto na mesma tecla, que ela acabou por adotar o nome de Joli Bec, que lhe assentou muito bem e conservava a lembrança de sua mãe.

Agradecemos a G. de Mauriant a hora agradabilíssima que nos fez passar e, despedindo-nos de sua amável pessoa, marcamos uma nova reunião para a noite seguinte.

Henri, para evitar atraso, fez-me tomar um caminho diferente na minha volta à Terra. Era uma espécie de corredor estreito e sombrio, por onde pareceu-me que descíamos vertiginosamente para a cidade de T., onde, levado por Phael, pois me sentia muito cansado, entrei em meu corpo. Já era dia e os ruídos da casa anunciaram-me que já estavam preparando o desjejum.

Quarenta e um

Resta, somente, uma noite com meu caro Henri... Depois vai me deixar, prometendo, contudo, encontrar-se comigo, de tempos a tempos, de voltar a ver-nos, apesar de grandes intervalos, não para satisfazer a minha curiosidade pessoal, mas para me dar mais luzes necessárias à missão que eu aceitei com todas as amarguras que ela contém...

— Caro Henri, quanto sou reconhecido pelo despertar espiritual que me permitiste alcançar. Só posso te agradecer trabalhando para despertar em minha alma o desejo de procurar a verdade...

Vários são os caminhos que levam à verdade, os quais se acham abertos mesmo às medianas inteligências: a dedicação, a santa caridade e a renúncia completa das satisfações puramente materiais, conduzem a ela...

Lembrei-me da festa que devia realizar-se em casa de Mauriant e julguei que sonhava ao recordar a curiosa região do *Kâma-Loka*, que percorri em meus desprendimentos com meu amigo. Dissera-me Henri que esta não era senão uma pequena excursão no mundo invisível e que eu poderia, mais tarde, fazer outras mais curiosas em companhia do escritor com quem eu ia colaborar.

E, pensando nisso, comecei a vestir-me. Phael tornara-se habilitado para prestar-me alguns serviços materiais, porém, somente quando estávamos a sós; preparava e acendia o fogo, dava-me as roupas com uma presteza tal, que um criado dos mais espertos não o faria.

Ele adivinhava o meu desejo de vestir esta ou aquela roupa, sem que eu tivesse necessidade de falar. Phael chegava a ler os meus pensamentos, no mesmo instante em que se formavam no cérebro, e, desta maneira, sabia o que eu desejava...

Naquela manhã, encontrei minha família reunida na sala de jantar; estava muito abatida. Uma carta de nossa querida Clairville acabava de nos trazer más notícias de sua saúde. O ar puro no qual ela se encontrava abrandava em parte seus sofrimentos, mas não os combatia... Sua cura tornava-se duvidosa nessas condições — dissera o bom doutor Marmon a meu pai. Minha mãe deu-me a carta de Alice para ler. Eu lia, retendo as lágrimas, pois sabia que ela logo nos deixaria. Eu não tinha a esperança que minha mãe conservava do restabelecimento de sua prima. Ao ler a carta, vi claramente o pensamento e até o reflexo do rosto de quem a tinha escrito. Para mim, agora vidente, na carta se achavam outros pensamentos que não os escritos... Era o seu próprio amor para comigo, sua divina esperança de nos reencontrarmos na grande pátria celeste.

E que coisa maravilhosa, esta irmã muito amada tivera a convicção, ao endereçar-nos a sua carta, de que eu poderia ler o invisível pensamento que ela projetava só para mim.

Utilizei meu dia para escrever notas de minhas recentes excursões astrais, assim como em preparar-me para esta noite de adeus, que eu desejava e temia ao mesmo tempo.

Enfim, deram dez horas da noite, e depois de ter, como de costume, abraçado meus pais e minha irmã Mina, recolhi-me ao quarto de dormir.

Henri já me esperava aí. Encantei-me de o ver tão bem em estado natural.

— As faculdades mediúnicas — disse-me o meu amigo — progridem dia-a-dia; esta visão lúcida de um ser em estado fluídico parece-te natural; com efeito, é o que sucede com quem tem os sentidos internos desenvolvidos; o mesmo não acontece para o homem comum, que não procura despertar suas percepções, e até nega a possibilidade de o fazer. A maior parte está impregnada de um materialismo obscuro e guarda apenas a origem dos sentidos internos...

Eu pensava na lucidez com que tinha lido os íntimos pensamentos de Alice em sua carta, que tinha para a família somente o sentido expresso pela escrita.

— Eu já estava a teu lado, quando lias essa carta — declarou Henri — e te auxiliei com a minha experiência para te fazer compreender o uso de tua vista interna neste gênero de visão. Agora que a exerceste, experimentarás fazê-lo outras vezes e estou certo de que renovarás a tua experimentação. De resto, uma vez despertados os sentidos internos em boas condições, tornam-se depressa muito ativos. A princípio, convém examinar severa e minuciosamente a exatidão do seu alcance; mais tarde virão outros resultados externos que sua atuação nos permite sem esforço, segundo a lei natural.

Eu escutava Henri, feliz de o ver reconhecer o meu desenvolvimento psíquico, mas sem poder ocultar a tristeza que sentia por minha prima Alice, tão adiantada em sua força espiritual psíquica, que ia, sem dúvida, deixar o plano objetivo para habitar o astral, onde seu espírito se achava bastante desenvolvido para viver...

Nisto, Henri levantou-se, veio a mim e, pegando-me as mãos, disse:

— Robert, a morte não é uma separação, tu sabes bem. Por que, então, estás caindo na rotina dos terrestres, temendo os seus efeitos para os nossos entes queridos? É um sentimento egoísta o que nos faz chorar a partida dos nossos amados deste mundo de dores; quando a separação se realiza nas condições normais, não devemos angustiar-nos, pois a sua existência continua em um meio mais adequado para a sua verdadeira natureza. Vamos, Robert, levanta-te o mais depressa possível do leito e partamos. Mauriant e seus convidados nos esperam... Quem sabe, acharás, talvez entre eles, alguns parentes ou amigos, em quem não pensavas!

Phael ajudou-me a projetar-me. Alguns minutos depois desta breve conversação com meu amigo, atravessamos, numa ascensão rápida, o espaço enorme que nos separava da habitação de Mauriant.

Ao aproximar-nos de sua casa, vimos que se dirigiam para lá alguns veículos aerostáticos, que voavam como balões, de formas diversas; uns (e destes havia um grande número) tinham a forma das aeronaves em uso no nosso planeta. Na barquinha se encontravam várias pessoas. Alguns visitantes chegavam em cadeirinhas sustentadas por criados de raça elemental, semi-humana, semi-animal. Graciosos carros pareciam-se com fantasias, para enfeites das prateleiras de porcelana de Saxe, cheias de flores, e a entidade fluídica vestida ricamente parecia sair dentre seus ramalhetes perfumados. Estes graciosos veículos eram levados por animais domésticos fluídicos, que tinham vivido na Terra entre os homens e que encontraram no astral os seus amados senhores ou benfeitores e eram felizes em continuar a servi-los.

Um destes carros mágicos passou perto de nós; ostentava uma forma artística e estava enfeitado com flores de laranjeira e girassóis.

Uma jovem, coberta com um filó rosa, saudou-nos gentilmente com a cabeça e a mão.

— Joli Bec! — exclamei.

Mas a carruagem já estava longe.

— Notaste — disse-me Henri — o par de gatos que puxavam a carruagem?

— Não, caro amigo; vi uma coisa branca, cujos pelos ou plumas eram agitadas pela brisa, mas não distingui nada, além de que minha atenção foi atraída, ao mesmo tempo, para vários lados.

Nesse instante passava pela nossa frente um grande coche de 1836; era puxado por cavalos que andavam vagarosamente. Tive, então, a oportunidade de perceber, encolhida entre as almofadas, uma dama cujo rosto era coberto por uma mantilha de rendas negras, a qual, entretanto, lhe deixava a descoberto os cabelos prateados.

— Oh, — exclamei — eu julgava que eram desconhecidos no astral os indícios da velhice, uma vez que aqui se pode, à vontade, ter o aspecto que se deseja. Duvido que o da velhice seja jamais adotado, principalmente por mulheres, cujo instinto primordial foi sempre o de agradar!

— Não há nada — disse Henri — mais sujeito a uma longa dissertação do que esta simples reflexão de tua parte; mas como o tempo urge e devemos entrar no palácio, limito-me a dizer que, em toda a morada temporária, o tempo também passa, embora de maneira diferente, sobre os planos puramente objetivos. Desta forma, no astral, o enfraquecimento das forças físicas e mentais é equivalente ao da velhice corporal; a personalidade assume essa aparência. Além disto, uma entidade desencarnada que deseja fazer lembrar aos outros os episódios de sua velhice sobre a Terra, toma a dita aparência, evocando a imagem dos objetos de que tinha por hábito servir-se.

— Parece-me que vi em certo lugar, quando menino, um exemplar físico do coche que acaba de passar...

Meu amigo sorriu.

— É bem possível! — disse ele.

A multidão encheu a entrada do palácio oriental; os que chegavam eram numerosos. Cada qual levava consigo vários servos ou elementais de raças diferentes. De todas as aberturas do edifício saía uma luz resplandecente.

Devo observar, aqui, que nesta região semimaterial reina, em certas horas como sobre a Terra, uma claridade relativa que escapa, com uma intensidade variável, dos seres, dos animais e até mesmo das coisas.[1]

Mauriant, feliz de receber seus convidados queridos, emitia esta estranha claridade; dos que tomavam parte na festa, não havia nenhum, por mais inferior que fosse, que não mostrasse sua alegria por uma pequena luminosidade. Enfim, os animais, desatrelados dos veículos, davam-se aos prazeres de sua espécie e produziam também as tais luminosidades.

Bem longe, no espaço próximo do palácio, vibrava a alegria comum. De todos os lados chegavam enxames de elfos,[2] de fadas e de outras entidades do plano astral, que vinham animar esta quente atmosfera de benevolência e de harmonia fluídica. Brilhava uma multidão de formas aéreas por cima do palácio, como uma aurora boreal, que indicava, por seu esplendor, a uma grande distância, o banquete de aroma fraternal que ali se realizaria. Além disso, estas manifestações expansivas expulsavam as entidades maléficas e ciumentas que quisessem, talvez, contaminar os aromas da felicidade comum.

---
[1] É o fluído ou "aura" que Reichenbach denominou de "fluído ódico".
[2] Espíritos da natureza que habitam o plano astral e que, juntamente com as fadas e duendes, desempenham importante papel no folclore de todas as nações. São seres diminutos de forma humana, de rosto belo e gracioso, muito amantes da natureza e geralmente dotados de caráter generoso, compassivo e benéfico. — Helena P. Blavatsky, *Glossário Teosófico*. São Paulo, Editora Groung, 2000, p. 166.

Nossa chegada a esse imenso salão, no qual se achava Mauriant para receber seus convidados, causou sensação.

Encantei-me de perceber, na reunião, entidades que, notáveis na Terra sob títulos diversos, haviam se ligado a Mauriant para dar mais realce à nossa recepção.

Vi que todos os olhares pousavam sobre Montzag; por minha vez também o olhei, mas qual não foi a minha estupefação ao notar que meu amigo, meu irmão, havia mudado o aspecto costumeiro: era Henri de Guise, o terrível *Balafré*. Com seu aspecto severo, porém, logo adoçado por seu estado atual de alma, meu amigo e os demais que nos rodeavam se puseram a rir da minha surpresa. Disse-me Mauriant:

— Batalhei ao lado desse bravo! Ele era bom, apesar de seu ódio racial... E todos os seus companheiros lhe eram igualmente afeiçoados.

Levantei os olhos automaticamente e olhei num espelho; vi-me em traje negro, envergando uma casaca ridícula! Tive horror de mim mesmo, tão desconforme me achava naquele meio artístico e fantasista. Mauriant e Henri compreenderam instantaneamente o meu pensamento. Pondo este a mão sobre a minha cabeça, a atual figura desapareceu e vi um homem mais ou menos de minha idade, trajando uma riquíssima veste veneziana, das que pintava Paulo Veronese. Seu traje dourado abria-se, ao lado, sobre outro de seda-púrpura; na cabeça um chapéu bordado de pérolas e caído graciosamente um pouco para trás. Fiquei absorto, durante alguns segundos, na contemplação desta imagem que se foi, pouco a pouco, revelando à minha consciência... Enfim, dei um grito; em uma percepção clara como a luz, reconheci-me no elegante veneziano!

Henri parou de me tocar. A visão desapareceu, mas o espelho posto diante de mim refletiu o traje que eu acabava de admirar... Os circunstantes felicitaram-me pela elegância da roupa e tudo isso, eu bem sabia, para me estimular, em uma justa medida, a dar conta de meu estado d'alma presente, síntese de um passado esquecido, mas não completamente apagado, pois que, evocado, podia reaparecer como por encanto.

Percorri os diversos aposentos do palácio, todos ornamentados para a festa. Tive encontros curiosos. De homens e de mulheres célebres, cujos perfis nos foram imperfeitamente pintados pelos talentosos cronistas de sua época!

Uma vez chegados os seus convidados, Mauriant abandonou o seu posto na entrada do magnífico salão. Viera a mim para me apresentar aos seus amigos. Destes, alguns se lembravam de me haver conhecido na carne, por certos sinais que eu ainda apresentava. De minha parte, eu não me recordava senão dos fragmentos da existência a que se referiam; mas havia solução de continuidade na minha lembrança. Meu nome italiano não esclarecia minha lembrança. Eu não deixara nome na história, nem algum traço na política, arte ou religião. Eu fora somente um rico companheiro na vida e creio que maior era o caso que faziam de minha pessoa do que o que ela realmente valia em um passado longínquo...

Uma mulher muito bela, de aspecto majestoso, trajando vestes de rainha, de uso e de riqueza antiquíssima, pegando-me a mão, disse:

— Senhor Dosset, em minha última encarnação fomos conhecidos; apreciou, eu sei, a minha obra. Na época em que este pesado diadema me coroava a cabeça (e eu reparei-lhe naquele círculo de ouro cravejado com brilhantes colocado sobre a sua cabeça real), pertencíamos à mesma família; fomos inimigos e fui cruel para o senhor e os seus... É uma história remotíssima, passada em uma grande cidade que as areias do deserto sepultaram.

Fiquei mudo de espanto. Tamanha foi a admiração que me causou a rainha, que não ousei interpelá-la.

— Ah, não procure — fez ela — estas recordações estão muito afastadas de nós e são tão tristes... Por dores infinitas, eu e o senhor conseguimos apagá-las da memória.

Dizendo isso, a sua expressão se foi, pouco a pouco, modificando e trocando (ainda que conservasse os traços nobres) pela feição bem francesa de Georges Sand, nossa grande e espiritual escritora, do qual possuía um retrato em minha casa e que a mostrava beirando os seus trinta anos.

— Esta Semiranis conservou-se rainha na encarnação de Georges — disse-nos uma voz sonora, atrás de nós.

Quarenta e dois

— Balzac! — exclamei, muito contente de ver este grande escritor, cujas obras e romances filosóficos li e admirei muito.

Ele vestia um hábito monacal branco, com o qual o pintou o seu amigo Boulanger e do qual o museu de Tours possui uma soberba cópia. Era a roupa que ele usava em seu gabinete de trabalho. Seus olhos tão celebrados pareceram-me tão brilhantes de luminosa inteligência, que achei que não haviam exagerado seu poder de fascínio.

Robert Dosset, disse-me o grande romancista e filósofo, cumprimento-vos por serdes realmente vós mesmos, isto é, um original e não o reflexo vulgar das criações romanescas a que os escritores imaginosos dão, infelizmente, algumas vezes, tal intensidade de vida no plano terrestre, que as fazem sobreviver ao seu criador! Estes protótipos exercem uma influência predominante no meio social, em que foram criados e dotados de uma atividade artificial por seus autores; estas imagens vivas prolongam sua existência, graças aos imitadores de suas personalidades, e que sofrimento experimenta seu progenitor ao ver propagar-se na humanidade os vícios, os crimes e as baixezas dos produtos de seu cérebro! Quanto trabalho para apagar esses germes perturbadores semeados inconscientemente pelo escritor, pois ele ignora o poder da palavra!

O grande homem sacudiu a cabeça.

Ah! Rastignac, de Marsey, Lucien de Rubempré sobretudo! Quantos homens marcastes com a vossa nefasta efígie! Ai de mim! E de vós todos, filhos de meu pensamento, a quem ensinei a constante preocupação pelo bem-estar físico, pelo dinheiro! Sim, eu despertei no coração de meus contemporâneos o amor pelo ouro; cometi um erro enorme que me acabrunha.

— Mestre, atalhei eu, sois também o pai de *Seraphita*, e é assim que vos chamam na terra vossos admiradores, Luís Lambert levou muitas almas aos estudos filosóficos de ordem elevada. Contais no número de vossas criações da *Comédia Humana* tipos de real beleza de alma.

E verdade, confirmou Balzac, e isso me consola um pouco. Mas os meus heróis que têm maior vitalidade são os que repudio e que gostaria de destruir para esmpre, os que procuram o prazer a qualquer preço... Faço o possível para inspirar aos letrados que vivem atualmente no globo, obras puras e sãs para a humanidade; mas sou pouco compreendido e pouco escutado. É preciso ganhar dinheiro a qualquer custo! As necessidades que o homem criou são tão grandes... Para atingir o ganho unicamente desejado, é mister vender e por isso chamar, por todos os meios, a atenção do grande público, que lê hoje para encher sua inteligência sem ideias e seu coração egoísta; é preciso, digo, para bem instruí-los, mostrar-lhes o requinte dos vícios, as indignidades de sua raça, as quais até aqui, não pelo pudor, mas pelo temor, os mais desprezíveis procuravam ocultar... O ranço de certas obras literárias é a delícia da nossa sociedade atual e isto é uma vergonha!

— O que é mais triste, disse uma voz nas minhas costas (e eu conheci Saint-Beuve), é que o clero, guardião remunerado e pago pelas seitas, parece desinteressado deste estado de coisas, tão nocivo para as consciências. O mal sobre a Terra aumenta e o vício é endeusado! A censura ou alusão de qualquer modo não tem valor, se não é feita à maneira da Igreja Romana.

— Essa falta é um pouco nossa, meu amigo — acudiu Balzac.

A conversação sobre este assunto durou algum tempo e eu notei a relação íntima em que estavam os encarnados com os seus irmãos vivos no astral.

Alguns recém-chegados, metendo-se no meio de nós, desfazendo o grupo.

Acompanhado de meu hóspede, continuamos a percorrer

Viagem Astral

os salões; cada um destes tinha as sua decoração particular de forma realmente artística.

Entramos em uma galeria envidraçada, cheia de flores tropicais, de perfumes penetrantes e cores brilhantes; alguns pares percorriam esta galeria conversando em voz baixa. Era ali o "bom retiro" das confidências.

Uma voz, cujo timbre não me era desconhecido, chamou-me a atenção.

Quarenta e três

— Robert, meu querido filho!
Virei-me. A dama de cabelos brancos do coche estava diante de mim, com os braços abertos para me abraçar!
— Minha avó! — exclamei, caindo-lhe nos braços — Minha avozinha querida... Rolaram-me as lágrimas nos olhos e a alegria abafou-me a voz!
Apertando-me maternalmente ao peito, com palavras entrecortadas de beijos, ela disse:
— Que felicidade para mim, meu filho, ver-te em meus braços como antigamente!
— Será um sonho, minha avó? É a senhora verdadeiramente que está falando ou estou abraçando sua sombra?
— Olha-me, meu caro filho, e toca-me. Vê bem que sou viva e tangível neste plano fluídico, e mais ainda, se é possível, do que sobre a Terra!
— É verdade! — confirmei, cheio de alegria em me certificar de que esta excelente senhora, minha mais doce recordação de infância, estava realmente perto de mim. — Ah, minha avó — perguntei subitamente — porque não deixou reconhecê-la quando passou por mim em seu velho coche que agora reconheço?
— Porque eu não devia atrair tua atenção antes deste momento...
Fiz, como podeis pensar, mil perguntas à minha avó paterna e a que eu repetia várias vezes era esta:
— A senhora está feliz, minha querida avó? Habita o *Kâma-Loka*? Eu poderia visitar sua casa?
— Meu querido — disse ela — tenho infinita felicidade em

morar no plano astral onde nos encontramos neste momento; muitas vezes vim aqui, depois de minhas encarnações terrestres, porém, na última em que me conheceste, a minha estada aqui foi curta. Depois da segunda morte, fui transportada ao paraíso do *Rupa-Loka*; é aí que esperarei toda a minha família para subirmos a uma região mais espiritualizada ainda. Diz, meu filho, a teu pai o que te falo. Não quero elevar-me sem vocês. Trabalhar para se aperfeiçoarem é contribuir para a minha felicidade; só este bom pensamento bastaria para lhe impedir qualquer possibilidade de regredir. Graças à festa de Mauriant, à qual juntaram-se os guias superiores, obtive o meio de me materializar e fazer-me perfeitamente reconhecida por ti...

Minha avó sorriu; lia o meu pensamento. De fato, eu estava feliz de rever o seu aspecto de outrora, até os seus cabelos brancos que tantas vezes me agradava beijar.

Ela passou a mão branca e enrugada sobre seus cabelos prateados e disse:

— Sim, tu gostavas de brincar com meus cabelos e eu tive o cuidado de reproduzi-los exatamente.

Desta forma, nos entretivemos por alguns instantes, dizendo muito em poucas palavras, como tem por hábito no astral as naturezas simpáticas.

— Não devo absorver-te inteiramente, meu filho; estás aqui para instruir-te. Vai, em breve nos veremos de novo.

E minha avó, como uma ágil menina, tomou outra direção.

Mauriant, que nos havia deixado entregues à nossa efusão, voltou. Guiou-me a um alto terraço de onde se descortinava uma grande parte da paisagem mergulhada em uma espécie de crepúsculo (ao menos era o que a mim me parecia); das frestas dos edifícios saiam luzes brilhantes, umas mais, outras menos. Como estes, havia infinitos outros na cidade alta e no campo que a circundava.

Nomeou-me Mauriant os inquilinos.

— O que é este castelo gótico, com numerosas dependências? — perguntei, apontando-o.

— É o domicílio de Balzac. Este velho castelo feudal é antiquíssimo nesta zona astral.

— É uma bela cópia dos que existiram sobre a Terra, na Idade Média.
— Digo que este foi o modelo.
— Verdade?
— Assim é para tudo o que se produz na Terra; seus tipos existem no estado fluídico.
— De modo que Balzac escolheu, por gosto, sem dúvida, esta habitação?
— Não; ele tinha direito. Mas não posso dar-te a razão disso, esta noite; a explicação seria longa.
— Ele mora só este imenso castelo?
— Não, certamente; ele dá hospitalidade aos que lhe são caros, e àqueles dentre os seus amigos e discípulos que por algum tempo, têm de viver nesta região. Há, além destes, a multidão de suas criações intelectuais que se ligam a ele e, aqui entre nós, muitas vezes o aborrecem.
— Ele deve — disse eu — lutar algumas vezes com estas criações e lastimar o seu caráter. Não é assim?
— Certamente — respondeu Mauriant.
— Neste caso — argumentei — se os poetas e romancistas poderosos são acompanhados das personagens da sua imaginação, o pai da Mouquette sentirá desgosto, um dia, se ele vê diante de si, constantemente, repetir-se o gesto tão familiar dela!

Mauriant riu do gracejo e descemos aos salões. Estes estavam quase desertos; os convidados espalhavam-se por todo o jardim que uma brilhante iluminação tornava mágico.

— Senhor Dosset, sinto-me um pouco cansada — disse-me uma senhora já madura vestida à marquesa, do tempo de Luiz XV. — Posso apoiar-me em seu braço?

E, sem esperar resposta, a minha interlocutora passou o braço ainda bastante belo sobre o meu. Embora ela fosse uma quarentona, ainda era muito bonita; conservava no chapéu toda aquela refinada graça e arte da época de decadência moral, que felizmente não fora adiante na sociedade, além da desmoralização presente. Ela encantou-me pelo conjunto gracioso, ainda que artificial. Admirei a dama que, sorrindo maliciosamente, me apertou o braço. Eu procurava descobrir quem poderia ser!...

— Vamos, Dosset, não dês trabalho ao teu cérebro. Eu te era indiferente, quando assim me vestia... Como hoje ainda o sou! — acrescentou ela, galantemente.

O timbre de sua voz mudara, ao pronunciar estas últimas palavras.

— Joli Bec, és tu? — perguntei, apertando-lhe as mãos.

— Devias ser elegante mesmo quando mergulhada em reinos inferiores!

— Eu era uma gata — respondeu ela. — Não me lembro bem... Mas dá no mesmo, estou certa...

— Vamos, senhores, voltemos aos jardins.

Mauriant nos precedia, deixando-me com minha pequena marquesa. Fomos ao centro de um grande tabuleiro diante do palácio, como numa sala atapetada de relva e de flores róseas que faziam com o verde um efeito magnífico. No fundo, sobre um estrado semi-encoberto por uma leve cortina rosa de seda, estavam alguns músicos. Quando todos se sentaram sobre macios bancos estofados com encostos recurvados, o concerto começou. Belas vozes, raras e perfeitas, sem iguais na Terra, executaram trechos escolhidos de repertório antigo e moderno. Cantores e cantoras ficaram invisíveis. O rosto tão necessário aos nossos cantores não comovia senão pelo sentimento superiormente expresso; a vista mesmo agradável dos executores não teria podido acrescentar-lhe nada. Era intenção deixar campo livre à imaginação dos ouvintes.

Depois de um curto intervalo, a cortina de seda rosa ergueu-se vagarosamente, e um espetáculo curioso e divertido começou.

— O ponto é aqui o autor — disse-me Montzag — que acabava de sentar-se ao meu lado.

A minha querida avó estava à minha esquerda e tinha minha mão nas suas.

— Vais ouvir uma espécie de revista crítica da sociedade terrestre deste fim de século; os atores são elementais artificiais, criações do autor, que é um homem de grande valor literário e moral, pertencente a uma região astral mais elevada que esta. Dá-se, muitas vezes, a este divertimento para instruir sem cansar os ouvintes. Aplica bem a sátira, mas não atravessa os limites da caridade; exalta-se, algumas vezes, não contra as personalidades, mas somente contra as instituições prejudiciais à emancipação das almas. Está convencido da excelência das representações teatrais para o adiantamento da humanidade, desde a primeira infância até a velhice. Vais ver a obra.

As cenas mais vivas se desenrolaram diante de nós com tal perfeição, que eu não as teria tomado por criações artificiais. Henri lia o meu pensamento e, por isso, inclinou-se para mim:

— O que tanto admiras é unicamente o pensamento do autor que toma forma nestes autômatos. É como se o autor possuísse o dom da ubiquidade e desempenhasse por si próprio, ao mesmo tempo, todos os papéis imaginados.

— É admirável! — fiz eu. — Que sutileza nas críticas, que síntese brilhante das verdades sobre o estado atual de nossa pobre humanidade! Quantas lutas ocultas são aqui desmascaradas!... É maravilhoso! E como se chama esta personalidade de uma tão poderosa inteligência, que instrui, corrige e aconselha com tal sabedoria?

— É desconhecida a todos aqui — respondeu Montzag.

— Ele vive somente para a sua obra e ele mesmo é a obra!

— Aí está um que se afasta bem dos costumes e tradições terrestres, onde a maior parte dos autores dramáticos trabalha unicamente pelo dinheiro e algumas vezes, muito acidentalmente, pela glória.

— Tua reflexão é justa, Robert. Mas o espetáculo se acaba e nosso hóspede convida-nos ao banquete que deve ser o término da festa!

Viagem Astral 255

Quarenta e quatro

Num passe de mágica, o teatrinho desapareceu num piscar de olhos. Em seu lugar, assim como, no prolongamento da sala que eu não tinha ainda percebido, apareceu uma comprida mesa, maravilhosamente decorada com todo o luxo imaginável. Belas flores harmonizavam-se com peças de baixelas de prata muito antiga e artisticamente trabalhadas. Não conheço cópia de nenhuma delas sobre a Terra. Ali havia arte em toda a acepção do termo: lustres de Veneza de mil cores, guirlandas em que se enlaçavam as flores e os frutos tão perfeitos que pareciam ser iguais aos artificiais que ornamentavam as cestas douradas. Elementais de grande beleza, pequenos e escuros, com ares familiares, acompanhavam os convidados. Pareciam inteligentes, mas não falavam. Notei que sua roupa tinha o mesmo corte e um forro de seda estreito que terminava no meio da perna, e que lhes modelava o peito um pouco chato. Era, um vestuário, de cor diferente para cada um deles; poderia se dizer que era o fluido do convidado que lhes dava a cor.

Minha avó sentara-se à minha direita; seu elemental e o meu trajavam uma veste de cor azul-cintilante, porém muito claro.

O elemental que servia a Montzag vestia uma túnica cor de limão amarelo. À minha esquerda ficava um lugar vago; convidei Henri para ocupá-lo. Ele podia, pois parecia estar livre. Porém, o meu amigo desculpou-se comigo, sorrindo de um modo estranho. Não insisti. Neste momento, uma dama vestida de cetim branco com um véu de renda branca que a cobria da cabeça aos pés, dirigi-se para o lugar vazio.

Logo que se aproximou de mim, ergueu o véu. Era Alice,

que me olhou terna e docemente. Fiquei surpreso e me senti tão feliz, a ponto de delirar e perder a consciência...

Creio que já disse que as sensações assumem, em corpo fluídico, tamanha intensidade que ocasionam grandes desfalecimentos aos mais frágeis.

Um homem que eu não tinha notado acompanhava a minha irmã. Ele veio em nosso socorro (pois devo dizer que toda emoção esperimentada por um, coloca ambos no mesmo estado de vibração).

Voltando a mim, agradeci ao meu guia o benefício que fizera à minha prima. Era o mesmo guia que eu já tinha visto em corpo astral no quarto de Alice.

— Eu sabia — disse-me Alice — que estavas aqui com tua avó e consegui a graça de vir ver-te.

Enquanto isso, sua mão apertava a minha e ela sorria à minha avó. De repente, senti uma angústia horrível...

— Alice, minha irmã, deixaste a Terra, desencarnaste? Eu te vi pela última vez no dia de tua partida de T..

— Não, meu amigo — respondeu-me ela, desviando de mim o seu olhar. — Sou ainda habitante do planeta.

E depois de uma pequena pausa, acrescentou:

— Robert, desfrutemos da felicidade da nossa presente reunião, sinal de que mais tarde será eterna.

O guia tinha nos deixado ou, melhor, fizera-se invisível!

O serviço do banquete começou; diferentes pratos foram-nos servidos em abundância; vários deles eram-me totalmente desconhecidos, mas eram feitos de vegetais. A bebida era água natural com gás, de uma limpidez extrema e com um gosto especial. Chá e café também nos foram servidos.

O banquete foi alegre. Sem ruído nem tumulto, os convidados se acomodaram segundo suas afinidades, em uma harmonia deliciosa, produzida pela atmosfera moral, cujo efeito calmante e benéfico é absolutamente desconhecido aos homens. Quem ouvisse o melhor concerto sobre a Terra, poderia obter uma sensação fraca em comparação com a que sentíamos.

Ao término, G. de Mauriant foi calorosamente aclamado e felicitado por todos os convidados. De fato, aqueles que já tinham a felicidade de comparecer às suas recepções fraternas, eram todos unânimes em dizer que o nosso hóspede se excedera desta vez.

Joli Bec veio despedir-se de mim; pediu-me que fizesse minhas preces ao Criador, a fim de que Ele lhe concedesse uma nova encarnação, na qual queria doar-se inteiramente aos infelizes da Terra.

Abençoamos a boa jovem e ela nos deixou satisfeita.

Com um véu de tristeza sobre seu rosto simpático, Montzag veio apertar a mão de minha avó. Em seguida, abraçou-me por longo tempo. Não ousei interrogá-lo!

Quando me desprendi de seus braços, percebi, com grande dor, que minha prima Alice havia desaparecido.

— Ah, — disse ao meu amigo — abraçaste-me para que eu não visse a partida de minha irmã muito amada...

E meus olhos, cheios de lágrimas, lhe faziam ternas censuras.

— Não, irmão, não foi para isso; mas para não te afligir com tristes despedidas, ela aproveitou-se da circunstância.

Neste momento, soou no palácio uma melodia sublime, superior a tudo o que acabávamos de ouvir. Era de um compasso magnífico e de uma doçura indescritível.

Estas vibrações de uma harmonia tão divina perturbaram-me os sentidos fluídicos e caí em êxtase...

Não sei se estive muito tempo neste estado, mas quando voltei a mim, estava no oratório de Belzeth, com a cabeça apoiada sobre os joelhos de G. de Mauriant, meu novo amigo.

Comovido, Phael olhava-me atentamente ajoelhado aos meus pés.

Interroguei o meu novo amigo com o olhar:

— Onde estou eu? E Montzag?

— Acompanhou seu mestre, caro Robert; ele vos abraçou pela última vez em corpo astral. Ele vai, no recolhimento, sofrer a segunda morte, porque sua missão está terminada.

— E tu, Mauriant? — perguntei-lhe, abatido pela dor que me causou a partida de meu amigo, embora fosse prevista havia tempos.

— Eu... Eu te acompanhei até aqui, onde deves repousar alguns instantes das inúmeras emoções. Depois irei com Phael levar-te a casa.

E tendo ali descansado, levantei-me. Dirigi algumas palavras de amizade ao monge elemental e nos despedimos dele, prometendo revê-lo futuramente.

— Aconselho-te um longo repouso, meu caro Dosset — disse-me Mauriant. — Quando quiseres ver-me, avisa-me por telepatia e eu irei ao lugar que me indicares na esfera astral mais próxima e iniciaremos nossa obra de colaboração... Adeus!

Mauriant desapareceu. Abri meus olhos físicos à luz do dia terrestre! Estava triste, mas prometi a meus guias que me mostraria sempre reconhecido pelo grande favor que me haviam concedido de aprender e ver tantas maravilhas, em um espaço de tempo tão curto.

Um grande cansaço se seguiu as minhas experiências adquiridas em tão pouco tempo; por isso, sofri uma febre e fiquei acamado durante uma semana.

Minha família, receosa, quis de novo mandar chamar o nosso caro doutor Marmon, porém, eu a dissuadi desta ideia, tranquilizando-a.

— Inútil! — declarei. — As circunstâncias forçaram-me a acelerar minhas experiências ocultas; fortes emoções sentidas contínua e rapidamente enfraqueceram-me o organismo fluídico, mas o grande repouso e os cuidados amorosos com que cuidarão de seu filho, queridos pais, me levarão depressa à perfeita saúde!

Epílogo

Poucos anos se passaram desde a minha última viagem astral, em companhia de meu caríssimo amigo Henri de Montzag, e muitas mudanças se deram à minha volta.

Tivemos a dor de perder a nossa prima Clairville, morta dois meses depois da nossa visita a Mauriant. Desligou-se calmamente sobre uma cadeira que mandara colocar em frente da janela aberta de seu quarto, da qual se enxergava uma magnífica paisagem sobre os Pirineus. O pôr-do-sol, naquele dia, era excepcionalmente esplêndido. Ela quis contemplar--lhe a beleza pela última vez sobre a Terra, pois foi sempre o seu desejo morrer quando o sol morresse. Pediu à sua criada um copo d'água com açúcar, e quando esta voltou após alguns minutos para junto de sua senhora, achou-a imóvel, as mãos juntas em atitude de prece... Havia desencarnado!

Todos da família lamentamos muito... Mas eu a sinto viva e menos separada de mim na morte do que na vida.

No dia de sua desencarnação, eu estava ocupado em meu escritório, à tarde, em negócios de minha profissão, quando, de repente, senti uma profunda angústia seguida de uma insensibilidade súbita; eu vi (aconteceu-me isto várias vezes em estado de clarividência) a casa em que morava minha prima, seu quarto, cuja arrumação e móveis eu conhecia como se os tivesse visto com os meus olhos físicos. O esplendor do sol no ocaso atraiu-me o olhar.

— Alice deve estar no quarto — pensava eu — para admirar este belo espetáculo; procuremos gozá-lo juntos...

Mas não a encontrava. Estava inquieto; em torno de minha pessoa astral se fez a obscuridade completa. Angustiado de novo, senti-me entrar, em parte, em meu corpo e percebi que era abraçado. Mal abrindo os olhos na penumbra de meu escritório, vi minha querida Alice, risonha, inclinada sobre mim...

— Estou livre, disse-me ela, com uma voz fraca. — Meu último pensamento, juntando as mãos para dar graças ao Criador por me livrar dos laços terrestres, foi para ti, irmão de minha alma! Mais do que nunca eu sei que não nos separamos, pois nós nos reconhecemos sobre a Terra. Já vivemos ambos no Céu, não é, meu caro Robert? Eu ia responder e apoderar-me de suas mãos transparentes pousadas sobre meus ombros, quando suavemente ela as recolheu.

— Não me toques — disse-me. — Ainda não estou em estado de suportar sem dor o teu contato; meu corpo material não está totalmente frio. Sinto-me ainda ligada a ele pelo laço vital que não teve o tempo de romper-se completamente... Até logo; não chores — continuou ela, beijando-me os olhos.

— Tuas lágrimas são o resultado da ignorância sobre o futuro da alma que volta ao plano normal de sua existência, ou ainda, do vazio que deixa a invisível presença aos olhos da carne! Tu o sabes, meu querido, pois és clarividente! Para ti se adoça a amargura da separação; enxuga essas lágrimas, elas não são dignas de um filósofo, não são dignas de um vidente!... Tu receberás, meu irmão querido, um envelope que contém algumas anotações abreviadas de minha vida, especialmente da parte em que me tornei médium; nesta época começa a minha preocupação com a filosofia e a visão da parte real da existência. Verás alí os auxílios espirituais que eu obtive em diferentes visões. Em todas elas, encontrarás o pressentimento que eu tive da existência na Terra de minha alma irmã e, ao mesmo tempo, a certeza de a encontrar um dia, mesmo que fosse por uma hora!

Escutei a querida aparição, com religioso respeito e antes que lhe pudesse fazer uma pergunta, ela desapareceu...

Falei à minha família da visita de Alice em espírito. A hora de sua desencarnação era a mesma da sua aparição fluídica.

Li e reli muitas vezes as páginas escritas por Alice em minha intenção, todas cheias de sua afeição por mim e muito importantes como documentos do espiritualismo.

Minha prima tivera o privilégio de ser instruída e guiada por um mestre versado em toda a ciência oculta, o qual tinha para com ela cuidados verdadeiramente paternais. Em várias circunstâncias, ele a havia protegido fisicamente. Penso em publicar parcialmente, mais tarde, o diário de minha irmã muito amada. Ele poderá ser útil às pessoas que procuram com sinceridade os meios de se iniciar nesta ciência e aproveitar, principalmente, a experiência prática das almas que trilharam a mesma estrada que elas desejam percorrer.

Uma grande alegria sobressaiu-se ao luto de nosso coração. Ludwig de Montzag casou com minha irmã Mina. As nossas famílias se fizeram uma!

Mal havia passado um ano, quando Mina nos deu um sobrinho, um gordo e rosado bebê, que nasceu no dia de Natal, hoje com dois anos.

Este menino possui uma inteligência precoce para sua idade; é o retrato de seu avô Montzag; tal é a exclamação, quando o vêem, de todos os que conheceram o seu avô paterno.

— Possui o nariz dos Montzag — diz muitas vezes Mina, acariciando-o.

Todos ficamos orgulhosos com o nosso filho, como o chamamos em casa.

Não há dúvida que o espírito reencarnado seja o de Jean de Montzag, o outrora tão querido pai de Henri.

Meu pai e minha mãe gozam de boa saúde; apenas seus cabelos se embranqueceram. Ambos continuam a instruir-se na ciência oculta que alguns homens de coragem e espírito generoso vão, pouco a pouco, desvendando com seus escritos e suas lições.

Eu mesmo sou um trabalhador, se não hábil, ao menos dedicado a esta missão de emancipação das almas e, graças à colaboração de G. de Mauriant, pude dar às massas pouco instruídas neste estudo, um desejo de encarar o problema da prova terrestre; sobretudo, de pôr a vida em harmonia com os ensinos da filosofia religiosa, que é a base de todas as religiões reveladas ou *doutrina da verdade revelada*, para uso das almas pouco evoluídas.

Meu pai inclina-se mais para a teosofia; minha irmã e Ludwig, seu marido, são da escola de Claude-de-Saint-Martin, o *desconhecido filósofo*, o admirador de Jacó Boehme; enfim, minha mãe continua a respeitar os ritos católicos, porém, sob um ponto de vista mais amplo e com um espírito de tolerância que faria prosélitos à Igreja Romana, se conhecessem a sua profunda caridade.

— Eu sou, antes de tudo, uma cristã — diz ela — e o Evangelho de São João é o meu código de vida.

— Então, sois uma Gnóstica? — perguntou-lhe, um dia, o cardeal de Montzag, que viera batizar o seu sobrinho Jean.

— Não, meu caro compadre — respondeu minha mãe, sorrindo — eu vou beber os ensinos de meu Salvador na fonte mais pura, eis tudo. O meu templo é o meu coração; eu sigo os ofícios católicos, porque me recolho neles e com isso, acredito dar o bom exemplo do respeito pela hierarquia eclesiástica, mas no fundo do meu coração presto um culto de amor a Jesus, meu Senhor e meu Deus, sem ter necessidade de intermediário entre mim e ele.

A *Mística de Gorres*, o admirável tratado sobre este assunto, tornou-se a leitura predileta de minha mãe e devo dizer que achei, em muitos lugares seus, a confirmação de meus estudos em outras filosofias ou doutrinas religiosas antigas e modernas.

Thérèse Fontaine, graças à carta falsa de seu pai, autorizando-a a casar com Laverdette, se fez esposa deste janota. Deste casamento nasceu um filho. A senhora Laverdette raras vezes visita a sua família; seu marido a retém no campo o maior tempo possível. Quanto a Laverdette, este faz frequentes viagens a Paris; algumas vezes recebe em sua casa Joel Ardol; tem criados de uma discrição perfeita, criados que não divulgam fora o que se passa de dentro das portas da casa Fontaine, de quem se fez senhor absoluto e de tudo quanto pertence ao pobre Auguste. Este ainda vive, porém, mais inacessível aos seus amigos, que fazem vãs tentativas para o ver.

Thérèse, que eu vi há alguns dias, está pálida e mudada! Ela esquivou-se a responder à minha saudação, talvez por ordem de seu dominador e infame marido!

O senhor Ninus Delmart, por problemas de saúde, mudou-se para a Algéria, onde sua esposa faz a felicidade da colônia francesa por sua bela voz, que exibe em concertos mundanos e de caridade.

Tivemos a tristeza de ver o nosso doutor Marmon deixar T... Após uma consulta na qual o doente exigiu que ele tomasse parte, pela confiança que nele depositava, teve uma calorosa discussão com seus colegas Maxence e Tripart de Boisjoly.

Nosso amigo não entrou nos pormenores do assunto, mas, por minha clarividência, soube que Marmon, sabendo de um crime, cometido por meio do segredo profissional, chegara a avisar aos seus colegas que ele os desmascararia. Apesar das previsões facultativas, tudo correu regularmente e o doente recuperou a saúde.

Mas os miseráveis começaram uma guerra implacável ao médico íntegro. Armaram-lhe armadilhas por todos os meios.

Uma noite, chamaram-no às pressas à casa de um doente imaginário; os miseráveis serviram-se do nome de um dos seus mais antigos clientes. O dr. Marmon necessitava passar por uma rua pouco frequentada. De repente, atacaram-no alguns bêbedos, mas o nosso doutor, ainda robusto, defendeu-se com bravura. Teria morrido, sem dúvida, se a Providência não lhe enviasse, na hora do conflito, um oficial de artilharia que andava por aqueles lugares sombrios.

Depois deste acontecimento, nosso amigo evitou sair a horas avançadas da noite. Mas foi em sua casa que vieram feri-lo pela morte súbita da boa e dedicada senhora Bazin, que tão sinceramente amava ao seu senhor.

Pelos sintomas, o doutor concluiu que a morte repentina da sua criada de confiança, era devida a um hábil envenenamento. Não havia dúvidas a este respeito; mas necessitava de provas do fato. Conhecemos este veneno, mas a discrição do escritor manda que não o divulguemos, por tratar-se de meios que podem ser fatais à alma e ao corpo.

Quase perdida sua força moral, abatido e doente, o nosso caro doutor Marmon deixou T...

Foi morar numa localidade denominada Pau, com seu sobrinho solteirão como ele e observador perspicaz da vida dos formigueiros.

Fizera ele, com êxito, várias conferências sobre este interessante assunto na academia da localidade.

Marmon escreveu-nos muitas vezes, interessado pelo último Montzag da qual, segundo suas palavras, teve a felicidade de assistir ao nascimento.

Em uma de suas últimas cartas, comunicava-nos o casamento de Françoise com um espírita de Bordelais. O pai Moutet foi viver com o casal, para não deixar sua filha.

A senhora Blaizot tornou-se minha paciente particular nas minhas experiências de materialização. Poupo suas forças vitais e obtenho com ela fenômenos tanto precisos quanto curiosos. Magnetizada por mim, acha-se bem de saúde e não tem infundados receios de enlouquecer.

Virginie Pichon deixou nossa cidade por ordem de seu senhor. Ela fez uma longa viagem com ele a bordo de seu iate misterioso: *Le Typhon*. Ali, Joel Ardol, para os novos serviços que esperava desta alma infernal, iniciou-a nos *Arcanos do Tarot* e, principalmente, no modo de empregá-los em proveito próprio; montou-lhe um consultório de adivinhação em uma cidade de águas, à qual convergem numerosos estrangeiros.

Nesse local, Virginie fazia maravilhas e dava preciosos ensinamentos ao mago negro, atraindo, mais e mais, novos adeptos aos diversos ramos da grande sociedade dos frades da Mandrágora, cuja influência foi sempre aumentando, para maior glória do espírito das trevas, inimigo do gênero humano.

Ardol Junior, o farmacêutico, continua a gozar da estima pública; em sua casa os pobres de todos os credos são bem recebidos e auxiliados com boas esmolas.

Manette, a pobre mártir, sua esposa, morreu vítima das experiências impiedosas e constantes de seu cunhado Joel. Sendo católica, fizeram-lhe exageradas cerimônias fúnebres na catedral, onde lhe foi celebrada uma missa cantada, por todos os membros da paróquia.

Em sucessivas visões, assim como em numerosos desprendimentos astrais, sozinho ou acompanhado de Mauriant, vi minha prima Alice; ela é feliz no *Kâma-Loka*, onde quis provisoriamente habitar, esperando-me, e de onde me auxilia poderosamente em meu trabalho de divulgador da Verdade.

Fim

Anexo
Versos Áureos de Pitágoras[1]

Preparação

Aos Deuses Imortais sagrado culto rende;
Resguarda o coração. Tua crença defende,
Aos sábios e aos heróis, em preito fervoroso.

Purificação

1º

Sê bom filho e bom pai, justo irmão, terno esposo,
Elege amigo teu o que em virtude prima,
Vive com ele e dele te aproxima.
Os conselhos lhe escuta; e se te aconselhando,
O teu amigo for um dia menos brando,
Perdão! Que sobre a fiel vontade — ó lei severa! —
A Fortuna fatal, às vezes prepondera.
Dominar as paixões é dom que te pertence:
Tuas loucas paixões subjuga e doma e vence.

2º

Sê casto, sóbrio e ativo. A cólera o semblante
Nunca te ensombre, nunca o mal te seja aceito.
Em público ou sozinho, e como a um semelhante,
A ti mesmo tributa o devido respeito.

3º

Na palavra e na ação sê justo e sê prudente.
Vive — mas não te saia a morte da lembrança;
Nem te esqueças jamais de que o homem facilmente
Perde as honras e os bens que facilmente alcança.

[1] Pitágoras foi o mais célebre dos antigos filósofos místicos; nasceu na ilha de Samos, na Grécia, no ano de 586 a.C., tendo sido seu pai Mnesarco de Samos, homem culto e de nobre estirpe.
Ao que consta, viajou por todo o mundo de então, chegando a visitar Gautama Buda, e edificou sua filosofia com base nos diversos sistemas que conheceu. Assim, estudou as ciências esotéricas com os brâmanes da Índia (onde ainda hoje é conhecido sob o nome de Yavanâchâria, "o mestre jônio"), e a astronomia e astrologia na Caldéia e no Egito. Depois de seu regresso, fundou em Crotona, na magna Grécia, uma escola (a Itálica), à qual logo afluíram as melhores inteligências dos centros mais civilizados.
Foi Pitágoras o primeiro a ensinar o sistema heliocêntrico, o criador da palavra "filósofo" (do grego *philo-sophos*, "amante da sabedoria"), e conhecido em seu século como o maior matemático, geômetra, astrônomo e metafísico. É de sua autoria o famoso teorema que recebeu o seu nome, de que "o quadrado da hipotenusa de um retângulo é igual a soma dos quadrados de seus catetos", que constitui a base de toda a arquitetura. Ensinou, além disso, a reencarnação e muitas outras doutrinas da Sabedoria Secreta.

4º
Se os males que o destino acarreta à porfia,
Nem podes mitigar — não blasfeme o teu lábio;
Suporta-os com prudência e nos Deuses confia,
Que aos Deuses praz valer ao que usa como Sábio!

5º
Adeptos o Erro os tem, como a verdade bela:
O sábio adverte austero, ou aconselha amigo;
Mas, se o Erro vil domina — Ele recua, e vela!
Grava no imo do preito as palavras que eu digo:

6º
Não tenhas prevenção alguma: Todavia,
Os atos de outrem pesa e a ti mesmo te guia;
Pois que nem todos são exemplo e ensinamento.
Só do insensato é agir sem fim, razão nem tento.
Contempla, no presente, o futuro e o passado.
Faze apenas aquilo em que fores versado.
Instrui-te com vagar, aprende com paciência,
Do tempo e da constância é que vem a sapiência,
Poupa a saúde, que ela é um tesouro precioso:
Ao teu corpo — Alimento, à tua alma — Repouso.
Usa moderação, porque inda mais nocivo
Do que a falta — Resulta, às vezes, o excessivo.
Não pratiques o luxo e a avareza também,
Pois só no meio termo é que consiste o bem.

Perfeição

1º
Assim que o sol te acorde e calmo te levantes,
Julga as tuas ações como severo Juiz.
E ao sono não te dês sem perguntares antes:
— Hoje, em que pensei eu? E que foi que hoje fiz?

2º
Fizeste o bem? — Persiste. O mal fizeste? — Abstem-te
Ama o conselho meu, medita o que ele ensina.
Se o amares — Eu te juro — E o seguires fielmente,
Poderás atingir a virtude Divina.

3º
Eu te juro por quem o Augusto emblema grava
— A Tétrade sagrada — Em nosso coração.

Mas, primeiro, é mister, do seu dever escrava:
Dos Deuses a alma invoque, ardendo em devoção.

4º
Sob o influxo, as obras que empreenderes
Terminarás em paz, fugindo o engano rudo.
E, perscrutando a essência aos diferentes seres,
Tu o princípio e o fim conhecerás de tudo.

5º
Verás que a Natureza — o Céu há de mostrar-te
É em tudo semelhante e a mesma em toda parte.
Conhecendo-te e a ti, senhor do teu direito,
Vibrarás sem paixões teu coração no peito.
Homem — verás que são os frutos próprios do homem
A mágoa que atormenta e os males que o consomem;
Porque a origem do gozo, a fonte da ventura
Que em si mesmo possui — Além de si procura.
Bem poucos sabem ser felizes: compelidos
Pelos desejos maus, joguetes dos sentidos,
Como baixel em mar sem fim, por entre pegos,
Assim os homens vão desnorteados e cegos.
Deuses! Quisésseis Vós valer-lhes de onde estais!
Mas, não: Homem, teu ser provém dos imortais.

6º
Discerne, por ti mesmo, o Bem e o Mal: conforto
E auxilio te dará a Natureza exemplar.
Homem sábio e feliz, o entre-sonhado porto,
Se cumprires minhas leis, um dia hás de alcançar.

7º
Evita o que perturba a mente e o que à alma esmaga,
Aprimora a razão, esmera os dotes teus,
E tu, transpondo, enfim, a prefulgente plaga,
Tu, entre os Imortais, serás também um Deus!

VIAGEM ASTRAL
foi confeccionado em impressão digital, em março de 2022
Conhecimento Editorial Ltda
(19) 3451-5440 — conhecimento@edconhecimento.com.br
Impresso em Luxcream 80g – StoraEnso